Exercícios de Terapia Cognitivo-comportamental Para leigos

A Terapia Cognitivo-comportamental (TCC) envolve muitos pensamentos úteis, práticas e perspectivas alternativas que podem mudar como você vê a si mesmo e seu mundo para melhor. Além de auxiliar em condições reconhecidas, a TCC pode ajudá-lo a transformar seus sentimentos em relação a si mesmo e você pode passar a ter um pensamento mais direto e construtivo em relação ao passado, presente e futuro.

AS CARACTERÍSTICAS DA TERAPIA COGNITIVO-COMPORTAMENTAL

A Terapia Cognitivo-comportamental (TCC) está se tornando uma opção popular para pessoas que querem aumentar sua autoconfiança e abandonar o comportamento autodestrutivo. Esta lista resume algumas das muitas características e efeitos da Terapia Cognitivo-comportamental:

- A TCC lhe ajuda a desenvolver crenças e atitudes flexíveis e autoaperfeiçoadoras em relação a si mesmo, aos outros e ao mundo a seu redor.
- A TCC é orientada a metas.
- A TCC oferece habilidades e estratégias para superar problemas comuns como a ansiedade, a depressão e mais.
- A TCC lida com seu passado com uma visão para compreender como seu histórico pessoal pode estar afetando suas crenças e comportamentos atuais.
- A TCC mantém o foco em como seus problemas estão sendo perpetuados em vez de buscar por uma razão ou causa raiz única.
- A TCC encoraja você a experimentar soluções sozinho e praticar novas maneiras alternativas de pensar e agir.
- A TCC destaca a prevenção de recaídas e o desenvolvimento pessoal.

Exercícios de Terapia Cognitivo-comportamental Para leigos

LIDANDO COM A NEGATIVIDADE ATRAVÉS DA TERAPIA COGNITIVO-COMPORTAMENTAL

A Terapia Cognitivo-comportamental tem todos os tipos de ferramentas para ajudar você a se ajudar. Simplesmente pensar sobre essa simples estrutura ABC pode ajudá-lo a entender e superar seus pensamentos negativos e começar a lidar com eles construtivamente:

- **A** é para eventos ativadores, ou gatilhos — situações passadas, presentes ou futuras que acionam seus pensamentos e crenças.

- **B** é para crenças (do inglês, *belief*), representando seus pensamentos e crenças e inclui os significados que você dá a seu gatilho e como pensa sobre si mesmo em relação a ele. B estabelece como você se sente e age em resposta a seu gatilho.

- **C** é para as consequências de seus comportamentos e emoções. Eles são o que você faz e sente em resposta a seu gatilho (A) por causa dos seus pensamentos e crenças (B).

ONDE A TCC PODE AJUDAR VOCÊ

A Terapia Cognitivo-comportamental (TCC) foi comprovada como sendo benéfica para várias condições psicológicas diferentes. Se você sofre de qualquer um dos problemas a seguir, a TCC pode ajudá-lo a lidar com eles e proporcionar um maior controle sobre suas emoções:

- **Transtorno de Ansiedade Generalizada (TAG)** é uma condição de se sentir ansioso em vários graus quase o tempo todo. Pessoas com TAG frequentemente se preocupam incessantemente com a possibilidade de coisas ruins acontecerem a elas ou às pessoas que amam.

- **O Transtorno Obsessivo-compulsivo (TOC)** pode ter várias formas diferentes (veja o Capítulo 13 para uma definição abrangente), mas é caracterizado por pensamentos intrusivos indesejáveis e uma compulsão por executar rituais elaborados em um esforço irreal de prevenir que eventos temidos ocorram.

- **Ataques de pânico** frequentemente levam as pessoas a acreditar que estão tendo um ataque cardíaco, prestes a desmaiar ou até morrer, porque as sensações físicas são muito fortes. Ataques de pânico podem ocorrer em situações específicas ou parecer que surgem do nada.

Exercícios de Terapia Cognitivo-comportamental

Para leigos

Exercícios de Terapia Cognitivo-comportamental Para leigos

Tradução da 2ª Edição

Rhena Branch
Rob Willson

ALTA BOOKS
EDITORA
Rio de Janeiro, 2018

Exercícios de Terapia Cognitivo-comportamental Para Leigos® — Tradução da 2ª Edição
Copyright © 2018 da Starlin Alta Editora e Consultoria Eireli. ISBN: 978-85-508-0251-0

Translated from original Cognitive Behavioural Therapy For Dummies®, 2nd Edition. Copyright © 2012 John Wiley & Sons, Ltd. ISBN 978-1-119-95140-7. This translation is published and sold by permission of John Wiley & Sons, Ltd., the owner of all rights to publish and sell the same. PORTUGUESE language edition published by Starlin Alta Editora e Consultoria Eireli, Copyright © 2018 by Starlin Alta Editora e Consultoria Eireli.

Todos os direitos estão reservados e protegidos por Lei. Nenhuma parte deste livro, sem autorização prévia por escrito da editora, poderá ser reproduzida ou transmitida. A violação dos Direitos Autorais é crime estabelecido na Lei nº 9.610/98 e com punição de acordo com o artigo 184 do Código Penal.

A editora não se responsabiliza pelo conteúdo da obra, formulada exclusivamente pelo(s) autor(es).

Marcas Registradas: Todos os termos mencionados e reconhecidos como Marca Registrada e/ou Comercial são de responsabilidade de seus proprietários. A editora informa não estar associada a nenhum produto e/ou fornecedor apresentado no livro.

Impresso no Brasil — 2018 — Edição revisada conforme o Acordo Ortográfico da Língua Portuguesa de 2009.

Publique seu livro com a Alta Books. Para mais informações envie um e-mail para autoria@altabooks.com.br

Obra disponível para venda corporativa e/ou personalizada. Para mais informações, fale com projetos@altabooks.com.br

Produção Editorial	Produtor Editorial	Produtor Editorial (Design)	Marketing Editorial	Vendas Atacado e Varejo
Editora Alta Books	Thiê Alves	Aurélio Corrêa	Silas Amaro	Daniele Fonseca
Gerência Editorial			marketing@altabooks.com.br	Viviane Paiva
Anderson Vieira			**Ouvidoria**	comercial@altabooks.com.br
			ouvidoria@altabooks.com.br	
Equipe Editorial	Bianca Teodoro	Illysabelle Trajano	Renan Castro	
	Ian Verçosa	Juliana de Oliveira		
Tradução	**Copidesque**	**Revisão Gramatical**	**Revisão Técnica**	**Diagramação**
Samantha Batista	Wendy Campos	Alessandro Thomé	Daniela Sopezki	Luisa Maria Gomes
		Thamiris Leiroza	Psicóloga, instrutora de yoga e mindfulness	

Erratas e arquivos de apoio: No site da editora relatamos, com a devida correção, qualquer erro encontrado em nossos livros, bem como disponibilizamos arquivos de apoio se aplicáveis à obra em questão.

Acesse o site www.altabooks.com.br e procure pelo título do livro desejado para ter acesso às erratas, aos arquivos de apoio e/ou a outros conteúdos aplicáveis à obra.

Suporte Técnico: A obra é comercializada na forma em que está, sem direito a suporte técnico ou orientação pessoal/exclusiva ao leitor.

A editora não se responsabiliza pela manutenção, atualização e idioma dos sites referidos pelos autores nesta obra.

Dados Internacionais de Catalogação na Publicação (CIP) de acordo com ISBD

```
B816e   Branch, Rhena
            Exercícios de Terapia Cognitivo-Comportamental Para Leigos / Rhena
        Branch, Rob Willson ; traduzido por Samantha Batista. - Rio de Janeiro :
        Alta Books, 2018.
            368 p. ; il. ; 17cm x 24cm.

            Tradução de: Cognitive Behavioural Therapy Workbook For Dummies
            Inclui índice.
            ISBN: 978-85-508-0251-0

            1. Terapia cognitiva. 2. Terapia Cognitivo-Comportamental. I. Willson,
        Rob. II. Batista, Samantha. III. Título.
                                                            CDD 616.89142
        2018-525                                            CDU 615.851
```

Elaborado por Vagner Rodolfo da Silva - CRB-8/9410

Rua Viúva Cláudio, 291 — Bairro Industrial do Jacaré
CEP: 20.970-031 — Rio de Janeiro (RJ)
Tels.: (21) 3278-8069 / 3278-8419
www.altabooks.com.br — altabooks@altabooks.com.br
www.facebook.com/altabooks — www.instagram.com/altabooks

Sobre os Autores

Rhena Branch MSc possui diploma em TCC. É profissional credenciada em TCC e supervisora clínica qualificada. Foi coautora de vários livros, além daqueles da série *Para Leigos*. Rhena ensina e supervisiona no Mestrado em Ciências em TCC na Goldsmiths, Universidade de Londres, e dirige uma clínica privada no centro de Londres.

Rob Willson, BSc, MSc, com diploma em Ciências da Saúde Social e Comportamental (SBHS), atualmente divide a maior parte de seu tempo de trabalho entre a clínica privada e a condução da pesquisa sobre Transtorno Dismórfico Corporal no Instituto de Psiquiatria, Londres. Anteriormente ele passou doze anos trabalhando no Priory Hospital, North London, onde era terapeuta e gerente de serviços de terapia. Ele também treinou vários terapeutas de TCC ao longo de um período de sete anos na Goldsmiths, Universidade de Londres. Os principais interesses clínicos de Rob são a ansiedade e problemas obsessivos, e ele dissemina os princípios da TCC através da autoajuda. Ele fez várias aparições na TV, incluindo o documentário da BBC *Too Ugly for Love* ["Muito Feio para o Amor", em tradução livre].

Agradecimentos dos Autores

Muitos pesquisadores, colegas terapeutas e autores influenciaram nossa compreensão e prática de TCC ao longo dos anos e, portanto, o conteúdo deste livro. Os fundadores, Albert Ellis e Aaron T. Beck, merecem menção especial. Outros incluem (sem ordem específica): Ray DiGiuseppe, Mary-Anne Layden, Jacqueline Persons, David A. Clarke, Adrian Wells, Stanley Rachman, Paul Salkovskis, Christine Padesky, Michael Neenan, David Veale, David M. Clark, David Burns, Kevin Gournay, e muitos outros. Agradecimentos especiais vão para Windy Dryden, por sua extensa escrita e por nos ensinar tanto.

Finalmente, um genuíno muito obrigado a todos nossos clientes (antigos e presentes), por nos permitir conhecê-los e aprender com eles.

Sumário Resumido

Introdução 1

Parte 1: Detalhando os Princípios Primários 7
CAPÍTULO 1: Explorando o Básico da TCC 9
CAPÍTULO 2: Reconhecendo os Padrões de Pensamentos Problemáticos 23
CAPÍTULO 3: Lidando com o Pensamento Tóxico 39
CAPÍTULO 4: Fazendo Experimentos 53
CAPÍTULO 5: Onde Você Está com a Cabeça? Controlando Sua Concentração 61

Parte 2: Descobrindo Problemas e Estabelecendo Metas 75
CAPÍTULO 6: Ficando Emotivo 77
CAPÍTULO 7: Focando Táticas Problemáticas 99
CAPÍTULO 8: Direcionando-se a Metas 119

Parte 3: Colocando a TCC em Prática 131
CAPÍTULO 9: Repreendendo a Ansiedade 133
CAPÍTULO 10: Atacando Comportamentos e Atitudes Aditivas 153
CAPÍTULO 11: Tornando-se o Melhor Amigo do Seu Corpo 171
CAPÍTULO 12: Dando um Golpe na Depressão 189
CAPÍTULO 13: Superando Obsessões e Eliminando Compulsões 197
CAPÍTULO 14: Aumentando a Baixa Autoestima 213
CAPÍTULO 15: Conservando Relacionamentos 231

Parte 4: Avançando para o Futuro 243
CAPÍTULO 16: Examinando e Mudando Crenças de Longa Data 245
CAPÍTULO 17: Consolidando Convicções em Novas Crenças Centrais 263
CAPÍTULO 18: Mergulhando no Desenvolvimento Pessoal 277
CAPÍTULO 19: Rompendo Barreiras para a Recuperação 287
CAPÍTULO 20: Colocando em Prática os Princípios da Vida Positiva 301

Parte 5: A Parte dos Dez 315
CAPÍTULO 21: Dez Dicas para Trabalhar com Profissionais 317
CAPÍTULO 22: Dez Dicas para Ter uma Boa Noite de Sono 325
CAPÍTULO 23: Dez Razões para Nunca Desistir 333

Índice 341

Sumário

INTRODUÇÃO 1
    Sobre Este Livro 1
    Uma Nota Séria sobre o Humor 2
    Como Usar Este Livro 2
    O que Não Ler 3
    Penso que... 3
    Como Este Livro Está Organizado 3
        Parte 1: Detalhando os Princípios Primários 3
        Parte 2: Descobrindo Problemas e Dando Metas a Si Mesmo .. 4
        Parte 3: Colocando a TCC em Prática 4
        Parte 4: Avançando para o Futuro 4
        Parte 5: A Parte dos Dez 5
    Exemplos de Caso Usados Neste Livro 5
    Ícones Usados Neste Livro 5
    De Lá para Cá, Daqui para Lá 6

PARTE 1: DETALHANDO OS PRINCÍPIOS PRIMÁRIOS ... 7

CAPÍTULO 1: Explorando o Básico da TCC 9
    Entendendo os Fundamentos da TCC 10
        Cegando-o com a ciência da TCC 10
        Ligando pensamento e sentimento 11
        Atribuindo significado a eventos 12
    Vendo como a TCC Pode Funcionar para Você 14
        Classificando seus problemas 15
        Analisando seus comportamentos 17
    Conectando Emoção, Pensamento e Comportamento 19
    Imaginando Seus Problemas como um Simples A–B–C 21

CAPÍTULO 2: Reconhecendo os Padrões de Pensamentos Problemáticos 23
    Entendendo as Distorções Cognitivas Mais Comuns 24
    Listando Seus Favoritos 33
    Sabendo Onde e Quando Seus Pensamentos Abrem Caminho para Problemas 34

CAPÍTULO 3: Lidando com o Pensamento Tóxico 39
    Notando Seu Pensamento Negativo 39
    Sendo Cético sobre Seus Pensamentos Automáticos Negativos .. 42
    Trabalhando com Formulários A–B–C 45
        Preenchendo o Formulário I 46
        Terminando com o Formulário A–B–C II 48
    Testando Pensamentos Alternativos 50
    Ajudando a Si Mesmo com o Dever de Casa 51

CAPÍTULO 4:	**Fazendo Experimentos**	53

Vendo as Coisas como um Cientista ... 53
    Executando experimentos excelentes ... 54
    Testando as previsões ... 54
    Descobrindo qual teoria funciona melhor ... 56
    Conduzindo uma pesquisa de autoajuda ... 57
    Agindo como um observador ... 59
Anotando Seus Resultados ... 60

CAPÍTULO 5: Onde Você Está com a Cabeça? Controlando Sua Concentração ... 61

Focando Sua Atenção ... 62
Treinando-se em Concentração em Tarefas ... 66
Encontrando Seu Foco ... 70
Tornando Sua Mente Mais Atenta ... 71
    Vivendo no presente ... 72
    Suspendendo o julgamento ... 72
    Saindo do trem de pensamentos ... 72
    Identificando quando ignorar a si mesmo ... 73
    Conscientemente mundano ... 74

PARTE 2: DESCOBRINDO PROBLEMAS E ESTABELECENDO METAS ... 75

CAPÍTULO 6: Ficando Emotivo ... 77

Expandindo Seu Vocabulário Emocional ... 78
Entendendo a Anatomia das Emoções ... 81
Descobrindo se Seus Sentimentos São Saudáveis ou Não ... 83
    Tomando notas do seu pensamento ... 84
    Ficando ciente de seu comportamento ... 86
    Descobrindo no que você foca ... 89
    Evitando ser enganado por sentimentos físicos ... 92
Mapeando Suas Emoções Problemáticas ... 94
    Identificando temas e gatilhos ... 95
    Fazendo a declaração de um problema ... 96

CAPÍTULO 7: Focando Táticas Problemáticas ... 99

Identificando Estratégias Autodestrutivas ... 99
    Exigindo controle e insistindo na certeza ... 101
    A soma da evitação e o colocar-se para baixo ... 103
    Preocupando-se demais ... 109
Quando se Sentir Melhor Evita que Você Melhore ... 110
    Pare de automedicar seu humor ... 111
    Pedindo reafirmação e buscando segurança ... 113
Colocando Pétalas na Sua Flor Viciosa ... 114
    Arrancando sua flor viciosa pela raiz ... 116
    Decompondo esta flor até que ela morra ... 118

CAPÍTULO 8: Direcionando-se a Metas 119
    Dando uma Chance às Metas Usando SPORT..................120
        Sentindo-se diferente..............................120
        Agindo de maneira diferente..............................121
        Estruturando suas declarações de metas....................122
        Sendo totalmente SPORT..............................123
    Criando Mais Motivação..126
        Escrevendo razões para a mudança 126
        Executando uma análise de custo-benefício 127
    Acompanhando Seu Progresso...............................129

PARTE 3: COLOCANDO A TCC EM PRÁTICA 131

CAPÍTULO 9: Repreendendo a Ansiedade 133
    Filosofias que Afastam o Medo..................................134
        Surfando nas sensações corporais......................135
        Sendo realista sobre a probabilidade de eventos ruins......139
        Colocando os eventos ruins em perspectiva 141
    Expondo a Si Mesmo 143
        Desafiando-se para um duelo..............................143
        Preparando seu plano de exposição 146
        Mantendo bons registros...................................147
    Descobrindo Seus Comportamentos de Segurança.............148
    Maneiras de Fugir da Preocupação Exaustiva 150

CAPÍTULO 10: Atacando Comportamentos e Atitudes Aditivas....................................153
    Definindo a Dependência 154
    Reconhecendo Precursores dos Comportamentos Aditivos 156
    Visando Gatilhos 158
    Adquirindo Atividades Alternativas 162
        Estabelecendo uma data para se divorciar de sua DE 164
    Entendendo Por que Parar com Sua DE Vale a Pena............165
    Reduzindo o Risco de Recaídas 167

CAPÍTULO 11: Tornando-se o Melhor Amigo do Seu Corpo 171
    Lidando com a Imagem Corporal Negativa 172
        Descobrindo como você se sente sobre sua aparência......173
    Ponderações e Práticas para Lidar com a Imagem Corporal Negativa...175
    Adotando Atitudes Mais Precisas de Imagem Corporal.........176
    Promovendo Práticas Positivas de Imagem Corporal...........178
    Dando uma Olhada no Pacote Completo.......................179
        Aproveitando uma visão holística..........................180
        Mostrando um pouco de valorização 184
        Dando um pouco de gratidão para seu corpo.............184
    Implementando Melhorias Saudáveis em Casa.................186

CAPÍTULO 12: Dando um Golpe na Depressão 189
    Decidindo se Você Está Deprimido 190
    Avaliando Sua Evitação 190
    Estimando com a Ruminação 193
    Atacando Ativamente Sua Depressão 194

CAPÍTULO 13: Superando Obsessões e Eliminando Compulsões 197
    Observando o Comportamento Obsessivo 198
        Verificando o TOC 198
        Descobrindo o transtorno dismórfico corporal (TDC) 199
        Destacando a hipocondria 200
        Verificando comportamentos compulsivos 201
    Avaliando e Agindo contra Atitudes Obsessivas 202
        Colocando a Teoria A contra a Teoria B 202
        Avaliando realisticamente a responsabilidade 204
        Seguindo na direção certa 206
    Controlando os Rituais 208
        Verificando e mudando seu critério de término 209
        Registrando e resistindo a rituais 210

CAPÍTULO 14: Aumentando a Baixa Autoestima 213
    Adquirindo Autoaceitação 214
        Percebendo as razões para não odiar a si mesmo 215
        Deixando para trás os rótulos repulsivos 216
    Agindo sobre a Aceitação 221
    Somando as Evidências 221
        Sentindo-se bem sobre a falibilidade humana 223
        Sendo muito específico 224
        Usando a técnica do melhor amigo 225
    Aceitando e Melhorando a Si Mesmo ao Mesmo Tempo 226
        Selecionando áreas específicas de autoaperfeiçoamento ... 226
        Aceitando a responsabilidade pessoal 227
    Revendo Regularmente as Razões para a Autoaceitação ... 229

CAPÍTULO 15: Conservando Relacionamentos 231
    Superando a Fúria 231
        Reconhecendo a raiva saudável 232
        Vendo aspectos da raiva não saudável 233
    Calculando o Custo de Perder Sua Calma 234
    Aumentando Seu Pavio 236
    Aceitando a Afirmação Eficaz 237
    Colocando-se em Pé de Igualdade com Seus Colegas 239

PARTE 4: AVANÇANDO PARA O FUTURO 243

CAPÍTULO 16: Examinando e Mudando Crenças de Longa Data 245
Descobrindo Suas Crenças Centrais 246
    Separando os três tipos de crenças centrais 246
    Trazendo os relacionamentos passados à luz do presente. .. 249
    Entendendo a interação de suas crenças centrais 251
Desenterrando Suas Crenças Centrais 253
    Conhecendo a flecha descendente 253
    Anotando temas. 256
Criando uma Formulação 257
Criando Crenças Centrais Construtivas. 258
Atribuindo Novos Significados a Velhos Eventos. 260

CAPÍTULO 17: Consolidando Convicções em Novas Crenças Centrais 263
Destacando Crenças que Você Quer Fortalecer 264
Preparando um Portfólio de Argumentos Persuasivos 265
Se Não Tiver Sucesso, Tente Novamente 268
    Agindo de acordo. 268
    Desenterrando e derrotando dúvidas. 270
    Praticando o que você prega. 273
    Considerando no que você quer que seu filho acredite 274
Alimentando Boas Crenças Novas 275

CAPÍTULO 18: Mergulhando no Desenvolvimento Pessoal 277
Sendo Realista sobre Recaídas 278
    É melhor prevenir 279
    Remediando 281
Voltando a Seus Valores Pessoais e Hobbies. 282
    Agindo consistentemente 283
    Restabelecendo práticas pessoalmente significativas 283
Observado Seu Estilo de Vida 284
Audaciosamente Indo Aonde Você Nunca Esteve Antes 286

CAPÍTULO 19: Rompendo Barreiras para a Recuperação 287
Exorcizando Emoções que o Prendem 288
    Desistindo da culpa. 289
    Recusando-se a jogar o jogo da vergonha 291
    Paralisando o orgulho problemático 293
Deixando que os Outros Ajudem a Carregar o Fardo 295
Persistindo com a Prática 297

CAPÍTULO 20: Colocando em Prática os Princípios da Vida Positiva 301
Aceitando Sua Parte da Responsabilidade 302
Descobrindo que a Flexibilidade Alimenta a Diversão 304

Entendendo que a Incerteza e a Falta de Controle
São Inevitáveis..306
Deixando a Vida Ser Injusta...............................308
Arriscando e Cometendo Erros.............................310
Escolhendo a Autoaceitação, em vez da Aprovação Alheia........311

PARTE 5: A PARTE DOS DEZ 315

CAPÍTULO 21: Dez Dicas para Trabalhar com Profissionais............317
Escolhendo a Terapia Certa para Você......................318
Sabendo Quem É Quem no Mundo da Psicologia...............319
Fazendo as Perguntas Certas..............................320
Procurando por um Terapeuta nos Melhores Lugares...........320
Examinando Seu Terapeuta TCC (ou Outro)..................321
Permanecendo de Mente Aberta sobre a Medicação...........321
Trabalhando nas Coisas entre as Sessões...................322
Discutindo Problemas durante as Sessões..................322
Preparando-se Antes das Sessões..........................323
Dando Metas a Si Mesmo.................................323

CAPÍTULO 22: Dez Dicas para Ter uma Boa Noite de Sono......325
Esgote-se com Exercícios.................................325
Estabeleça um Cronograma...............................326
Não Fique Se Revirando na Cama.........................327
Monitore Seu Consumo de Cafeína e Estimulantes...........327
A Cama em uma Rotina de Dormir........................328
Deixe Sua Área de Dormir Aconchegante....................328
Aplique Alguns Óleos...................................329
Coloque um Pouco de Luz no Assunto......................329
Estabeleça Expectativas Sensatas sobre Dormir..............330
Deixe Suas Preocupações Fora do Quarto..................331

CAPÍTULO 23: Dez Razões para Nunca Desistir...............333
Contratempos Não São Incomuns..........................333
A Recuperação Requer Prática, Paciência e Persistência.......335
Pequenas Realizações Se Somam..........................335
Você Tem Valor no Mundo................................336
Ninguém É Perfeito.....................................336
Você Pode Se Sentir Diferente Amanhã....................336
Você Sempre Pode Tentar Outras Opções..................337
Falar com os Outros Normalmente Ajuda..................338
Você Não Está Sozinho..................................338
A Mudança É um Processo Contínuo.......................339

ÍNDICE.. 341

Introdução

Seja bem-vindo ao *Exercícios de Terapia Cognitivo-comportamental Para Leigos*. A Terapia Cognitivo-comportamental, ou TCC, é uma forma de psicoterapia cientificamente eficaz contra a depressão, ansiedade e muitos outros tipos de problemas.

Com frequência as pessoas aceitam uma doença física ou acidente que prejudique seu funcionamento diário, mas falham em aceitar que estão mentalmente doentes. Cada ser humano, independente da cultura, crença, classe, experiência, raça ou qualquer outra característica distintiva, é suscetível de experienciar alguma forma de distúrbio emocional ou mental durante o curso de sua vida. A boa notícia é que é totalmente normal ficar psicologicamente perturbado e é absolutamente possível se recuperar. A TCC pode realmente ajudar.

Nós escrevemos este livro para trazer para você os tipos de exercícios de TCC que usamos em nosso trabalho com clientes com problemas. Sabemos que a TCC funciona porque a vimos funcionar! E queremos que ela funcione para você também. Qualquer que seja seu problema, esperamos que você ache este livro útil e informativo.

Sobre Este Livro

Este livro apresenta um arsenal de habilidades e ferramentas para ajudá-lo a vencer uma série de problemas psicológicos. Nós tentamos lhe dar informações teóricas o suficiente para permitir que você faça os exercícios contidos em cada capítulo. Todas as fichas de trabalho e tarefas neste livro de exercícios são indicativas dos tipos de trabalho que fazemos com nossos clientes em sessões de TCC individuais.

Você pode usar este livro de exercícios sozinho, para ajudá-lo a basicamente tornar-se seu próprio terapeuta de TCC. Alternativamente, você pode usá-lo junto a um tratamento de TCC com um profissional qualificado. Infelizmente não podemos tratar todo tipo de dificuldade psicológica em profundidade neste livro, ou ele viraria uma enciclopédia, de tão grande! Então tentamos focar os distúrbios mais comuns para os quais a TCC se mostrou eficaz na resolução. Você pode usar este livro como um ponto de partida para entender melhor seus problemas particulares e como lutar contra eles. Se você acha que precisa de alguma opinião profissional, então não hesite em conseguir!

Sim, é um livro de exercícios, e isso significa que ele envolve — você adivinhou — trabalho. Mas se você realmente colocar energia no trabalho e na prática regular, conseguirá os benefícios. Vale a pena, para você, suar e lutar para se sentir e funcionar melhor? Se sim, arregace as mangas, faça alguns alongamentos iniciais, coloque suas faixas antitranspirantes e se atire no processo!

Uma Nota Séria sobre o Humor

Embarcar em um caminho de autoajuda pode ser assustador. Aprender um monte de técnicas novas designadas para ajudá-lo a superar seus problemas psicológicos é um trabalho duro, sem dúvidas. Em uma tentativa de aliviar a tensão, nós injetamos um pouco de humor e irreverência em nossa escrita. Por favor, entenda que, apesar disso, levamos muito a sério os distúrbios psicológicos e sabemos que se sentir mal não é engraçado. Esperamos que nosso estilo de escrita torne este livro divertido e acessível. A risada pode, de fato, ser um bom remédio. Mas, acima de tudo, nosso objetivo com este livro é dar a você alguns conselhos seriamente úteis e oportunidades de prática para ajudá-lo a melhorar e ficar bem.

Como Usar Este Livro

Como a maioria dos livros *Para Leigos*, você não precisa ler este livro na ordem, do início ao fim. Você pode mergulhar e sair dele, indo aos capítulos que parecem mais relevantes para você. Fizemos esforços para fazer várias referências cruzadas para que você seja guiado para outros capítulos que complementam ou explicam conceitos ou exercícios mais completamente. A tabela a seguir mostra onde encontrar informações sobre assuntos específicos com os quais a TCC pode ajudá-lo, e você também pode usar o Sumário no início do livro e o Índice no final para localizar as informações que quiser.

CARACTERÍSTICAS DE TCC E CAPÍTULOS RELEVANTES

Característica TCC	Número(s) do(s) Capítulo(s)
Ajuda-o a desenvolver crenças e atitudes flexíveis e de autoaperfeiçoamento para si mesmo, para com os outros e para com o mundo a seu redor	16
É direcionado a objetivos	8
Oferece habilidades e estratégias para superar problemas comuns, como ansiedade, comportamento aditivo, depressão e mais	9, 10, 11, 12, 13
Aborda seu passado com uma visão para entender como ele pode estar afetando suas crenças e comportamentos presentes	16, 17
Mantém o foco em como seus problemas estão sendo perpetuados, em vez de buscar por uma única razão ou causa raiz	2, 7
Encoraja-o a tentar coisas sozinho e praticar novas maneiras de pensar e agir	4, 5
Destaca a prevenção de recaídas e o desenvolvimento pessoal	18, 19, 20

Por favor, use este livro para escrever, tomar notas e trabalhar! Foi para isso que ele foi escrito. Você tem nossa permissão expressa para estragá-lo o quanto quiser. Afinal de contas, é seu livro, e você é quem será beneficiado ao usá-lo.

O que Não Ler

Não leia nada que não quiser ler. Este livro é para você. Leia tudo o que achar que será mais útil. Talvez você já tenha cansado deste capítulo de introdução. Justo, siga em frente. Gostaríamos que você lesse tudo (para sermos sinceros), mas isso porque escrevemos o livro e achamos que cada capítulo tem algo valoroso para oferecer. Mas, ei, você decide, e certamente não precisa concordar conosco (ou com nosso ego...).

Tudo neste livro que for relevante para você e que o ajude com seus problemas individuais é o que você deverá ler. Foque nisso. Se te deixar entediado, confuso ou não parecer se aplicar a você, pule.

Penso que...

Nós supomos que, se você comprou este livro, então está interessado em usar técnicas de TCC em si mesmo. Achamos que você ouviu falar da TCC antes ou que ela foi recomendada a você por um amigo ou profissional. Também achamos que você tem um ou dois problemas psicológicos dos quais gostaria de se livrar.

Mas mesmo se nossas suposições estiverem completamente erradas (ou, de fato, forem bobas), este livro pode ser de seu interesse. Você pode ter um amigo ou familiar com quem está preocupado e quer aprender mais sobre o tratamento de TCC. Você pode se sentir bem, mas ainda tem interesse em TCC e como ela pode ser capaz de lhe dar mais prazer na vida. Então supomos, ridiculamente ou não, que você terá algum uso para este livro, qualquer que seja a razão para comprá-lo.

Como Este Livro Está Organizado

O *Exercícios de Terapia Cognitivo-comportamental Para Leigos* tem cinco partes.

Parte 1: Detalhando os Princípios Primários

Esta parte do livro lhe dá os fundamentos para entender seus problemas em relação à estrutura da TCC. O Capítulo 1 lhe dá uma ideia do que se trata a TCC e como ela é aplicada a problemas comuns. No Capítulo 2 nós lhe mostramos como reconhecer seus padrões de pensamentos problemáticos. O Capítulo 3 é todo sobre como lidar com o pensamento tóxico com sucesso e descobrir maneiras alternativas melhores de pensar no futuro. No Capítulo 4 nós lhe mostramos como agir como um cientista a fim de melhorar sua saúde emocional e mental. Ficamos um pouco *new age* no Capítulo 5 ao introduzir a atenção plena (*mindfulness*) e outras técnicas para direcionar seu foco de atenção.

Parte 2: Descobrindo Problemas e Dando Metas a Si Mesmo

Os capítulos nesta parte são dedicados a ajudá-lo a definir seus problemas em termos específicos e escolher metas específicas em relação a suas dificuldades identificadas.

O Capítulo 6 explica a visão da TCC sobre as emoções negativas saudáveis e não saudáveis e lhe dá a chance de lidar com suas próprias respostas emocionais. O Capítulo 7 lhe mostra como algumas das maneiras pelas quais você tenta lidar com seus problemas podem, em si, ser problemáticas. No Capítulo 8, realmente focamos lidar com metas adequadas.

Parte 3: Colocando a TCC em Prática

Os capítulos nesta parte são todos sobre colocar a TCC em prática em problemas específicos, como ansiedade, depressão e baixa autoestima. O Capítulo 9 lida com problemas de ansiedade; o Capítulo 10 observa exercícios para superar comportamentos aditivos; e no Capítulo 11 lidamos com problemas comuns de imagem corporal. O Capítulo 12 trata de dicas para dar um golpe na depressão; e o Transtorno Obsessivo-compulsivo é abordado no Capítulo 13. No Capítulo 14 nós observamos maneiras de aumentar sua autoestima. O Capítulo 15 é todo sobre melhorar relacionamentos interpessoais.

Parte 4: Avançando para o Futuro

Nesta parte, o Capítulo 16 ajuda você a observar crenças e maneiras de pensar antigas que podem afetá-lo no presente. Nós incluímos várias planilhas para ajudá-lo a desafiar crenças velhas e inúteis sobre si mesmo, sobre os outros e sobre o mundo em geral. O Capítulo 17 lida com técnicas para tornar suas novas crenças mais permanentes. No Capítulo 18 você tem a chance de focar a melhoria do seu desenvolvimento pessoal. Recaídas são uma possibilidade real, e no Capítulo 19 damos a você uma chance de planejar e diagnosticar possíveis ressurgimentos de problemas. O Capítulo 20 é sobre ajudá-lo a viver de maneira positiva mesmo depois de derrotar seus problemas iniciais.

Parte 5: A Parte dos Dez

Esta parte contém as dez principais dicas úteis para trabalhar com profissionais, dormir melhor e renovar sua motivação para melhorar. Às vezes os leitores podem querer começar na parte dos dez e depois ir para os outros capítulos e partes do livro!

Exemplos de Caso Usados Neste Livro

Todas as personagens usadas em exemplos de casos ao longo do livro são inteiramente fictícias. Entretanto, os tipos de problemas em que as usamos para tipificar são muito comuns e baseados em nossa experiência clínica com clientes reais ao longo dos anos. Esperamos que você seja prontamente capaz de se identificar com aspectos das experiências dessas personagens inventadas e os relacione com suas próprias dificuldades.

Ícones Usados Neste Livro

Nós usamos ícones ao longo deste livro de exercícios para chamar sua atenção para diferentes tipos de informação e guiá-lo claramente pelo conteúdo.

Este ícone sinaliza um exemplo de caso e uma amostra de planilha completa.

Você verá este ícone perto de planilhas em branco. Ele indica sua chance de trabalhar no livro.

Alerta você para informações adicionais úteis que podem ajudá-lo a entender melhor um conceito ou a completar um exercício.

Este ícone é usado para enfatizar informações que valem a pena ser lembradas ao longo do seu trabalho de autoajuda com a TCC.

Este ícone é um alarme! Ele denota possíveis armadilhas, erros comuns ou perigos em potencial.

De Lá para Cá, Daqui para Lá

Este livro de exercícios foi feito para ser uma abordagem prática ao uso da TCC. Ele contém vários exercícios e tarefas para fazê-lo se mover pela estrada da recuperação. Como é um livro de exercícios, nós não entramos muito profundamente em conceitos e princípios teóricos da TCC. É um livro que mantém o foco mais na ação. Para mais contexto sobre a teoria de TCC, recomendamos que adquira o livro *Terapia Cognitivo-comportamental Para Leigos*. Ele também tem uma seção que sugere outros livros úteis baseados em TCC para adicionar a sua biblioteca. *Boosting Self-Esteem For Dummies* (também escrito por nós) tem várias dicas e técnicas úteis de TCC destinadas a ajudá-lo a aprender a gostar mais completamente de você mesmo. Também recomendamos adquirir o *CBT Journal For Dummies* (nós fizemos este também), que é um assistente valioso a todos os outros livros baseados em TCC da *Para Leigos*. Você também pode querer adquirir o *Personal Development For Dummies All-in-One*, editado por Gillian Burn (Wiley), que tem uma seção de TCC, bem como seções baseadas em outros livros úteis de autoajuda da *Para Leigos*.

1 Detalhando os Princípios Primários

NESTA PARTE...

Você obterá os fundamentos para entender seus problemas em relação à estrutura da TCC. Nós lhe mostramos do que se trata a TCC e como ela se aplica a problemas comuns. Mostramos como reconhecer seus padrões problemáticos de pensamento, como lidar com o pensamento tóxico com sucesso e como encontrar maneiras alternativas e melhores de pensar no futuro.

Você também poderá agir como um cientista a fim de melhorar sua saúde emocional e mental, antes de ficarmos um pouco *new age* ao introduzir a atenção plena e outras técnicas para direcionar seu foco de atenção.

> **NESTE CAPÍTULO**
>
> » Vendo a ciência e o sentido da TCC
>
> » Fazendo a TCC funcionar para você
>
> » Entendendo seus eventos pessoais
>
> » Colocando problemas no Formulário A–B–C

Capítulo 1
Explorando o Básico da TCC

Normalmente as pessoas respondem a eventos de vida negativos, difíceis ou completamente ruins com emoções negativas, como tristeza ou raiva (para citar duas). É normal e natural se sentir chateado quando coisas ruins acontecem. O grau de sofrimento que se experimenta depende parcialmente da severidade do evento ruim. Mas a palavra-chave aqui é "parcialmente". Com frequência, os significados que você dá para esses eventos podem piorar ainda mais a situação. Seu jeito de pensar sobre aspectos de sua vida atual ou de experiências passadas pode fazer com que você passe de um sofrimento normal e saudável para um distúrbio psicológico mais problemático. Sentimentos de depressão, ansiedade, raiva ou culpa, por exemplo, são dolorosos e podem levar a dificuldades maiores em sua vida.

Felizmente, a situação não é só desgraça e tristeza! Você pode aprender a reconhecer como seus pensamentos, crenças e atitudes têm impacto em seus sentimentos. Uma vez que entender este princípio, pode, então, trabalhar para mudar seu pensamento e comportamento e aprender a lidar e melhorar as situações ruins.

Neste capítulo introduzimos as principais teorias que você precisa saber sobre Terapia Cognitivo-comportamental — ou TCC.

Entendendo os Fundamentos da TCC

Como o nome sugere, TCC é uma forma de psicoterapia que foca a *cognição* — seus pensamentos — e o *comportamento* — suas ações. Uma maneira de resumir a TCC é dizer: "Você se sente do jeito que pensa." Mas a TCC também olha de perto o comportamento, já que a maneira como você age é frequentemente determinada por como você se sente. Além disso, a maneira como age pode ter uma influência positiva ou negativa sobre seus sentimentos. Sem necessariamente perceber, você pode agir de maneiras que estejam, na verdade, alimentando seus sentimentos ruins.

A interação entre pensamentos, sentimentos e comportamentos está no centro da TCC. Portanto, a TCC analisa sobre seu modo de pensar e agir para ajudá-lo a superar suas dificuldades comportamentais e emocionais.

Cegando-o com a ciência da TCC

Profissionais de TCC não estão interessados só em ajudar pessoas a *sentir-se* melhor em curto prazo, mas também em usar estratégias cientificamente comprovadas para ajudar pessoas a *melhorar* e ficar bem em longo prazo. A TCC tem sido testada e desenvolvida através de muitos estudos científicos. Com pesquisas contínuas, é provável que mais seja aprendido sobre as técnicas que funcionam melhor para tipos específicos de problemas. Em razão da base científica da TCC, ela o convida a utilizar uma abordagem mais científica para entender e resolver seus problemas.

Um grande componente da TCC envolve ajudar pessoas a se tornar suas próprias terapeutas por meio do uso contínuo de técnicas específicas. Esse elemento autodirecionado é provavelmente uma das razões pelas quais as pessoas que fizeram TCC tenham recaídas menos frequentes do que aquelas tratadas usando outras abordagens psicoterapêuticas ou medicações sem TCC.

Tudo bem. Então aqui pode ser um bom lugar para esclarecer alguns termos. Como muitas profissões, a psicologia e a psicoterapia usam muitos jargões. Às vezes, neste livro, usamos palavras estranhas, e outras vezes usamos palavras mais cotidianas, mas *de maneira estranha*. As definições a seguir ajudam a tornar sua leitura mais direta:

» **Cognitivo:** Refere-se a seus pensamentos e qualquer outra coisa que passe pela sua cabeça, incluindo seus sonhos, memórias, imagens e seu foco de atenção.

» **Comportamento:** Inclui tudo o que você faz e todas as coisas que você escolhe não fazer — como evitar situações ou ficar emburrado, em vez de falar.

» **Terapia:** Descreve um método de tratar um problema — físico, mental ou emocional. Nós o usamos principalmente para nos referir a *terapias de fala* como a TCC e outros tipos de psicoterapia.

- » **Crença:** Refere-se a seus estilos pessoais de pensamento e sua maneira de entender o mundo e suas experiências. Isso também significa suas regras, códigos e atitudes pessoais para viver.
- » **Consequência:** Descreve o resultado de um evento de qualquer tipo. Neste livro, nos referimos principalmente a consequências comportamentais e emocionais (basicamente o tipo de resultados produzidos por maneiras de agir ou por emoções específicas).
- » **Sofrimento:** Refere-se a emoções humanas negativas normais que, embora desconfortáveis e desagradáveis, não causam problemas a você em longo prazo.
- » **Distúrbio:** Refere-se a emoções negativas mais extremas e intensas que podem causar problemas de longo prazo e interferir significativamente em sua vida.
- » **Experimento:** Não, não estamos falando sobre tubos de ensaio e química. O que queremos dizer são exercícios que você inventa e testa para ver que tipo de efeito eles têm sobre seus sentimentos.
- » **Exposição:** Refere-se à ação de sua parte em se expor a situações temidas ou evitadas a fim de ajudar a si mesmo a se recuperar de seus problemas. Note que não estamos nos referindo ao tipo de exposição que poderia fazê-lo ser preso!
- » **Saudável:** Refere-se aos comportamentos, pensamentos ou emoções adequados e construtivos.
- » **Não saudável:** Refere-se aos comportamentos, pensamentos ou emoções inadequados e destrutivos.

Ligando pensamento e sentimento

Você geralmente pode concluir que, se algo acontece com você, como seu carro quebrar, é o próprio evento que faz com que você se sinta com raiva ou ansioso. Faz sentido, certo? Bem, na verdade não, não completamente. De acordo com a TCC, o que determina a qualidade e intensidade da emoção que você experimenta são seus *pensamentos* sobre o evento.

Então, enquanto eventos contribuem com suas reações emocionais e comportamentais (às vezes significativamente), são suas *crenças*, ou o significado que você dá aos eventos, que o levam a sentir um sofrimento saudável ou um distúrbio não saudável.

LEMBRE-SE

Quanto mais negativo o evento, mais sofrimento você provavelmente sente. Então, se você perder seu emprego, for assaltado ou se envolver em um acidente sério, provavelmente sentirá um sofrimento intenso. Sentimentos de sofrimento intenso em resposta a eventos muito negativos ainda são considerados saudáveis, porque são adequados a sua experiência. Mas você pode evitar ficar perturbado mesmo diante de situações de vida muito desafiadoras se monitorar seu pensamento.

Atribuindo significado a eventos

Eventos positivos normalmente levam a emoções positivas, e eventos negativos a emoções negativas (obviamente). Mas os significados pessoais que você atribui aos eventos em sua vida às vezes podem levar a reações emocionais não saudáveis e problemáticas. Seu pensamento pode levá-lo a dar significados extremos a eventos relativamente pequenos. Por exemplo, você pode decidir que seu marido trabalhar até mais tarde significa que ele está prestes a trocá-la por outra mulher. Alguns dos significados que você dá a eventos podem ser irreais, imprecisos e fundamentalmente inúteis.

Quando você atribui um significado errôneo a um evento, você provavelmente experimenta uma emoção negativa não saudável, como culpa extrema, assim como acontece com Coral no exemplo a seguir. Entretanto, quando Coral dá um significado justo e preciso ao evento, ela experimenta a emoção negativa saudável de decepção intensa.

Nós também usamos as palavras *sofrimento* e *distúrbio* para referir a emoções negativas saudáveis e não saudáveis. A diferença entre sofrimento e distúrbio está na *qualidade* da emoção que você experimenta. Esse é um conceito importante que veremos mais completamente no Capítulo 6.

» **Perturbado** refere-se a maneiras imprecisas ou rígidas de pensar sobre eventos que o levam a experimentar emoções negativas não saudáveis extremas.

» **Chateado** refere-se a maneiras precisas e equilibradas de pensar sobre eventos que o levam a experimentar emoções negativas saudáveis adequadas.

EXEMPLO

Coral estava colocando seus filhos para dormir, mas eles não ficavam quietos. Depois de vários minutos tentando fazê-los dormir, ela perdeu a cabeça, gritou e jogou um brinquedo de pelúcia para o outro lado do quarto. A Planilha 1-1 mostra o significado perturbado que ela deu ao evento.

PLANILHA 1-1   Página de Significado Pessoal Não Saudável de Coral

Evento:	Perder a cabeça com meus filhos.
Significado pessoal:	Eu nunca devo ficar com raiva perto das crianças. Isso significa que eu sou uma mãe terrível.
Emoção:	Culpa.

O significado extremo que Coral dá a sua perda de controle a leva a sentir culpa. A culpa provavelmente alimentará ainda mais sua autodepreciação e provavelmente não ajudará Coral a se redimir com os filhos. A Planilha 1-2 mostra uma avaliação mais saudável.

LEMBRE-SE

Na TCC, usamos o termo *autodepreciação* para significar autocriticismo extremo ou se colocar para baixo com base em suas ações. No Capítulo 12 discutimos a alternativa saudável para a autodepreciação, que é a autoaceitação.

PLANILHA 1-2   Página de Significado Pessoal Saudável de Coral

Evento:	Perder a cabeça com meus filhos.
Significado pessoal:	Eu queria não ter ficado tão brava com as crianças. Isso significa que eu fiz uma coisa ruim, mas ainda sou uma mãe muito boa no geral.
Emoção:	Decepção.

Porque Coral dá um significado adequado e justo para seu descontrole, ela experiencia uma emoção negativa saudável. A decepção ajuda Coral a condenar seu comportamento, mas não a si mesma como mãe. Agora ela pode olhar mais de perto as crenças que a levaram a ficar com tanta raiva e, assim, fazer algumas mudanças.

Pegue um evento recente de sua própria vida no qual acabou em um estado emocional não saudável. Use a Página de Significado Pessoal 1-3 para reatribuir um significado diferente ao evento e veja se consegue sentir uma emoção mais saudável. Tente pensar em maneira diferente sobre o evento. Talvez o significado pessoal que você esteja dando ao evento seja excessivamente negativo e extremo. Tente ter uma visão mais compassiva e objetiva de si mesmo dentro do contexto do evento negativo. Você pode achar útil usar essas perguntas como um guia para preencher a planilha:

- » O que aconteceu exatamente? O que você ou outra pessoa fez? Registre isso como o evento.
- » O que o evento significa sobre você? Sobre outras pessoas? O mundo ou condições de vida? Esse é seu significado pessoal.
- » Como você se sente por dentro? Registre sua emoção.
- » Seu significado pessoal é preciso, justo e equilibrado? Ou é impreciso, tendencioso e rígido?
- » Para ficar chateado com o evento, em vez de perturbado, qual novo significado você poderia dar ao evento?

Você pode usar duas páginas, como fizemos no caso de Coral, se quiser ver uma melhor distinção entre seus significados pessoais. Se tiver problemas para colocar em palavras seus sentimentos, dê uma olhada no Capítulo 6, que cobre emoções em profundidade.

PLANILHA 1-3	Minha Página de Significado Pessoal
Evento:	
Significado pessoal:	
Emoção:	

Vendo como a TCC Pode Funcionar para Você

A TCC está cada vez mais popular como um tratamento eficaz para uma série de problemas psicológicos comuns. Muitas pesquisas sobre a TCC focam seu uso para o tratamento da ansiedade e da depressão em particular, e os resultados são encorajadores. Cada vez mais médicos estão recomendando a TCC, porque as pesquisas mostram que ela ajuda as pessoas a ficarem melhores por mais tempo.

Ela é usada para tratar uma ampla gama de problemas psicológicos. Existem boas chances de que, qualquer que seja o problema emocional ou comportamental que você esteja experimentando, este livro de exercícios possa ajudá-lo a ir na direção certa. A Planilha 1-3 oferece um checklist de alguns dos problemas que você pode vivenciar e que a TCC pode ajudá-lo a superar.

LEMBRE-SE

Mesmo que você ache que seus problemas são graves demais para que um livro de autoajuda como este seja o suficiente, a TCC ainda pode funcionar para você. E você pode se beneficiar mais ao consultar um terapeuta, que pode oferecer suporte e orientação adicional. O Capítulo 21 oferece vários conselhos sobre trabalhar com um terapeuta.

PLANILHA 1-4 **Checklist de Esclarecimento de Problemas**

- ❏ Problemas de raiva
- ❏ Anorexia
- ❏ Compulsão alimentar ou comer demais
- ❏ Transtorno dismórfico corporal
- ❏ Bulimia
- ❏ Síndrome da fadiga crônica
- ❏ Dor crônica
- ❏ Depressão
- ❏ Uso excessivo de álcool

- ❏ Uso excessivo de remédios não prescritos ou drogas
- ❏ Sentimentos de baixa autoestima
- ❏ Apostar em jogos de azar ou de apostas online
- ❏ Transtorno obsessivo-compulsivo
- ❏ Sentimentos contínuos de culpa ou vergonha
- ❏ Ataques de pânico
- ❏ Distúrbios de personalidade
- ❏ Transtorno de estresse pós-traumático
- ❏ Fobia social
- ❏ Fobias específicas
- ❏ Gastar quantias excessivas de dinheiro
- ❏ Preocupar-se o tempo todo

Não fique alarmado se descobrir que marcou dois, três ou mais itens da lista; problemas normalmente se sobrepõem. Na verdade, o normal é que as pessoas tenham mais de um problema ao mesmo tempo, isso não é a exceção. Um exemplo de sobreposição de problemas é a depressão e a ansiedade — as pessoas frequentemente experimentam ambas ao mesmo tempo. É possível que se sinta culpado sobre sua depressão ou envergonhado por sua fobia social, dependendo dos significados que atribui a seus problemas originais. A TCC chama essa sobreposição de dois ou mais problemas de problema *metaemocional* ou *problema emocional secundário*. Felizmente, as estratégias que você usa para trabalhar seu problema primário normalmente funcionam nos secundários também. Então não se preocupe.

Classificando seus problemas

Pode ser útil fazer um balanço das áreas de sua vida nas quais você quer focar para mudar antes de começar. Seu médico ou psiquiatra pode ter lhe dado um diagnóstico, ou você pode não estar certo sobre qual realmente é o seu problema.

Colocar seus problemas no papel pode ajudá-lo a ver como eles podem estar interagindo uns com os outros. Escrevê-los também dá a você um ponto de partida mais claro para superá-los. Às vezes os problemas não caem em categorias bem distintas ou se sobrepõem de alguma maneira. Você pode usar o Checklist de Esclarecimento de Problemas na Planilha 1-6, mais adiante neste capítulo, para ajudá-lo a identificar seus problemas.

Considere quais problemas você tem e como eles impactam as diferentes áreas de sua vida. Trabalho, vida em casa, relacionamentos, saúde física e estudos são algumas áreas que seus problemas podem impactar. Reveja sua lista e procure quaisquer sintomas sobrepostos. Um exemplo de problemas se sobrepondo pode ser a habilidade diminuída de se concentrar no trabalho devido a algum distúrbio do sono.

EXEMPLO

Meg tem artrite e raramente está sem dores. Alguns dias são melhores que os outros, mas a dor a está deixando triste. Ultimamente Meg tem bebido mais à noite, para ajudá-la a dormir. A Planilha 1-5 mostra como ela classifica seus problemas.

PLANILHA 1-5   **Planilha de Classificação de Problemas de Meg**

Classificação: Problema	Descrição dos Efeitos
Primeiro colocado: Dor crônica da artrite	Dores nos cotovelos, punhos e joelhos. Sou incapaz de fazer as atividades de que eu costumava gostar muito. Meu sono é perturbado porque a dor me acorda com frequência. Meu humor está ruim.
Segundo colocado: Depressão	Eu não tenho vontade de ver meus amigos ou de passar tempo com a minha família. Eu acho o trabalho de casa e compras diárias insuportáveis. Eu passo tempo demais com meus pensamentos e sentimentos. Eu bebo vinho para anestesiar a dor e os sentimentos depressivos.
Terceiro colocado: Uso do álcool	Às vezes, muito vinho pode me ajudar a dormir, mas eu acordo me sentindo pior. Eu não gosto da ideia de ter que depender do álcool para conseguir lidar com isso. Eu li que o álcool é um depressivo, então eu suponho que isso pode estar piorando minha depressão.

No exemplo de Meg, você vê que seus sentimentos de depressão derivam da dor crônica, mas que seu uso do álcool está realmente piorando sua depressão. Ao examinar sua Planilha de Classificação de Problemas, Meg pode escolher intervir em vários pontos. Agora use a Planilha 1-6 para classificar seus próprios problemas.

PLANILHA 1-6   **Minha Planilha de Classificação de Problemas**

Classificação: Problema	Descrição dos Efeitos
Primeiro colocado:	
Segundo colocado:	
Terceiro colocado:	

Você pode querer continuar a planilha e incluir um quarto e quinto colocados. No entanto, tenha cuidado para não deixar as coisas piores do que são! Tente só classificar seus problemas *principais* e perceber que vários outros sentimentos que você possa ter, como irritação ou solidão, são, normalmente, *efeitos* do problema (ou, em termos da TCC, *consequências emocionais*).

Analisando seus comportamentos

Emoções perturbadas tendem a levar a comportamentos destrutivos e autodestrutivos. O comportamento destrutivo raramente ajuda efetivamente na resolução de problemas. Pelo contrário, ele frequentemente cria mais problemas ou piora os existentes. A Planilha 1-7 é mais um checklist para ajudá-lo a identificar diferentes tipos de comportamentos grandes, maus e feios que você pode se reconhecer executando de vez em quando.

PLANILHA 1-7 **Checklist de Comportamentos Ruins**

Comportamentos autodestrutivos:
❏ Beber excessivamente
❏ Comer mal (demais ou pouco)
❏ Envolver-se em atividades sexuais de alto risco
❏ Apostar
❏ Agredir verbal ou fisicamente
❏ Gastar dinheiro compulsivamente ou imprudentemente
❏ Ficar emburrado
❏ Correr riscos quando está com raiva (como dirigir imprudentemente)
❏ Usar drogas ilegais
Comportamentos que diminuem o humor:
❏ Isolar-se de seus amigos e familiares
❏ Deixar acumular as tarefas diárias
❏ Negligenciar sua higiene
❏ Não pedir ajuda ou apoio aos outros
❏ Não se envolver em atividades de que você normalmente gosta
❏ Faltar o trabalho repetidamente
❏ Dormir demais ou pouco
❏ Ficar na cama o dia todo
❏ Ficar em casa a maior parte do tempo
❏ Parar de tomar sua medicação

(continua)

(continuação)

Comportamentos de evitação:
❏ Evitar exercícios
❏ Fazer outras tarefas não relacionadas, em vez de fazer o que realmente precisa ser feito (como arrumar sua mesa, em vez de escrever um artigo)
❏ Envolver-se em comportamento supersticioso em uma tentativa de afastar os eventos temidos
❏ Não atender ao telefone
❏ Não abrir correspondências (como contas)
❏ Não falar muito em reuniões sociais
❏ Adiar tarefas
❏ Ficar longe de situações que você acha ameaçadoras (elevadores, lugares cheios, festas, e assim por diante)
❏ Usar rituais para ajudar a sufocar pensamentos e sentimentos ansiosos

Agora, como seres humanos e, portanto, destinados a cometer erros, muitas pessoas exibem alguns dos tipos de comportamentos na lista de tempos em tempos. Entretanto, esses tipos de comportamentos estão muito frequentemente ligados a problemas psicológicos. Quanto mais itens você marcou no checklist, mais provável é que você esteja experimentando um distúrbio emocional. Por sua vez, seus comportamentos "ruins" estão quase certamente piorando as coisas.

EXEMPLO

Stewie tem fobia social e se sente muito ansioso em ambientes sociais. A Planilha 1-8 mostra seus cinco principais comportamentos ruins.

PLANILHA 1-8 **Cinco Principais Comportamentos Ruins de Stewie**

1. Ficar quieto em ambientes sociais até que esteja absolutamente certo do que quero dizer.
2. Evitar ir a festas onde eu não conheço todo mundo.
3. Almoçar sozinho no trabalho.
4. Passar tempo de mais dentro de casa.
5. Só ir a lojas durante períodos calmos.

Os principais comportamentos de Stewie caem na categoria de Comportamentos de Evitação na lista da Planilha 1-7. Ele pode se sentir melhor em curto prazo, porque está tentando muito evitar situações nas quais se sente ansioso. Em longo prazo, entretanto, Stewie está mantendo a ansiedade viva, porque não dá a si mesmo a chance de descobrir que pode sobreviver ao constrangimento social.

O grande checklist de comportamentos ruins na Planilha 1-7 pode servir como um guia para identificar seus cinco principais comportamentos que podem estar perpetuando seus problemas. Nós oferecemos um espaço para que você identifique seus próprios comportamentos ruins na Planilha 1-9.

PLANILHA 1-9   **Meus Cinco Principais Comportamentos Ruins**

1. _____
2. _____
3. _____
4. _____
5. _____

Conectando Emoção, Pensamento e Comportamento

Para juntar tudo o que está neste capítulo, comece selecionando uma emoção para investigar. Essa é sua emoção-alvo. Nas Planilhas 1-10 e 1-11, Margot escolheu a depressão como sua emoção-alvo, e Tom selecionou a ansiedade. Você pode escolher sua emoção-alvo na Planilha 1-12.

Em seguida, considere como sua emoção-alvo está afetando seus pensamentos. O pensamento baseado em depressão de Margot inclui ideias de que a socialização é inútil, e ela se coloca para baixo por ser um "poço de miséria". O pensamento baseado em ansiedade de Tom o leva a concluir que ele não tem salvação ante seus medos e é incapaz de lidar com o desconforto da ansiedade.

Agora examine como sua emoção-alvo e pensamento baseado em sentimento estão levando você a agir. Pense sobre o que sua emoção-alvo o faz ter vontade de fazer. Inclua ações passadas, presentes ou até futuras em potencial. Os pensamentos depressivos de Margot a levam a se isolar, e os pensamentos ansiosos de Tom o dizem para continuar evitando o transporte público.

Finalmente, examine como seu comportamento baseado em sentimento está afetando sua emoção-alvo. Ao se isolar de seus amigos, Margot realmente piora sua depressão. Tom ameniza sua ansiedade em curto prazo ao se recusar a pegar o ônibus, mas sua evitação o deixa ainda mais temeroso de usar o transporte público.

PLANILHA 1-10   Análise de Efeito do Comportamento de Margot

Emoção-alvo:	Depressão.
Pensamento baseado em sentimento:	Ir ao cinema com os amigos é inútil. Eu não gosto mais de socializar, e ninguém quer ficar perto de um poço de miséria como eu.
Comportamento baseado em sentimento:	Negar um convite para ir ao cinema. Ficar em casa e evitar ligações dos amigos.
Efeito do comportamento na emoção-alvo:	Eu acabo sozinha e isolada. Brigo comigo mesma por negligenciar meus amigos. Pareço me sentir ainda mais deprimida, no fim das contas.

PLANILHA 1-11   Análise de Efeito do Comportamento de Tom

Emoção-alvo:	Ansiedade.
Pensamento baseado em sentimento:	Usar o transporte público é muito desconfortável e assustador. Eu entrarei em pânico se tentar usar o metrô. É doloroso demais até tentar pegar o ônibus.
Comportamento baseado em sentimento:	Caminhar, em vez de usar o transporte público. Só ir a lugares para onde posso dirigir.
Efeito do comportamento na emoção-alvo:	Quanto mais evito usar metrôs e ônibus, mais ansioso fico. Ultimamente sinto-me ansioso mesmo se chegar perto de uma estação de metrô ou ponto de ônibus. Ultimamente sinto minha ansiedade aumentar.

PLANILHA 1-12   Minha Análise de Efeito do Comportamento

Emoção-alvo:	
Pensamento baseado em sentimento:	
Comportamento baseado em sentimento:	
Efeito do comportamento na emoção-alvo:	

Depois de completar sua própria Análise de Efeito do Comportamento, você pode perceber que algumas de suas ações estão perpetuando seus problemas, muito embora elas pareçam fazer sentido com base em seus sentimentos. Nós damos uma olhada melhor nesse conceito (e em maneiras de superar isso!) nos Capítulos 7, 9 e 12

Imaginando Seus Problemas como um Simples A-B-C

Neste estágio, você pode ver que:

- » Seus pensamentos, crenças ou significados pessoais afetam como você se sente
- » Seus sentimentos afetam como você se comporta
- » Seu comportamento também afeta como você se sente

Note também que seu estado emocional pode afetar ainda mais como você pensa e como vê o mundo a seu redor. Por exemplo, se você está deprimido, então você tende a ter mais pensamentos depressivos, e o mundo pode parecer desanimador, perigoso e triste. Você pode notar coisas ruins no jornal e focar aspectos muito mais negativos de sua própria vida. Enquanto que, quando você não está deprimido, o mundo parece muito mais brilhante, muito embora pouco em suas próprias circunstâncias pessoais tenha realmente mudado.

O diagrama na Figura 1-1 mostra como eventos de vida, pensamentos, emoções e comportamentos interagem e influenciam potencialmente uns aos outros. Nós incluímos essa figura aqui como uma revisão visual sobre o que foi introduzido neste capítulo. Na figura:

- » **Eventos** incluem todas as suas experiências passadas e presentes, mais as coisas que podem acontecer no futuro. Eventos podem ser globais, pessoais ou envolver outras pessoas em sua vida.
- » **Pensamentos** incluem tudo o que se passa em sua cabeça. Suas filosofias de vida, padrões pessoais e morais, mais a maneira que você pensa de si mesmo, dos outros e do mundo, tudo isso se encaixa na categoria de *Pensamentos*.
- » **Emoções** incluem sentimentos de raiva, culpa, tristeza, e assim por diante. No Capítulo 6 mostramos a diferença entre sentimentos funcionais de sofrimento e sentimentos inúteis de perturbação.
- » **Comportamento** inclui, basicamente, qualquer coisa que você faça. Suas ações e inações deliberadas são, ambas, tipos de comportamento. Como com as emoções, é possível ter tanto respostas construtivas quanto destrutivas a eventos.

FIGURA 1-1: Um lembrete visual de como o modo como você interpreta o mundo afeta seus pensamentos, sentimentos e comportamentos, que afetam como você interpreta o mundo.

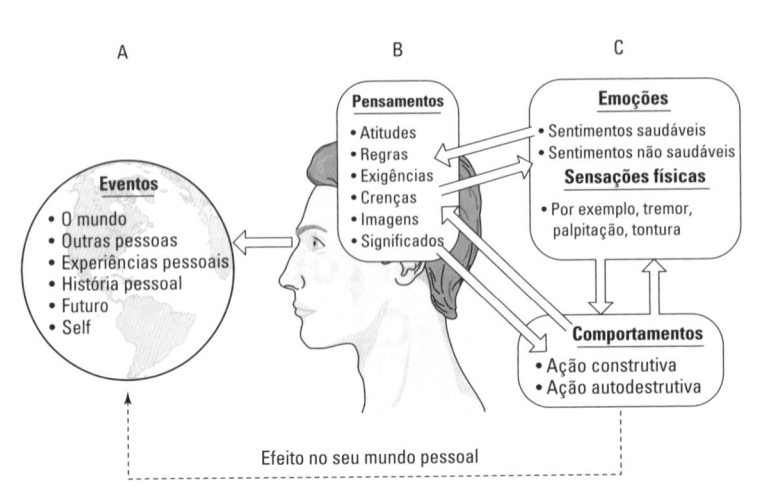

A

Eventos
- O mundo
- Outras pessoas
- Experiências pessoais
- História pessoal
- Futuro
- Self

B

Pensamentos
- Atitudes
- Regras
- Exigências
- Crenças
- Imagens
- Significados

C

Emoções
- Sentimentos saudáveis
- Sentimentos não saudáveis

Sensações físicas
- Por exemplo, tremor, palpitação, tontura

Comportamentos
- Ação construtiva
- Ação autodestrutiva

Efeito no seu mundo pessoal

É nossa intenção manter as coisas simples, mas às vezes acabamos deixando mais confusas. E achamos bom que você esteja conosco. Se leu este capítulo e terminou os exercícios (pelo menos alguns deles), então está no caminho para usar a TCC!

A seguir há dois exemplos do que queremos dizer com isso e uma chance para que você aplique em si mesmo.

O Formulário A–B–C é o principal método que a TCC usa para formular ou traçar problemas. Nós entramos em muito mais detalhes do Formulário A–B–C no Capítulo 3, mas a Planilha 1-13 mostra basicamente como ele funciona.

PLANILHA 1-13   Planilha A–B–C Simples

A (Evento Ativador)	B (Crença/Pensamento)	C (Consequências Emocionais e Comportamentais)
Reprovar em um teste importante	Eu sou um completo idiota por reprovar	Emocional: Depressão
	Eu não deveria ter reprovado!	Comportamental: Decide que refazer o teste é inútil

Basicamente, a Planilha A–B–C Simples é muito similar à Planilha 1-3. Entretanto, a Planilha 1-14 mostra o formulário usado com mais frequência em livros de TCC como este.

PLANILHA 1-14   Minha Planilha A–B–C Simples

A (Evento Ativador)	B (Crença/Pensamento)	C (Consequências Emocionais e Comportamentais)
		Emocional:
		Comportamental:

> **NESTE CAPÍTULO**
>
> » Cometendo distorções cognitivas e fazendo correções de distorções
>
> » Ficando íntimo de suas distorções cognitivas

Capítulo **2**

Reconhecendo os Padrões de Pensamentos Problemáticos

Todos nós tiramos conclusões precipitadas, imaginamos crises por nada ou levamos os acontecimentos para o lado pessoal de tempos em tempos. Pensar de maneiras inúteis é uma característica humana bastante comum. Na verdade, distorções cognitivas são *tão* comuns, que os clínicos e pesquisadores foram capazes de classificá-las em categorias distintas. Mas *comum* não significa *inofensivo*. Como discutimos no Capítulo 1, a maneira que você pensa tem um impacto definitivo em como acaba se sentindo. Então, se pensa com frequência de maneiras não saudáveis, é mais propenso a experienciar problemas emocionais. Uma técnica central da TCC é ajudá-lo a reconhecer mais prontamente quando você está pensando de maneira distorcida. Neste capítulo nós o ajudamos a fazer exatamente isso, e ainda mostramos maneiras de questionar e reajustar seu pensamento.

Entendendo as Distorções Cognitivas Mais Comuns

Nesta seção esboçamos algumas das distorções cognitivas mais comuns que os seres humanos tendem a cometer. Você provavelmente não comete todas elas regularmente, mas para ajudá-lo a entendê-las melhor, nós o convidamos a imaginar o pensamento nas maneiras que descrevemos nos exemplos aqui. Se você se identificar com uma distorção cognitiva em particular, então provavelmente se beneficiará ao fazer a planilha correspondente. Então não há necessidade de completar todas as planilhas, a não ser que ache que elas se aplicam a você.

Catastrofização significa pegar um evento relativamente menor e imaginar todos os tipos de cenários de terror e pesadelos resultando dele. Outra maneira de descrever essa distorção cognitiva é "fazer uma tempestade em um copo d'água".

EXEMPLO

Imagine que você diga algo para ofender sua futura sogra. Disso você conclui que ela fará seu noivo/sua noiva ficar contra você, o casamento será cancelado, seus pais ficarão terrivelmente envergonhados e ninguém nunca vai querer sair com você novamente.

Use o conjunto de perguntas na Planilha 2-1 para analisar seus pensamentos catastróficos mais criticamente.

PLANILHA 2-1   Descatastrofizando Seus Pensamentos

Qual prova concreta, se existir, apoia minhas conclusões:	
Qual prova concreta, se existir, desaprova minhas conclusões:	
Posso adotar uma perspectiva mais precisa sobre o evento?	
Quais são algumas conclusões menos terríveis a que posso chegar sobre o evento?	
Quais passos práticos posso dar para lidar com a situação?	

O pensamento *ou tudo ou nada* — também chamado de pensamento "preto e branco" ou "dicotômico ou polarização" — envolve presumir que uma situação é inteiramente boa ou inteiramente ruim, não deixando espaços ou áreas em branco.

EXEMPLO Digamos que você foi a uma entrevista de emprego e respondeu mal a uma pergunta. Se estiver pensando de uma maneira "ou tudo ou nada", pode decidir que a entrevista toda foi um fracasso completo com base em um erro.

Encontre um ponto entre os extremos fazendo a si mesmo as perguntas da Planilha 2-2.

PLANILHA 2-2   Pensando entre Extremos

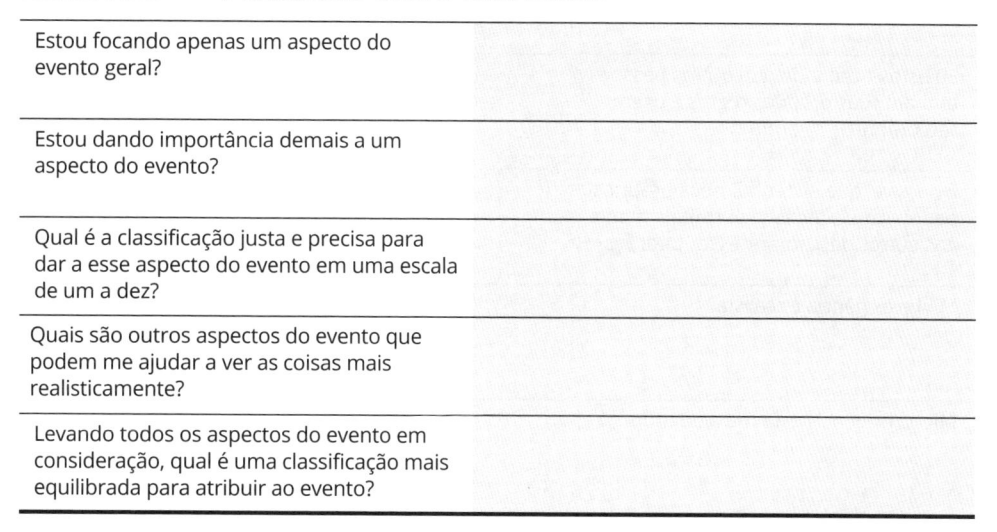

Estou focando apenas um aspecto do evento geral?	
Estou dando importância demais a um aspecto do evento?	
Qual é a classificação justa e precisa para dar a esse aspecto do evento em uma escala de um a dez?	
Quais são outros aspectos do evento que podem me ajudar a ver as coisas mais realisticamente?	
Levando todos os aspectos do evento em consideração, qual é uma classificação mais equilibrada para atribuir ao evento?	

Só para ficar claro, *impor exigências* é uma *grande* distorção cognitiva. Albert Ellis, que fundou uma das primeiras terapias cognitivo-comportamentais, coloca as exigências de um indivíduo no centro dos problemas emocionais e psicológicos.

Ao se *impor exigências*, se está esperando que as outras pessoas, o mundo e você mesmo sigam as regras e nunca as quebrem. Todos temos atitudes, valores, padrões, ideais e crenças sobre como o mundo deveria agir idealmente. E não há problemas em ter essas opiniões, contanto que possamos ser flexíveis e dar espaço para erro e divergências. Mas se começar a exigir que todos marchem no seu ritmo, você ficará emocionalmente perturbado quando as coisas não saírem como queria.

EXEMPLO Imagine que você tenha uma preferência de ser tratado educadamente. Então diz a si mesmo algo como: "Eu quero ser tratado com cortesia, mas não preciso ser tratado dessa maneira. Eu posso aguentar um pouco de comportamento mal educado." Agora imagine que você transforme essa *preferência* em uma *exigência* ou *imposição*. Então diz a si mesmo algo como: "Eu devo ser tratado educadamente e não tolero se não for assim." Consegue ver como a preferência permite lidar com o comportamento mal-educado de outros sem levar à raiva não saudável? Consegue perceber como a exigência pode dar origem à raiva não saudável e outras emoções negativas?

PRATIQUE

Melhore sua vida ao ser mais flexível em seu modo de pensar. A Planilha 2-3 ajuda a lhe mostrar como.

PLANILHA 2-3   Pensando de Modo Flexível

Que tipo de linguagem estou usando em minha cabeça? Estou usando termos como "devo" ou "tenho que"?
Eu estou aceitando que outras pessoas tenham suas próprias regras e usem seu próprio livre-arbítrio?
É possível que eu tenha meus próprios padrões, mas *também* permita a mim e aos outros descumprir esses padrões?
Minha exigência é realista?
Minha exigência está me ajudando?
Como posso manter meus padrões e ideias, mas transformar minhas exigências em *preferências*?

Com a *adivinhação* você faz previsões sobre o futuro e acredita firmemente que suas visões proféticas estão corretas. O problema é que muitas de suas previsões provavelmente serão negativas e podem impedir que você tenha uma ação orientada por metas.

EXEMPLO

Você quer abordar seu chefe sobre um aumento, mas prevê que ele dirá "não" e será desagradável. Se ouvir seus pensamentos preditivos, pode nunca se arriscar e fazer o pedido!

PRATIQUE

Desafie suas previsões para o futuro submetendo-as a alguns testes empíricos e respondendo às perguntas na Planilha 2-4.

PLANILHA 2-4   Pensando sem Seu Terceiro Olho

Minha previsão:	
Como posso testar minha previsão?	
O que posso ganhar ao arriscar agir apesar da minha previsão negativa?	
Quais eventos do meu passado podem estar influenciando a maneira que espero que esse evento futuro se desdobre?	
Como posso agir para ajudar a me adaptar a um resultado ruim? Quais passos posso dar para tentar resolver problemas em potencial?	

Ah, como amamos adivinhar o que os outros estão pensando! Mas quando você *lê mentes*, normalmente assume que os outros estão pensando de maneiras julgadoras e desaprovadoras sobre você. Essas suposições podem levar a todos os tipos de dificuldades, como ansiedade social e rompimentos de relacionamentos.

EXEMPLO — Imagine que você vai a uma festa com um amigo e não conhece ninguém lá. Algumas pessoas falam com você, mas então continuam a falar com outras pessoas que parecem conhecer. Você acaba sozinho por um tempo e nota outras pessoas olhando para você. Supõe que estão pensando "quem é *ela*", "quem *a* convidou?", "o que diabos *ela* está fazendo aqui?".

PRATIQUE — Tente questionar sua leitura mental antes de deixar esses pensamentos saírem do controle. A Planilha 2-5 pode ajudar.

PLANILHA 2-5   Resistindo à Leitura Mental

Quais são algumas explicações alternativas para minhas suposições?	
É possível que minha leitura mental esteja errada?	
O que posso fazer para testar minha leitura mental e obter mais informações?	

Raciocínio emocional ou *emocionalização* é quando você decide que seus sentimentos fortes são um reflexo verdadeiro do que realmente acontece na realidade. Como você se *sente* de uma certa maneira, decide que seus sentimentos devem estar certos. Você então não consegue absorver outras informações que contradizem seus sentimentos.

EXEMPLO

Você sente ciúmes da atenção que seu parceiro dá para outra pessoa. Por se *sentir* assim, supõe que seu parceiro está definitivamente tendo um caso. Se acorda certa manhã *sentindo*-se muito ansioso, pode supor que há algo a ser temido e procura uma razão para ficar preocupado.

PRATIQUE

Se o raciocínio emocional é uma de suas distorções cognitivas pessoais, pratique olhar além de seus sentimentos. Coloque seus sentimentos de lado conscientemente e deliberadamente e use suas habilidades de observação para absorver a realidade da situação. É mais provável que seus sentimentos reflitam seus pensamentos sobre o que um evento *significa* para você do que descrevam de forma confiável o que *realmente* está acontecendo. Separe o fato do sentimento sendo mais cético. Usar a Planilha 2-6 pode ajudar.

PLANILHA 2-6 Favorecendo Fatos, em Vez de Emoções

Qual é o evento ou situação?	
Que emoção estou vivenciando?	
Como meus sentimentos podem estar me levando a distorcer os fatos?	
Quais fatos posso estar ignorando por causa de meus sentimentos fortes?	
Se der tempo a mim mesmo para que meus sentimentos se acalmem *antes* de chegar a conclusões, como vejo a situação quando estou mais calmo?	

Você se vê pensando em termos de "nunca" ou "sempre"? Como em "as coisas *nunca* saem como eu quero" ou "eu *sempre* estrago reuniões importantes"? Ou talvez pense em termos globais, como "não se pode confiar nas pessoas" ou "o mundo é injusto"? Ou talvez você conclua que é um pai, parceiro, empregado ou qualquer coisa muito ruim com base em uma ou mais de suas ações. Se a reposta foi sim, na última linha: provavelmente você está *generalizando demais* (hipergeneralização) e fazendo julgamentos generalizados sobre si mesmo, os outros ou o mundo com base em uma ou duas características em particular.

Essa tendência também é chamada de cometer o erro parcial/total. Ou seja, você julga o todo com base em uma ou mais de suas partes. Fazer isso pode levá-lo a fazer julgamentos muito duros e ter uma atitude muito rancorosa.

É fácil permitir que algumas coisas ruins nublem nosso julgamento sobre um evento ou situação em geral. Em vez de decidir que algo é completamente ruim por causa de alguns problemas, tente se lembrar de manter as coisas boas em vista.

EXEMPLO

Você começou recentemente em um novo emprego. Em seu terceiro dia de trabalho, seu chefe lhe dá uma lista de objetivos, alguns dos quais você considera bastante irreais. Você tenta mostrar a lista para alguns de seus colegas para ter um feedback, mas todos estão ocupados demais para conversar. Você se vê pensando que *sempre* acaba com chefes totalmente irracionais, o trabalho é *terrível* e *todo mundo* com quem trabalha não dá apoio. Você *nunca* consegue trabalhos bons.

PRATIQUE

Resolva a hipergeneralização sendo bem específico sobre os aspectos negativos de uma situação em particular, como a Planilha 2-7 ajuda a demonstrar.

PLANILHA 2-7   **Pensamento Específico**

Em que *especificamente* estou baseando meus julgamentos?	
Estou fazendo um julgamento *total* de mim mesmo, dos outros ou da situação baseado nesse aspecto *específico*?	
Quais outros aspectos de mim mesmo, dos outros ou da situação estou ignorando?	
Posso interromper o julgamento *total* e, em vez disso, julgar apenas o aspecto *específico* de mim mesmo, dos outros ou da situação?	
Como posso me beneficiar ao ser mais específico em meu julgamento?	

Você classifica a si mesmo, aos outros e ao mundo? Bem, você está no clube da *rotulação e classificação* — e esse é um lugar ruim de estar. Se tem o hábito de se chamar de "inútil" toda vez que estraga alguma coisa, ou o mundo de "cruel" sempre que ele dá um golpe em você, ou os outros de "maus" quando é tratado de maneira mal-educada, então está suscetível a diversas emoções realmente tóxicas.

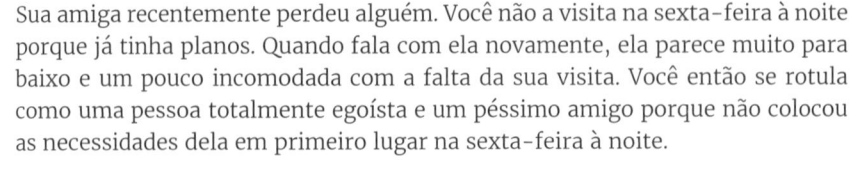

EXEMPLO Sua amiga recentemente perdeu alguém. Você não a visita na sexta-feira à noite porque já tinha planos. Quando fala com ela novamente, ela parece muito para baixo e um pouco incomodada com a falta da sua visita. Você então se rotula como uma pessoa totalmente egoísta e um péssimo amigo porque não colocou as necessidades dela em primeiro lugar na sexta-feira à noite.

PRATIQUE Tente desistir do jogo da rotulação. Use as perguntas na Planilha 2-8 para ver a si mesmo e aos outros de forma mais complexa do que seus rótulos podem sugerir.

PLANILHA 2-8 Resistindo ao Desejo de Rotular

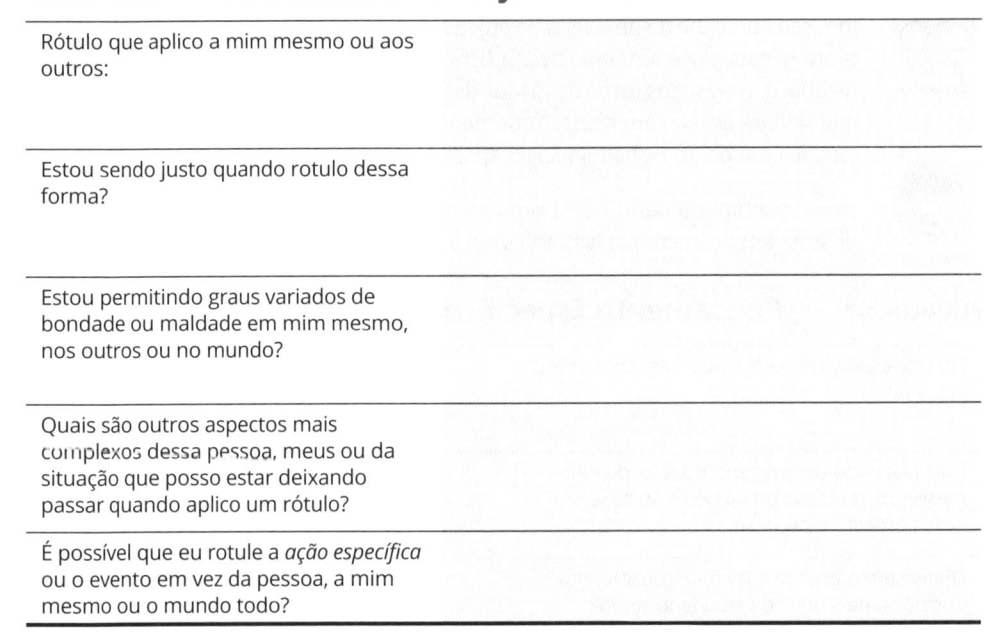

Rótulo que aplico a mim mesmo ou aos outros:	
Estou sendo justo quando rotulo dessa forma?	
Estou permitindo graus variados de bondade ou maldade em mim mesmo, nos outros ou no mundo?	
Quais são outros aspectos mais complexos dessa pessoa, meus ou da situação que posso estar deixando passar quando aplico um rótulo?	
É possível que eu rotule a *ação específica* ou o evento em vez da pessoa, a mim mesmo ou o mundo todo?	

Com o *filtro mental* (abstração seletiva ou visão em túnel) você só deixa passar informações que se encaixem com o que já acredita sobre si mesmo, sobre os outros e sobre o mundo. Então, se pensa em si mesmo como um fracasso, só processa informações que apontam para seu fracasso; se acha que seu chefe é um idiota, você só vê evidências que apoiam essa visão; e se acha que o mundo não é seguro, só registra as notícias assustadoras e perigosas sobre o mundo. Esse processo de filtragem pode levá-lo a ter uma visão muito tendenciosa e negativa de si mesmo e do ambiente.

EXEMPLO Finja, por um momento, que acredita que o mundo é um lugar perigoso e desagradável. Você pega o jornal e foca a situação no Iraque, ataques terroristas e tiroteios em sua cidade. Você deixa de registrar os artigos sobre iniciativas bem-sucedidas de reciclagem, redução do crime nas principais cidades e pessoas idosas sendo entretidas por grupos jovens.

Ataque essa distorção cognitiva absorvendo informações adicionais que contradizem seu ponto de vista. A Planilha 2-9 o ajuda a organizar seus pensamentos.

PLANILHA 2-9   **Pensando sem Filtros**

Qual é meu filtro particular?	
Qual informação meu filtro está impedindo que eu considere?	
Como eu pensaria ou me comportaria se removesse meu filtro?	

Desqualificar o positivo é muito similar ao filtro mental. Imagine, por exemplo, que você acredite que é antipático e socialmente inaceitável. Seu filtro mental só deixa que note informações que suportem a sua opinião negativa. Se qualquer informação positiva conseguir passar pelo seu filtro, você rapidamente a desacredita ou desqualifica e a joga fora.

Você acredita que é fundamentalmente antipático. Alguém o chama para sair depois do trabalho. Em vez de ver o convite como evidência *contra* sua ideia de que é antipático, pode achar que estão lhe chamando apenas porque ninguém mais está disponível ou porque sentem pena de você.

As perguntas na Planilha 2-10 o ajudam a contrariar esse viés de pensamento ao reunir dados positivos deliberadamente e consistentemente.

PLANILHA 2-10   **Pensando Positivamente**

Como eu respondo a deixas positivas dos outros e do meu ambiente?	
Como eu reconheço um feedback positivo e respondo a ele?	
Quais informações e experiências positivas eu posso escrever? (Posso ver meus registros de dados positivos quando me vir pensando negativamente.)	
Como posso praticar receber um elogio graciosamente?	
Como reconhecer informações positivas dos outros me ajudará?	

CAPÍTULO 2   Reconhecendo os Padrões de Pensamentos Problemáticos

Ter *baixa tolerância à frustração* (*LTF*) é decidir que *desconfortável* é igual a *insuportável*. Basicamente, se tem LTF, provavelmente desistirá de lutar pelos seus objetivos sempre que as coisas ficarem muito duras ou dolorosas.

O ditado de que tudo o que vale a pena ter requer esforço e vale o sangue, o suor e as lágrimas realmente é verdade. Muitas coisas boas na vida não vêm fácil.

EXEMPLO

Imagine que queira melhorar sua saúde perdendo alguns quilos e ficar em forma por meio de exercícios. Mas assim que lhe oferecem um pedaço de bolo cremoso, você diz a si mesmo que resistir a isso é doloroso demais e que a privação é insuportável. Você vai à academia, mas assim que seus músculos começam a doer, decide que não consegue aguentar o desconforto e que o exercício é um trabalho difícil demais. Então vai para casa, pede uma pizza e desmorona na frente da TV.

PRATIQUE

Supere a baixa tolerância à frustração desafiando sua atitude em relação ao desconforto e nutrindo a alta tolerância à frustração. A Planilha 2-11 oferece algumas perguntas para fazer a si mesmo.

PLANILHA 2-11   Aumentando Sua Tolerância à Frustração

O que estou experimentando é realmente *intolerável* e *insuportável*?	
O que estou experimentando é realmente tão *difícil* de tolerar ou suportar?	
Quais são algumas das razões pelas quais vale a pena tolerar esse desconforto?	
Quais evidências existem para apoiar a ideia de que posso tolerar esse desconforto?	
Quais outras coisas que valem a pena fazer posso me obrigar a fazer, mesmo que sejam desconfortáveis ou desagradáveis?	

Personalizar envolve pegar eventos aleatórios e torná-los um problema pessoal. Você tende a considerar tudo o que acontece a sua volta *sobre* você, mesmo se a realidade indicar o contrário. Essa tendência pode levá-lo a assumir responsabilidade inadequada por eventos e/ou sentir emoções não saudáveis em resposta a eventos que têm pouco ou nada a ver com você.

EXEMPLO

Você planeja um churrasco e convida seus vizinhos. Infelizmente, desaba uma tempestade incomum bem no momento que coloca os hambúrgueres na grelha. Várias mulheres correm para casa porque suas roupas estão encharcadas. Um casal começa a discutir. No fim, os convidados restantes e sua família sentam para comer salada de batatas na cozinha enquanto a churrasqueira queima gentilmente lá fora. Você acha que o clima mudou só para te sacanear, que as mulheres o estão culpando por estragar suas roupas e claramente seu churrasco cancelado resultou no iminente divórcio do casal briguento.

PRATIQUE

A Planilha 2-12 demonstra que é possível se retirar do centro do universo e levar menos as coisas para o lado pessoal ao desafiar seus pensamentos.

PLANILHA 2-12   Pensando Mais Objetivamente

O que mais contribuiu para o resultado da situação além de você?
Você está assumindo responsabilidade pessoal por coisas que não estão dentro de seu controle?
Quais são algumas razões adicionais que podem contar para a maneira como as pessoas a seu redor estão respondendo?
Você realmente é a única pessoa afetada por eventos e condições específicos, ou outras pessoas também são?
O que aconteceu realmente se trata de você?

Listando Seus Favoritos

Todos os humanos ocasionalmente pensam de maneira errada. É provável que você tenha cometido alguns erros com mais frequência do que outros. Se fizer uma lista dos erros descritos neste capítulo que mais tende a cometer, poderá aumentar suas chances de se pegar no flagra. Quanto antes você notar o pensamento errôneo, poderá lutar para corrigi-lo. Use a Planilha 2-13 para listar suas principais distorções cognitivas.

| PLANILHA 2-13 | Minhas Principais Distorções Cognitivas |

_____

_____

_____

_____

Sabendo Onde e Quando Seus Pensamentos Abrem Caminho para Problemas

Depois de ver as principais distorções cognitivas e listar aquelas que tende a cometer com mais frequência, você pode usar as Planilhas 2-14 a 2-17 para mapeá-las e corrigi-las.

Você descobrirá que certas situações dão origem a suas distorções cognitivas. Nós as chamamos de *gatilhos*. Entender seus gatilhos pessoais e seus padrões de pensamentos problemáticos pode ajudá-lo a reajustar seu pensamento e aumentar suas chances de sentir emoções negativas saudáveis.

EXEMPLO

Martha é indicada para o prêmio de funcionária do mês. Ela está encantada, mas parece que outro funcionário, Spencer, é quem realmente ganha o prêmio. Martha fica muito triste/deprimida por não ganhar. Ela diz a si mesma que é uma funcionária inútil. Decide que seu chefe obviamente pensa que ela é inadequada e se magoa por todo seu trabalho árduo ter sido para nada.

Martha localizou quatro distorções cognitivas que estava fazendo sobre o evento de não ganhar o prêmio do trabalho. Ela então desafiou seu pensamento e mudou sua tristeza/depressão e mágoa não saudável para tristeza e decepção saudável. Você nem sempre cometerá muitas distorções cognitivas como Martha fez. Às vezes apenas uma distorção cognitiva pode ser facilmente identificada. O importante é usar a planilha para ajudá-lo a pensar de uma maneira mais útil e equilibrada — para que possa evitar distúrbios emocionais e agir em seu próprio melhor interesse!

PLANILHA 2-14   Registro de Pensamentos de Martha

Situação/Evento (O que aconteceu? Quando? Onde? Quem mais estava envolvido?)	Meus Pensamentos (O que se passou pela sua cabeça na hora?)	Resultado (Qual foi seu sentimento/sua emoção? O que você fez?)
– Spencer ganhou o prêmio, e não eu. – Aconteceu na sexta-feira no trabalho. – Meu chefe e supervisor decidiram quem ganharia o prêmio.	– Eu tenho que ganhar ou significa que não sou uma boa funcionária. – Meu chefe e supervisor acham que eu sou ruim no meu trabalho. – Eu nunca sou reconhecida por meu trabalho árduo.	– Eu me senti deprimida e magoada. – Eu fingi estar bem, mas não saí para celebrar com Spencer.

PLANILHA 2-15   Seu Registro de Pensamentos

Situação/Evento (O que aconteceu? Quando? Onde? Quem mais estava envolvido?)	Meus Pensamentos (O que se passou pela sua cabeça na hora?)	Resultado (Qual foi seu sentimento/sua emoção? O que você fez?)

PLANILHA 2-16   **Planilha de Correção de Pensamentos de Martha**

Distorção Cognitiva (Lista dos tipos de distorções cognitivas que eu fiz.)	Correções de Pensamento (Registro de uma maneira alternativa de pensar para cada erro.)	Novo Resultado (Como me senti e agi de maneira diferente depois de ter corrigido meu pensamento?)
- Fazer exigências. - Pensamento de tudo ou nada. - Desqualificar o positivo. - Generalizar excessivamente.	- Eu estava exigindo que eu ganhasse o prêmio, não preferindo ganhar, mas percebendo que ganhar não é essencial. Eu ainda posso ser uma boa funcionária sem ganhar o prêmio. - Eu decidi que a situação era terrível com base em não ter ganhado. Mas, na verdade, era um evento divertido do trabalho, e eu poderia ter aproveitado as celebrações, mesmo embora tenha perdido para o Spencer. - Eu ignorei o fato de ter sido indicada, e isso é uma evidência de que meu trabalho é adequado. - Obviamente não é verdade que eu nunca sou reconhecida pelo trabalho duro, porque eu fui indicada, mesmo que não tenha ganhado.	- Eu ainda me sinto triste por ter perdido para o Spencer, mas não deprimida. - Eu reconheço que meu trabalho é bom e é valorizado pelos meus chefes. - Eu sinto decepção por ter perdido e prazer por ter sido nomeada. - Eu serei capaz de sair na próxima sexta-feira com meus amigos do trabalho e me sentir bem-sucedida. - Eu ligarei para Spencer para dar parabéns a ele.

PLANILHA 2-17 Minha Planilha de Correção de Pensamentos

Distorção Cognitiva (Lista os tipos de distorções cognitivas que eu fiz.)	Correções de Pensamento (Registra uma maneira alternativa de pensar para cada erro.)	Novo Resultado (Como eu me senti e agi de maneira diferente depois de ter corrigido meu pensamento?)

> **NESTE CAPÍTULO**
>
> » Ligando pensamentos negativos a sentimentos
>
> » Usando Formulários A–B–C para identificar e lidar com pensamentos tóxicos
>
> » Escolhendo deveres de casa úteis

Capítulo 3
Lidando com o Pensamento Tóxico

O ponto principal deste capítulo é que quando você pensa em maneiras mais equilibradas e construtivas, reduz problemas emocionais e comportamentais. A maneira com que pensa sobre eventos específicos em sua vida e o significado que você dá a esses eventos determinam como sente e age em resposta a eles.

Este capítulo lhe ajuda a ligar seu pensamento a suas emoções e comportamentos. Apresentamos a você os pensamentos automáticos negativos (PANs) e como se flagrar pensando de maneiras inúteis. Os Formulários A–B–C o ajudam a fragmentar seus problemas e mudar o pensamento não saudável para melhorar o modo como se sente.

Notando Seu Pensamento Negativo

Pensamentos automáticos negativos, ou *PANs*, são pensamentos que parecem simplesmente surgir na sua cabeça sem aviso ou sem serem bem-vindos. É por isso que nos referimos a esses pensamentos como *automáticos*. Frequentemente, PANs são maneiras extremas, distorcidas e inúteis de interpretar um evento ou situação, e é por isso que nos referimos a eles como *negativos*. PANs também podem ser exemplos de distorções cognitivas comuns. (Veja o Capítulo 2 para informações mais detalhadas sobre os diferentes tipos de distorções cognitivas.) Entretanto, PANs nem sempre tomam a forma de erros típicos de pensamento e podem, portanto, ser difíceis de identificar. A maioria das pessoas não nota suas maneiras automáticas negativas de pensar em resposta a situações negativas. Se consegue perceber seus PANs, pode não questionar a verdade e a utilidade deles com muita frequência.

Notar seus PANs pode aumentar suas chances de lidar com suas emoções, permitindo que você corrija quaisquer pensamentos inúteis que possa ter sobre um evento. PANs são versões reduzidas de suas crenças, e percebê-los mais prontamente ajuda a entender melhor como suas crenças estão levando a emoções específicas sobre uma dada situação. O Formulário A–B–C que introduzimos mais adiante neste capítulo lhe ajuda a mudar crenças inúteis e PANs para superar seus problemas emocionais.

LEMBRE-SE

De acordo com a TCC, um evento não *provoca* direta ou exclusivamente uma emoção. Em vez disso, é o *significado* que você atribui ao evento (seus pensamentos, crenças e atitudes sobre o que aconteceu) que determina como você acaba se sentindo e se comportando.

A forma do PAN ajuda a identificar uma situação de gatilho. Com isso queremos dizer um evento que acione seus PANs e leve você a experienciar uma emoção negativa em particular. Ela também lhe dá a oportunidade de registrar seus PANs e ligá-los ao sentimento vivido na situação gatilho.

LEMBRE-SE

Um *gatilho* pode ser um evento, uma memória, uma imagem, um evento passado, um evento futuro, uma sensação física ou suas emoções e comportamentos.

EXEMPLO

Nick é bem tímido, na verdade você pode até dizer que ele tem um toque de ansiedade social. Ele não gosta de chamar a atenção para si mesmo em público ou em situações sociais e frequentemente se preocupa em parecer bobo. Nick chega a um bar para encontrar alguns amigos próximos. Ao entrar, ele tropeça no capacho e quase cai. A Planilha 3-1 mostra como Nick usou o formulário PAN.

PLANILHA 3-1 Formulário PAN de Nick

Perguntas do Formulário PAN	Respostas de Nick
Qual foi o gatilho?	Eu tropecei na porta de um bar muito movimentado quando estava indo encontrar alguns amigos. Várias pessoas notaram e algumas perguntaram se eu estava bem.

Quais foram seus pensamentos automáticos negativos?	Ah, não! Todo mundo me viu tropeçar, e vão rir de mim. Isso é típico, eu sou um idiota desajeitado. Eu não consigo suportar a sensação de todas essas pessoas me olhando e julgando. A noite inteira está arruinada agora. Eu nunca serei capaz de relaxar aqui depois de ser tão desajeitado.
Quais emoções você experienciou?	Eu me senti muito constrangido e ansioso.

EXEMPLO

A mãe da Natasha morreu de uma doença terminal há dois anos. Infelizmente, sua morte veio bem de repente, e Natasha não teve uma chance de dizer adeus adequadamente. Natasha e sua mãe discutiram alguns dias antes de sua morte, e por causa disso Natasha não visitou sua mãe no dia em que ela morreu. Na noite passada, Natasha estava assistindo TV e se lembrou de sua mãe devido a uma cena no programa de um filho sentado ao lado do pai em seu leito de morte. Natasha usou o formulário PAN na Planilha 3-2 para escrever seus pensamentos automáticos negativos.

PLANILHA 3-2   Formulário PAN de Natasha

Perguntas do Formulário PAN	Respostas de Natasha
Qual foi o gatilho?	Uma cena na TV de um pai em seu leito de morte, com seu filho cuidando dele. Eu tive uma memória forte de discutir com a minha mãe alguns dias antes de ela morrer.
Quais foram seus pensamentos automáticos negativos?	Eu não deveria ter tido de jeito nenhum uma discussão com a minha mãe enquanto ela estava doente. Eu deveria tê-la visitado no dia em que ela morreu. Eu sou uma filha ruim e uma pessoa egoísta e horrível por tratar minha mãe tão mal.
Qual emoção você experienciou?	Eu me senti culpada.

Você pode ver nos exemplos anteriores que, ao parar para pensar e registrar os PANs, tanto Nick quanto Natasha são mais propensos a ligar seus pensamentos a suas emoções extremas e inúteis.

LEMBRE-SE

Gatilhos não são limitados a eventos que ocorrem no mundo exterior. Eles também incluem eventos internos, como sonhos, palpitações cardíacas ou sentimentos como a depressão. Note que os pensamentos problemáticos de Nick são disparados por um evento *real* — tropeçar no capacho. O pensamento tóxico de Natasha é disparado por um evento *interno* — a *memória* da discussão com sua mãe e ser incapaz de fazer as pazes antes de ela morrer.

PRATIQUE — Tente usar o formulário PAN na Planilha 3-3 para anotar seus pensamentos imediatos em resposta a um evento de gatilho. Você também pode usar o formulário para entender um evento recente ou passado em que experienciou uma emoção negativa extrema. Imagine a cena em sua mente e tente relembrar como se sentiu e pensou na hora.

Se estiver tendo dificuldades em descrever e nomear seus sentimentos, dê uma olhada no Capítulo 6, que explica mais sobre emoções saudáveis e não saudáveis.

PLANILHA 3-3 Meu Formulário PAN

Perguntas do Formulário PAN	Suas Respostas
Qual foi o gatilho?	
Quais foram seus pensamentos automáticos negativos?	
Qual emoção você experienciou?	

Sendo Cético sobre Seus Pensamentos Automáticos Negativos

O pensamento não saudável leva, com frequência, a emoções negativas não saudáveis, como depressão, culpa ou raiva. Outras maneiras de colocar essa ideia incluem dizer que a distorção de pensamento leva a distúrbios emocionais e que pensar de maneira ruim leva a sentir-se mal. Adicionalmente, PANs distorcem os fatos, impedem a resolução de problemas e são frequentemente bem errados. Então não acredite em tudo o que pensa! Em vez disso, encorajamos você a rever seus pensamentos, passá-los por uma bateria de testes (ou *pelo menos* um teste!) e decidir se são reflexões justas e precisas da realidade. Você pode então formular uma maneira mais saudável de pensar se descobrir que seus PANs estão lhe causando problemas emocionais e comportamentais.

Quando você pensa de maneira rígida e extrema, não deixa espaço para o erro humano. Então, se acredita "eu não devo falhar em tarefas importantes!", você nega a possibilidade de que possa falhar em uma tarefa importante, apesar do seu *desejo* de não fazê-lo. Você também ficará muito deprimido se falhar. Uma maneira mais flexível e equilibrada de pensar é dizer: "Eu realmente não quero falhar em uma tarefa importante, mas pode acontecer de eu falhar." Essa atitude o encoraja a satisfazer seu desejo de ser bem-sucedido, mas também permite aceitar a possibilidade de falhar. E se isso acontecer, provavelmente se sentirá triste, mas não deprimido.

O Capítulo 6 é todo sobre emoções negativas saudáveis e não saudáveis. Sentimentos não saudáveis como a depressão surgem de pensamentos e crenças rígidos e desequilibrados. Esses tipos de sentimentos tendem a levar a comportamentos destrutivos, como a evitação e a desistência. Emoções negativas saudáveis como a tristeza ainda são desconfortáveis, mas tendem a levar a comportamentos construtivos, como confrontar problemas e tentar resolvê-los.

Ao decidir se seu pensamento é verdadeiro e preciso ou não, pergunte-se:

» Meu pensamento deixa espaço para o erro ou ele exige que eu sempre satisfaça certos critérios todas as vezes?
» Meu pensamento reflete o que realmente acontece ou ele nega a realidade?
» Meu pensamento resume justa e precisamente a situação ou é tendencioso contra mim?

Dê uma olhada no questionário de correção de cognição da Natasha na Planilha 3-4, na qual ela corrige suas respostas para o formulário PAN na Planilha 3-2.

PLANILHA 3-4   ## Questionário de Correção de Cognição

Meu pensamento automático negativo:	Eu não deveria, de jeito nenhum, ter discutido com a minha mãe antes de ela morrer, e eu sou uma filha/pessoa horrível e egoísta por ter feito isso.
Posso provar que meu pensamento é verdadeiro?	Bem, é verdade que eu discuti com a minha mãe, mas não posso provar que não deveria ter feito isso. Eu acho que se eu insistir que não deveria ter discutido com a minha mãe, então estou negando a realidade. É verdade que discutir com uma pessoa moribunda é meio egoísta, mas eu suponho que não seja verdade que eu seja uma pessoa totalmente horrível e egoísta só por causa desse ato.
Meu pensamento é extremo/rígido ou equilibrado/flexível?	Meu pensamento é bem extremo/rígido porque estou colocando uma exigência em mim mesma de ter feito as pazes com a minha mãe antes de ela morrer. Eu também estou sendo bem extrema em decidir que sou horrível e egoísta.
Meu pensamento está levando a sentimentos e comportamentos saudáveis?	Eu me sinto terrivelmente culpada e fico repassando os últimos dias da minha mãe na cabeça e repreendendo a mim mesma. Quando eu sinto essa culpa, evito visitar o túmulo da minha mãe e ligações do meu pai, porque ele pode falar dela.

(continua)

(continuação)

Como fico propensa a me sentir e agir se continuar pensando dessa maneira?	Eu provavelmente continuarei me sentindo culpada sobre minha mãe e talvez até fique deprimida. Minha culpa significa que eu evito pessoas que poderiam oferecer apoio. Eu também passo muito tempo focando o quanto estou me sentindo mal sobre não ter feito as pazes com minha mãe, em vez de lembrar do resto da vida dela. Eu não acho que me permitirei ficar adequadamente de luto pela minha mãe se continuar pensando dessa maneira.
Eu encorajaria uma amiga a pensar dessa forma?	Não. Eu tentaria fazer minha amiga ser mais compassiva e complacente consigo mesma.
Que evidência posso encontrar contra meus pensamentos?	Minha mãe estava muito irritada no fim de sua vida, e suponho que ela teve alguma responsabilidade pela discussão também. Eu fiz muito para minha mãe durante sua doença e passei muito tempo com ela. Eu faço muitas coisas pelas outras pessoas na minha vida, então suponho que isso mostra que não sou uma pessoa tão horrível e egoísta. Minha mãe morreu de repente, e eu não tinha como saber que nossa discussão seria meu último contato com ela.
Como eu precisaria mudar meus pensamentos para me sentir melhor e agir mais construtivamente?	Eu precisaria aceitar que discuti com minha mãe logo antes de ela morrer e perdoar a mim mesma por fazer isso.
Como pensar de uma maneira mais equilibrada/flexível me ajudaria?	Bem, eu certamente me sentiria melhor. Eu poderia ser capaz de me sentir triste com a morte da minha mãe sem ser tão dura comigo mesma. Eu poderia ficar mais confortável em passar um tempo com meu pai. Talvez eu fosse capaz de focar em outras coisas, em vez de ruminar a morte da minha mãe toda vez que algo me lembrar disso.
Meu novo pensamento saudável:	Eu gostaria de não ter discutido com a minha mãe logo antes de ela morrer, mas aconteceu. Discutir com ela foi uma coisa infeliz, e posso ter me comportado de maneira egoísta, mas isso não me torna uma filha/pessoa horrível.

PRATIQUE

Tente usar o questionário de correção de cognição na Planilha 3-5 para desafiar e mudar seus PANs.

Você pode olhar seu formulário PAN na Planilha 3-3 novamente para se lembrar dos pensamentos automáticos negativos que você identificou. Use o questionário de correção de cognição na Planilha 3-5 quantas vezes precisar, até que tenha desafiado todos os seus pensamentos inúteis relacionados a seu gatilho.

PLANILHA 3-5 Meu Questionário de Correção de Cognição

Meu pensamento automático negativo:	
Posso provar que meu pensamento é verdadeiro?	
Meu pensamento é extremo/rígido ou equilibrado/flexível?	
Meu pensamento está levando a sentimentos e comportamentos saudáveis?	
Como fico propenso a me sentir e agir se continuar pensando dessa maneira?	
Eu encorajaria um amigo a pensar dessa forma?	
Que evidência posso encontrar contra meus pensamentos?	
Como eu precisaria mudar meus pensamentos para me sentir melhor e agir mais construtivamente?	
Como pensar de uma maneira mais equilibrada/flexível me ajudaria?	
Meu novo pensamento saudável:	

> **DICA** — Visite o Capítulo 2 para uma lista mais completa de distorções cognitivas e questões específicas que você pode usar para desafiar cada tipo diferente de distorção cognitiva.

Trabalhando com Formulários A–B–C

Entender como reconhecer e testar seus PANs pode ajudá-lo a encontrar Formulários A–B–C muito mais diretos.

CAPÍTULO 3 **Lidando com o Pensamento Tóxico**   45

O Formulário A–B–C é, provavelmente, a ferramenta mais comumente usada por terapeutas de TCC. Criamos duas versões desse útil formulário:

» O Formulário I ajuda você a registrar eventos de gatilho, seus pensamentos, sentimentos e comportamentos.

» Com o Formulário II você pode desafiar e corrigir seu pensamento inútil. Usar Formulários A-B-C pode realmente ajudá-lo a desmembrar uma situação problemática. O formulário pode ajudá-lo a identificar seus pensamentos e crenças que o estão levando a sentir emoções negativas não saudáveis e a se comportar de maneiras não construtivas.

CUIDADO

Cuidado para não ficar confuso! Como a ferramenta mais comum de TCC, você pode encontrar muitas versões diferentes do Formulário A–B–C. Nós fizemos nosso melhor para trazer uma versão simples e amigável aqui. Mas tudo bem usar outras versões do formulário. Se ler outros livros de TCC ou um terapeuta de TCC lhe apresentar um formulário similar, lembre-se de que as mesmas coisas se aplicam a qualquer tipo de Formulário A–B–C. E você pode usar qualquer versão do formulário que achar mais útil.

Preenchendo o Formulário I

O Formulário A–B–C I o ajuda a ver o problema — isto é, um evento ativador ou gatilho — e seus pensamentos, sentimentos e comportamentos problemáticos resultantes. Você pode querer tomar nota das explicações a seguir antes de começar. No Formulário A–B–C I:

» **A** é para eventos ativadores, ou gatilhos, que são situações passadas, presentes ou futuras que disparem seus pensamentos e crenças.

» **B** é para crença (do inglês, *belief*) e representa seus pensamentos e crenças. Isso inclui os significados que você dá para seu gatilho e como pensa sobre si mesmo em relação ao gatilho. Seu B determina como se sente e age em resposta ao gatilho.

» **C** é para consequências de seus comportamentos e emoções. Elas são o que você faz e sente em resposta ao gatilho (A) *por causa* dos seus pensamentos e crenças (B).

EXEMPLO

A Planilha 3-6 mostra o Formulário A–B–C I da Natasha preenchido, no qual ela registra seu evento ativador, escreve como se sente e o que fez com base nesses sentimentos, e identifica seus pensamentos negativos.

Como as pessoas tendem a notar suas emoções mais prontamente do que os pensamentos que as produzem, você pode achar mais fácil registrar seus pensamentos e comportamentos (C) antes de registrar seus pensamentos e crenças (B). Por isso, as Planilhas A–B–C pedem que descreva consequências (C) antes de suas crenças (B).

PLANILHA 3-6   Colocando em Dia os A-B-Cs de Natasha

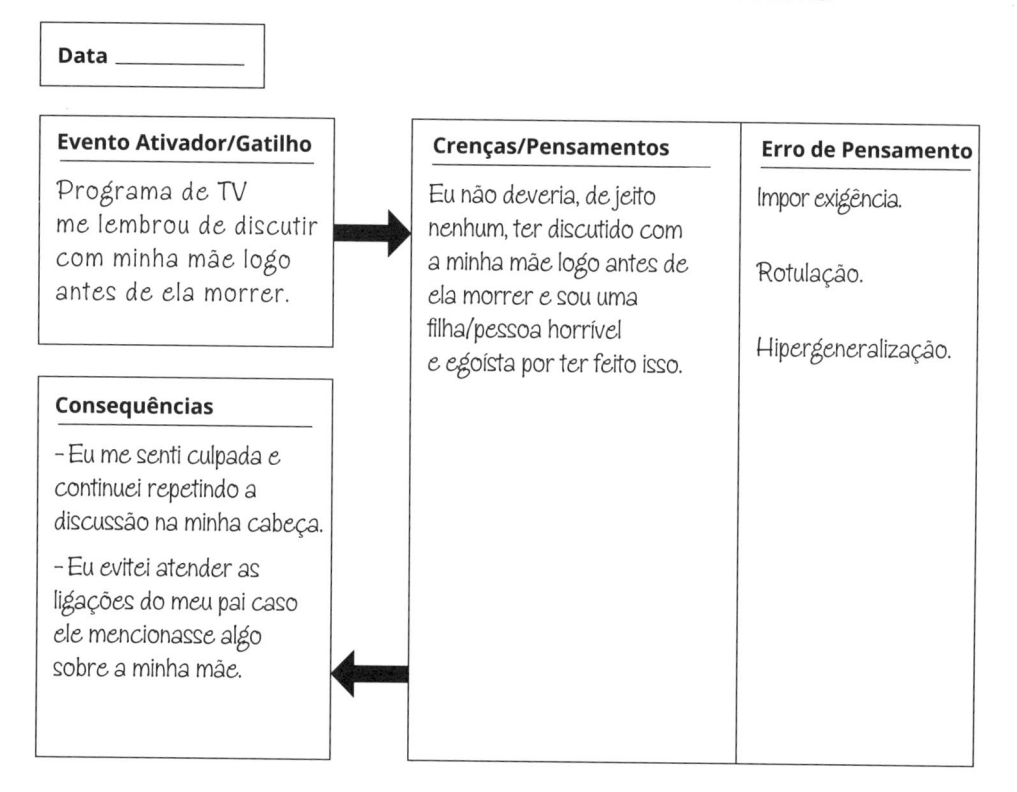

Data _____

Evento Ativador/Gatilho

Programa de TV me lembrou de discutir com minha mãe logo antes de ela morrer.

Crenças/Pensamentos

Eu não deveria, de jeito nenhum, ter discutido com a minha mãe logo antes de ela morrer e sou uma filha/pessoa horrível e egoísta por ter feito isso.

Erro de Pensamento

Impor exigência.

Rotulação.

Hipergeneralização.

Consequências

- Eu me senti culpada e continuei repetindo a discussão na minha cabeça.

- Eu evitei atender as ligações do meu pai caso ele mencionasse algo sobre a minha mãe.

Use as informações que você reuniu nas planilhas anteriores neste capítulo para completar seu próprio Formulário I na Planilha 3-7.

PLANILHA 3-7   O Formulário A–B–C I

Data _____

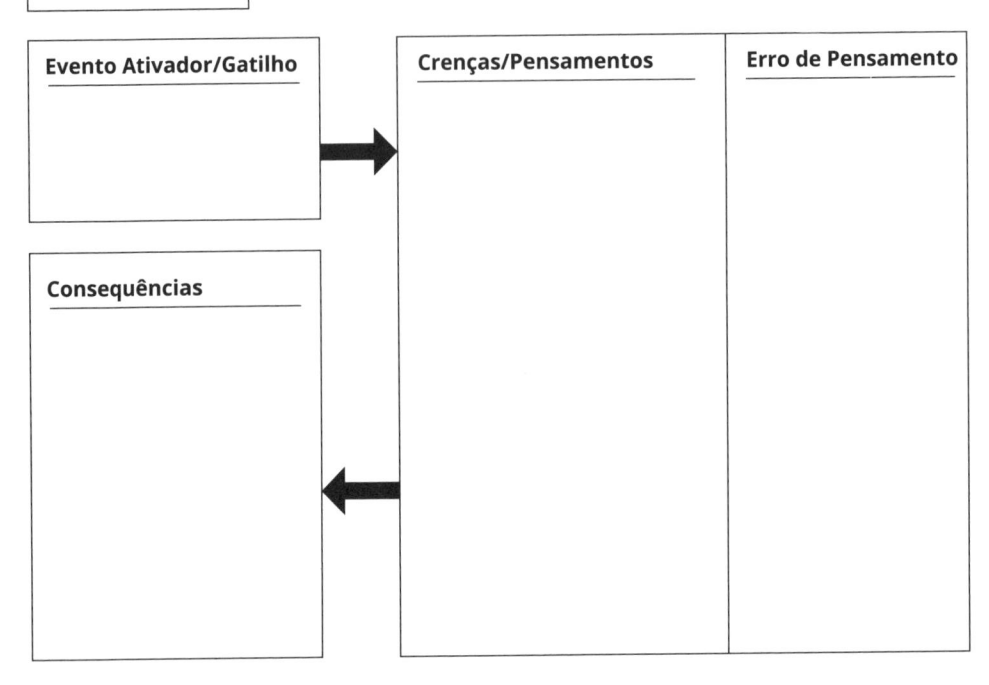

Evento Ativador/Gatilho	Crenças/Pensamentos	Erro de Pensamento

Consequências

Terminando com o Formulário A–B–C II

Agora você está pronto para usar o Formulário A–B–C II para ajudá-lo a corrigir distorções cognitivas, mudar PANs e, assim, dar a si mesmo uma chance de sentir uma emoção negativa mais saudável e agir construtivamente. Mas antes de tentar esse próximo passo, aqui estão algumas explicações de mais alguns jargões em caso de qualquer confusão:

» **D** é para *Contestação* (do inglês, *disputing*) ou questionar a validade de seus pensamentos, PANs e crenças sobre seu gatilho e buscar maneiras de corrigir seu pensamento negativo.

» **E** é para o *Efeito* de desafiar ou mudar seu pensamento sobre seus sentimentos e ações.

» **F** é para seu *Novo Pensamento Funcional* ou sua nova maneira de pensar sobre o gatilho e como isso o move.

EXEMPLO

A Planilha 3-8 lhe dá uma visão rápida do segundo Formulário A–B–C de Natasha.

PLANILHA 3-8 Formulário A–B–C II de Natasha

Contestação	Efeito	Novo Pensamento Funcional
Quais são algumas das razões que posso gerar para questionar meus pensamentos não saudáveis? Meus pensamentos são extremos demais, e acabo me sentindo muito culpada. Eu não sou a única responsável pela discussão com minha mãe. Eu não encorajaria um amigo a ser tão extremo em seu pensamento na mesma situação. Como posso corrigir minhas distorções cognitivas? Eu posso preferir, mas não exigir, que eu não tivesse discutido com minha mãe. Eu posso reconhecer que ainda sou uma pessoa boa mesmo não tendo feito as pazes com minha mãe antes de ela morrer. Eu posso parar de me rotular como horrível e egoísta com base nesse ato infeliz e lamentável.	Como me sinto depois de desafiar meus pensamentos? Eu sinto remorso, mas não culpa sobre ter discutido com minha mãe antes de sua morte. Como posso agir de maneira diferente como resultado de ter desafiado meus pensamentos? Eu sou capaz de focar mais a vida dela do que os detalhes de sua morte. Eu provavelmente poderia ir visitar seu túmulo. Eu posso atender às ligações de meu pai e vê-lo com mais frequência, porque não estou me sentindo culpada.	Como posso expressar meu novo pensamento em minhas próprias palavras? Eu realmente gostaria/preferiria não ter discutido com minha mãe antes de ela morrer, mas o fiz. Isso pode significar que fiz uma coisa egoísta, mas isso não me torna uma pessoa horrível ou egoísta no geral.

PRATIQUE Tente colocar seu próprio problema nos passos do Formulário A–B–C II, usando a Planilha 3-9. As perguntas na Planilha 3-5 foram projetadas para ajudá-lo a completar a seção Contestação deste formulário.

PLANILHA 3-9 Meu Formulário A–B–C II

Contestação	Efeito	Novo Pensamento Funcional
Quais são algumas das razões que posso gerar para questionar meus pensamentos não saudáveis?	Como me sinto depois de desafiar meus pensamentos?	Como posso expressar meu novo pensamento em minhas próprias palavras?
Como posso corrigir minhas distorções cognitivas?	Como posso agir de maneira diferente como resultado de ter desafiado meus pensamentos?	

Um dos benefícios dos Formulários A–B–C é que você pode carregá-los como ferramentas úteis para anotar rapidamente os detalhes de quaisquer gatilhos desagradáveis e suas emoções problemáticas resultantes. Você pode descobrir que é capaz de fazer vários desafios de pensamento em sua cabeça depois de trabalhar nas outras planilhas neste capítulo. Assim estará pronto para anotar versões mais curtas de seu questionamento na seção de contestação do segundo formulário. Os Formulários A–B–C também são úteis porque incluem quase todos os passos envolvidos em superar a perturbação emocional.

Testando Pensamentos Alternativos

Contestar seus pensamentos inúteis e criar maneiras alternativas novas, diferentes e, às vezes, animadoras de pensar é um ótimo jeito de começar. Sim, isso mesmo, dissemos *começar* — há muito mais diversão, jogos e mais formulários! Por quê? Fala sério... este *é* um livro de *exercícios*, afinal de contas. Se você esteve pensando de uma maneira inútil e levemente enviesada por muito tempo, fortalecer maneiras novas e melhores de pensar exige algum esforço. E uma das melhores maneiras de realmente consolidar suas novas crenças e pensamentos é *agir sobre eles*. Faça um bom *test drive* com eles. Considere seu novo pensamento funcional da Planilha 3-9 e pergunte-se como você pode testar essa alternativa.

EXEMPLO

Natasha tem se sentido culpada por pensar de maneiras que provocam culpa por dois anos. Ela sabiamente entende que desafiar seu pensamento de culpa de vez exigirá alguma prática. A Planilha 3-10 mostra algumas de suas ideias para testar seus novos pensamentos funcionais alternativos.

PLANILHA 3-10   **Formulário de Ação sobre Pensamentos Alternativos de Natasha**

Qual é meu novo pensamento funcional?	Eu realmente gostaria/preferiria não ter discutido com minha mãe antes de ela morrer, mas o fiz. Isso significa que fiz uma coisa egoísta, mas isso não me torna uma pessoa horrível ou egoísta no geral.
Como posso testar esse meu novo pensamento?	Bem, eu posso tentar pensar deliberadamente dessa forma sempre que for lembrada da morte da minha mãe.
	Eu posso até tentar lembrar da discussão com minha mãe enquanto mantenho esse novo pensamento funcional.
	Eu posso tentar ver fotos de minha mãe e praticar esse novo pensamento antes, depois e enquanto vejo as fotos.
	Eu posso tentar ensaiar esse novo pensamento várias vezes todos os dias, mesmo que não seja relembrada da morte da minha mãe.
	Eu posso lembrar de memórias dos últimos dias da minha mãe e lembrar a mim mesma todas as razões pelas quais meu novo pensamento é preciso e útil.

Natasha criou várias maneiras boas de testar sua nova crença saudável alternativa sobre discutir com sua mãe nos dias antes de sua morte. Ela aumentou suas chances de superar sua culpa para vivenciar seu luto de forma saudável.

Use a planilha a seguir para pensar em maneiras de testar sua nova maneira alternativa de pensar sobre seu próprio evento gatilho.

PLANILHA 3-11 **Meu Formulário de Ação sobre Pensamentos Alternativos**

Qual é meu novo pensamento funcional?

Como posso testar esse meu novo pensamento?

Ajudando a Si Mesmo com o Dever de Casa

Em TCC, usamos o dever de casa como uma maneira de ajudá-lo a aumentar ainda mais seus ganhos terapêuticos. Ele é, frequentemente, um trabalho temido, que invoca imagens de professores e relatórios. Mas não pense no dever de casa desse jeito agora. Em vez disso, pense em tarefas que você pode fazer para ajudá-lo a superar quaisquer dificuldades emocionais e comportamentais que tenha. Melhor ainda, pode escolher suas próprias tarefas! Você provavelmente conhece melhor do que ninguém qual tipo de tarefa precisa fazer para ajudá-lo a encontrar maneiras melhores de pensar e agir.

Natasha está aqui novamente para ajudar a ilustrar nosso ponto sobre tarefa de casa. Ela fez seu melhor para testar seus novos pensamentos funcionais alternativos. Agora ela está levando as coisas um passo adiante, identificando maneiras de realmente se forçar a manter essa nova maneira útil de pensar sobre a morte de sua mãe. Verifique seus esforços na Planilha 3-12.

PLANILHA 3-12   Tarefa de Casa de Natasha

Qual é meu novo pensamento funcional?	Eu realmente gostaria/preferiria não ter discutido com minha mãe antes de ela morrer, mas o fiz. Isso significa que fiz uma coisa egoísta, mas isso não me torna uma pessoa horrível ou egoísta no geral.
Qual dever de casa posso fazer para me ajudar a reforçar esse novo pensamento?	Eu posso me forçar a contar aos outros sobre minha discussão com minha mãe antes de sua morte e ainda pensar da nova maneira sobre isso, não importa como eles reajam. Eu posso falar sobre a morte da minha mãe com meu pai e tentar não me culpar. Eu posso visitar o túmulo da minha mãe e contar a ela meu novo jeito de pensar ou, pelo menos, ensaiar enquanto estou lá. Eu posso alugar filmes que tenham temas ou cenas de pais morrendo e praticar pensar do jeito novo sobre a morte da minha mãe. Eu posso agir de acordo com esse novo pensamento ao recusar repassar a discussão, mas, em vez disso, escolher focar outros aspectos da vida e da morte de minha mãe.

Talvez você possa pensar em outros deveres de casa que Natasha possa fazer para ajudá-la a superar seus pensamentos e sentimentos de culpa. Ou talvez você possa criar seus próprios deveres para ajudar a consolidar sua convicção em sua nova maneira de pensar sobre o evento gatilho.

PRATIQUE Tente dar a si mesmo algumas tarefas de casa de reforço de crença saudável ao usar a mesma planilha. Lembre-se de construir e tornar mais árduas as tarefas que você pode ter criado para si mesmo na Planilha 3-13.

PLANILHA 3-13   Minha Tarefa de Casa

Qual é meu novo pensamento funcional?	
Qual tarefa de casa posso fazer para me ajudar a reforçar esse novo pensamento?	

> **NESTE CAPÍTULO**
>
> » Projetando e conduzindo experimentos comportamentais
>
> » Reunindo evidências para aprender mais sobre seus pensamentos, previsões ou suposições
>
> » Fazendo questionários, coleta de dados e entendendo seus resultados

Capítulo **4**

Fazendo Experimentos

Tratar seus pensamentos, previsões, suposições e crenças como teorias ou palpites sobre a realidade, em vez de fatos, é um pilar da TCC. Fazer um experimento para verificar se um pensamento doloroso que entrou na sua cabeça realmente se encaixa na realidade, ou se um pensamento alternativo pode se encaixar melhor nos fatos é uma chave para se mover de entender as coisas em sua cabeça a "senti-las" em seu interior.

Vendo as Coisas como um Cientista

Quando apresentado a uma teoria sobre o mundo, um cientista pergunta: "Qual é a evidência que apoia essa visão?" Quando apresentado aos dados de um experimento, um cientista imagina "essa é uma conclusão válida dos dados?" e "esses resultados poderiam ser explicados de qualquer outra maneira, por outra teoria?". Para entender melhor a validade de teorias concorrentes, um cientista deve querer saber como descobrir mais, como reunir mais dados para ver qual teoria se encaixa melhor nos fatos, o que levaria a outro experimento.

Usar a TCC é parecido com ser seu cientista pessoal, tentando ver se suas conclusões (suas teorias) sobre si mesmo, sobre o mundo ou sobre outras pessoas, retiradas de suas experiências pessoais (seus dados) são válidas ou precisas, ou se uma conclusão alternativa poderia ser mais correta. E assim como um cientista, você pode querer conduzir ainda mais experimentos para comparar duas ou mais teorias, para ver qual melhor se encaixa nos fatos.

Você pode usar experimentos para ajudar a si mesmo a verificar muitos tipos diferentes de pensamentos, de um pensamento automático que "surge na sua cabeça" a uma crença central que você tem há muito tempo.

LEMBRE-SE

É difícil desistir de algumas teorias, e você pode querer repetir os experimentos de vez em quando para reunir dados suficientes para reduzir sua convicção sobre uma teoria antiga e construir sua convicção sobre uma nova.

Executando experimentos excelentes

Use o checklist na Planilha 4-1 para ajudar a ter certeza de que seus experimentos comportamentais sejam eficazes.

PLANILHA 4-1   **Checklist de Experimentos**

❏	Você identificou o pensamento que quer testar de maneira clara e testável?
❏	Você formulou uma teoria ou pensamento alternativo?
❏	Você foi específico sobre como, onde, quando e com quem conduzirá seu experimento?
❏	Seu experimento é suficientemente desafiador para ajudá-lo a testar sua previsão?
❏	Seu experimento é realista e gerenciável?
❏	Você considerou o que pode interferir nos resultados do seu experimento (como comportamentos de segurança, evitação sutil, fuga da situação) e planejou superar isso (como ao deixar de lado um comportamento de segurança de propósito)? (Veja o Capítulo 7 para mais sobre comportamentos de segurança e outras estratégias de enfrentamento problemáticas.)
❏	Seu experimento é suficientemente longo para reunir as evidências de que você precisa para testar seus pensamentos? (Por exemplo, levaria, pelo menos, 20 minutos para descobrir que sua ansiedade reduziu dentro de uma situação.)
❏	Você considerou se precisa conduzir outro experimento?

Testando as previsões

Com o risco de afirmar o óbvio, ver algo com os próprios olhos facilita muito acreditar que algo é verdadeiro. Um experimento comportamental deveria ajudá-lo a fazer exatamente isso — ver por si só se uma previsão se torna realidade ou não. Para conduzir seu próprio experimento comportamental, siga esses passos:

1. **Descreva o problema.**

   Por exemplo, Sheila tem medo de não conseguir lidar com as perguntas dos colegas sobre o porquê de ela ter sido afastada por três meses, doente, sofrendo de depressão.

   Qualquer que seja seu problema, descreva-o especificamente.

2. **Identifique a previsão que quer testar em seu experimento.**

   Afirme seus problemas como hipóteses, usando a estrutura clássica se/então. A hipótese de Sheila é: "Eu não serei capaz de lidar se as pessoas me fizerem perguntas sobre ter ficado afastada doente. Se o fizerem, ficarei muito ansiosa e sentirei tanta vergonha, que terei que sair correndo do escritório, e então ficará ainda mais difícil voltar ao trabalho."

3. **Formule uma previsão alternativa.**

   Em vez de seu pior medo, pense em circunstâncias mais amenas e menos drásticas que são prováveis de serem percebidas como seus medos. No exemplo, a alternativa de Sheila pode ser algo como: "Eu suponho que pode não ser tão ruim quanto penso, e posso dar respostas superficiais e salientar que estou feliz de estar bem o suficiente para voltar ao trabalho."

4. **Especifique como você testará suas previsões.**

   Escreva as ações específicas que você pode realizar para provar se suas previsões estão corretas. Sheila pode testar suas previsões ao retornar ao trabalho na quarta-feira, para que sua primeira semana de volta não seja longa demais. Ela pode planejar cumprimentar os colegas que ela acha que serão acolhedores primeiro e procurá-los para apoio, se necessário.

5. **Escreva os resultados do seu experimento.**

   Registre seus sentimentos e reações, assim como o comportamento e reações das outras pessoas. Os resultados de Sheila ficaram assim: "Eu me senti muito nervosa enquanto entrava no escritório, mas todo mundo parecia bem feliz em me ver. O escritório estava bem movimentado, e acho que eles estavam bem mais interessados em eu estar de volta do que eu estaria. Eu tive a impressão de que meu chefe ficou preocupado em que eu não me excedesse, mas *ninguém* sondou sobre minha doença."

6. **Analise os resultados do seu experimento.**

   Veja suas previsões dos Passos 2 e 3 e avalie o quão precisas elas foram. A análise de Sheila é: "Eu ainda preciso reconhecer que a maneira que penso está sendo arrastada um pouco para a negatividade, já que a maneira que pensei que as coisas aconteceriam era muito pior do que a realidade. Mas acho que me sentir preocupada em voltar ao trabalho é bem normal e que isso poderia ter me feito catastrofizar um pouco mais. Eu ainda preciso continuar testando meus pensamentos negativos."

DICA — Use a folha de registro de pensamentos do Capítulo 2 (Planilha 2-15) para ajudá-lo a anotar e organizar algumas de suas previsões negativas que tendem a entrar na sua cabeça.

PRATIQUE — Você pode usar a Planilha 2-4 para projetar experimentos e testar seus próprios pensamentos.

PLANILHA 4-2 **Minha Folha de Previsão**

Descreva o problema:	
Identifique a previsão que você quer testar:	
Formule uma previsão alternativa:	
Especifique como você testará sua previsão:	
Escreva os resultados de seu experimento:	
Analise os resultados de seu experimento:	

Você ainda pode ter algumas reservas sobre se sua previsão antiga ou alternativa é a mais precisa e escolherá conduzir outro experimento para aprender mais.

Descobrindo qual teoria funciona melhor

Alguns problemas criam pensamentos que não podem ser provados ou desconsiderados. Esse resultado é particularmente verdadeiro para transtorno obsessivo-compulsivo e problemas de ansiedade. Nesses casos, você pode experimentar ver como tratar seus problemas como se fosse um problema psicológico, e usar TCC para atacá-lo, mesmo se ainda não estiver convencido de que seus problemas são o produto de seus pensamentos e comportamentos. Você pode, então, ser orientado sobre como essa estratégia funciona em seu próximo passo.

Por exemplo, você pode tratar pensamentos intrusivos de causar danos como se eles fossem o produto de preocupação excessiva, em vez de produtos de você ser mau ou perigoso.

Moray usa a Planilha 4-3 para registrar os resultados de seu experimento em determinar como funciona se ele trata seus medos de ter um problema cardíaco como se eles fossem um problema de preocupação.

PLANILHA 4-3   Folha de Previsão de Ansiedade sobre Saúde de Moray

Descreva o problema:	Estou preocupado de que meu coração batendo forte seja um sinal de um problema cardíaco, e mesmo embora eu tenha ido a médicos, não fui convencido de que não há nada de errado comigo.
Identifique a previsão que você quer testar:	Tratar meu problema como se fosse um problema de ansiedade não fará diferença. O que eu realmente preciso é de uma prova melhor de que meu coração está bem.
Formule uma previsão alternativa:	Tratar meu problema como se fosse um problema de ansiedade e reduzir meu automonitoramento e verificação ajudará a me deixar menos ansioso.
Especifique como você testará sua previsão:	Eu manterei uma planilha de frequência para meus comportamentos de verificação e resistirei deliberadamente em buscar confirmação, verificar meu corpo e monitorar minha frequência cardíaca. Eu também vou parar de usar a internet para pesquisar respostas para o que pode ser o meu problema ou para me tranquilizar de que não há nada de errado.
Escreva os resultados do seu experimento:	Depois de uma semana, notei que eu tinha menos dias realmente ansiosos, e minhas preocupações sobre meu coração agora não estão na minha cabeça tanto quanto estavam antes.
Analise os resultados do seu experimento:	Faz sentido continuar reduzindo minha verificação, mas eu ainda não estou convencido de que meu problema é "só" ansiedade.

DICA   Às vezes você pode aprender ainda mais sobre o efeito de uma estratégia como verificar, buscar confirmação, tentar controlar seus pensamentos ou tentar resistir à ansiedade comparando um dia de nível "usual" da referida estratégia com um dia de nível aumentado. Repetir esse experimento algumas vezes deve lhe dar uma compreensão mais clara do efeito de uma resposta de enfrentamento. Muitas pessoas acham que, uma vez que descobrem por si mesmas que uma estratégia de enfrentamento as fazem ficar pior, elas se sentem mais determinadas a eliminar essa estratégia.

Conduzindo uma pesquisa de autoajuda

As pessoas com pranchetas que pedem sua opinião sobre uma nova marca de maionese podem realmente ser uma inspiração para a mudança! Questionar amigos e familiares sobre suas experiências pode ser especialmente valioso para ajudá-lo a perceber que não está sozinho em experienciar um tipo particular de pensamento, sentimento ou sensação corporal. Esse conhecimento, por sua vez, pode ajudá-lo a se sentir mais normal e reduzir sentimentos de ansiedade e vergonha. O truque aqui é ser muito claro sobre os tipos de informação que você pede.

DICA

Perguntas de múltipla escolha podem ajudar, pois podem adicionar clareza sobre o que se está querendo. Por exemplo, faça um teste como: "Você tem pensamentos indesejados sobre machucar alguém: a) nunca; b) uma ou duas vezes por ano; c) cerca de uma vez por mês; d) cerca de uma vez por semana; e) diariamente." Você pode combinar essas com questões mais abertas, como: "Por favor, descreva o pensamento indesejado mais perturbador que surgiu na sua cabeça no último mês."

Moray usou a Planilha 4-4 para aumentar sua compreensão de como a ansiedade pode afetar o corpo das pessoas ao conduzir um questionário com amigos sobre suas sensações corporais quando ficam assustados.

PLANILHA 4-4 **Experimento de Pesquisa de Comportamento de Moray**

Descreva o problema:	Estou preocupado de que a palpitação de meu coração seja um sinal de um problema cardíaco, e mesmo embora eu tenha ido a médicos, não me convenci de que não há nada de errado comigo.
Identifique a previsão que deseja testar no seu experimento:	Se outras pessoas não têm sensações tão fortes de seu coração batendo se estão ansiosas, então significa que deve haver algo fisicamente errado comigo.
Formule uma previsão alternativa:	Que algumas pessoas podem também ter sensações corporais fortes quando estão ansiosas.
Especifique como testará sua previsão:	Eu perguntarei a dez pessoas sobre como seus corpos reagiram da última vez em que ficaram realmente assustadas ou ansiosas. Posso usar alguns de meus amigos, meu pai, que sofria de ansiedade, e algumas outras pessoas do grupo de gerenciamento de ansiedade ao qual pertenço.
Escreva os resultados de seu experimento:	Eu falei com oito pessoas no total. Sete relataram sensações corporais fortes — coração palpitando, sensação de calor, pernas bambas —, e um cara do grupo descreveu se sentir fora da realidade e desconectado do ambiente quando fica ansioso.
Analise os resultados de seu experimento:	Eu acho que quando as pessoas dizem que é "só" ansiedade, elas nem sempre percebem o quanto essa experiência pode ser física. Isso não prova que não há nada de errado comigo, mas confirma que sensações muito fortes, e até estranhas, podem ser causadas pela ansiedade.

CUIDADO

Tome o cuidado de usar questionários para coletar novas informações úteis, em vez de uma confirmação para tentar eliminar quaisquer dúvidas. A confirmação, no máximo, traz para você um alívio muito temporário e, no fim, alimenta suas preocupações.

Agindo como um observador

Às vezes, mergulhar nas profundezas e confrontar seus medos pode ser muito difícil. Uma solução criativa para esse dilema é fazer alguém mergulhar por você! Esse cenário pode ser um ponto de partida realmente significativo para aprender que o que você tem medo que aconteça pode não se tornar realidade, no fim das contas. Ao observar outra pessoa realizando o experimento que você teme, é possível ver o quão precisas suas previsões são sobre o que acontecerá.

EXEMPLO

Ray tinha muito medo de ter um ataque de pânico em um lugar público e desmaiar. Ele temia que, se isso acontecesse, seria terrivelmente humilhante e causaria uma grande inconveniência para as pessoas a seu redor. Esse medo significava que Ray evitava o máximo possível ir longe de sua casa e fugia de qualquer situação pública o mais rápido que pudesse, caso sentisse que estava começando a sentir pânico. Ray recrutou alguma ajuda para atacar seu pânico e evitação usando a Planilha 4-5.

PLANILHA 4-5   Folha de Previsão de Paralisação por Amor-próprio de Ray

Descreva o problema:	Ataques de pânico.
Identifique a previsão que você quer testar:	Que se eu desmaiar em um supermercado todo mundo parará e ficará olhando, e se acontecer de não haver nada de seriamente errado comigo, as pessoas que trabalham na loja me odiarão.
Formule uma previsão alternativa:	Eu não consigo imaginar isso acontecendo de outra forma.
Especifique como testará sua previsão:	Meu amigo Zac concordou em fingir um desmaio em um supermercado, e vou assistir e anotar o que acontece à distância.
Escreva os resultados de seu experimento:	Quando Zac fingiu desmaiar, algumas pessoas notaram, e um homem parou para ver se ele estava bem. A maioria das pessoas apenas continuou fazendo compras. Um assistente da loja trouxe uma cadeira para ele e sugeriu chamar os paramédicos, mas Zac garantiu que estava bem e saiu de lá depois de alguns minutos.
Analise os resultados de seu experimento:	Zac achou a coisa toda bem engraçada e certamente não ficou em pânico. As pessoas pareceram, em sua maioria, indiferentes ou muito bondosas. Realmente fez com que a possibilidade de desmaiar parecesse menos assustadora.

DICA

Você precisa ver o experimento com seus próprios olhos, porque provavelmente desprezará o que alguém reportar se só contarem a você mais tarde. Mas lembre-se de que observar alguém pode não ser um substituto para realmente testar suas previsões você mesmo.

Você também pode usar a observação sem criar um experimento. Por exemplo, uma mulher que pensava que estava sendo ignorada observou quanto contato visual as pessoas na rua faziam umas com as outras e descobriu que estava realmente superestimando o quanto as pessoas olham umas para as outras.

Anotando Seus Resultados

Manter registros por escrito de seus experimentos é útil para fazer bom uso dos dados que coleta. Fazer isso pode ajudá-lo a refletir sobre todo o trabalho que vem fazendo e construir um portfólio de evidências para ajudar a mudar pensamentos inúteis e melhorar sua convicção em alternativas mais úteis. Use a Planilha 4-6 para registrar os resultados do seu experimento.

PLANILHA 4-6 Minha Folha de Registro de Experimento Comportamental

Data: _____

Previsão ou Teoria	Experimento	Resultados	Conclusões/Comentários
Esboce o pensamento, a crença ou a teoria que você está testando. Classifique seu nível de convicção de 1–100%.	Planeje o que você fará (incluindo onde, quando, como, com quem), sendo o mais específico que puder.	Registre o que realmente aconteceu, incluindo pensamentos relevantes, emoções, sensações físicas e o comportamento das outras pessoas.	Escreva o que aprendeu sobre sua previsão ou teoria à luz dos resultados. Reclassifique seu nível de convicção 0–100%.

Orientação ao executar um experimento comportamental: 1. Seja claro e específico sobre as previsões negativas e alternativas que estiver testando. Classifique seu nível de convicção sobre a previsão ou teoria que está testando ou avaliando. 2. Decida sobre seu experimento e seja o mais claro que puder sobre como medirá seus resultados. 3. Registre os resultados de seu experimento, enfatizando resultados claros e observáveis. 4. Avalie os resultados do seu experimento. Escreva o que esses resultados sugerem em termos de precisão das suas previsões, ou qual teoria as evidências apoiam. 5. Considere se mais um experimento comportamental pode ser útil.

LEMBRE-SE Conduzir experimentos comportamentais é uma proposição sem perda. Qualquer que seja o resultado, você terá mais informações sobre a natureza de seu problema, que podem ser usadas para informar suas soluções.

> **NESTE CAPÍTULO**
>
> » Descobrindo onde está o foco de sua atenção
>
> » Melhorando em focar sua atenção deliberadamente
>
> » Usando a concentração em tarefas
>
> » Sendo mais atento

Capítulo **5**

Onde Você Está com a Cabeça? Controlando Sua Concentração

Enquanto uma grande parte da TCC envolve lidar com o conteúdo de seus pensamentos, a TCC também reconhece desenvolvimentos mais recentes em áreas como mindfulness. Basicamente, existem vezes em que seus pensamentos ficam melhores se deixados quietos. A mindfulness e outras técnicas similares enfatizam *aceitar* pensamentos indesejados e, essencialmente, permitir que eles ocorram sem qualquer interrupção ou intervenção de sua parte. Essa estratégia pode ser muito útil para lidar com pensamentos, imagens ou sensações físicas desagradáveis. Se você for capaz de aceitar seus pensamentos *apenas* como *pensamentos*, em vez de interpretá-los como *fatos*, você pode diminuir seu impacto emocional. Neste capítulo trazemos alguns exercícios básicos que você pode usar para melhorar seu controle sobre pensamentos problemáticos, imagens perturbadoras e sensações físicas aterrorizantes.

Focando Sua Atenção

Particularmente se você sofre de ansiedade ou depressão, provavelmente terá vários pensamentos aterrorizantes ou pessimistas (ou ambos). Não é muito divertido. Controlar a habilidade de *não* prestar atenção a seus pensamentos pode ser muito útil nessas circunstâncias. Concentrar-se no pensamento ansioso ou depressivo pode diminuir ainda mais seu humor ou aumentar sua ansiedade. Com a prática, você pode aprender a se distrair do pensamento e, em vez disso, focar sua atenção no mundo exterior.

LEMBRE-SE

Mudar sua atenção *para longe* de seus pensamentos e imagens mentais — *distrair-se* — não é a mesma coisa que suprimir pensamentos. A supressão envolve tentativas de negar, controlar ou parar a atividade mental indesejada. A supressão de pensamento tende a ter um efeito paradoxal, então, quanto mais você tenta parar de pensar em certas coisas, mais tende a produzir o exato tipo de pensamento que quer evitar! Basicamente, a supressão é o oposto de *aceitar* a presença de pensamentos e imagens desagradáveis. Você aceita sua atividade mental, não importa o quanto seja desagradável, mas então *escolhe* focar sua atenção para longe dela.

DICA

Uma maneira de prestar menos atenção ou se distrair de pensamentos depressivos e ansiosos é se referir a eles como barulho de fundo. Sabe aquele barulho de estática que ouvimos quando a TV ou o rádio não está sintonizado. Tente imaginar seus pensamentos negativos inúteis como a interferência no rádio ou a música ambiente que escuta em elevadores ou quando está na espera no telefone. Esses sons podem ser irritantes, mas nós tendemos a ignorá-los, em vez de focar neles.

A Planilha de Análise de Atenção foi criada para ajudá-lo a registrar onde tende a focar sua atenção, no mundo externo ou em seus pensamentos e sentimentos internos. Ela também o ajuda a ver os benefícios de mudar seu foco de atenção.

EXEMPLO

Matt tem sofrido de um episódio de depressão nas últimas semanas. (Veja o Capítulo 10 para mais informações sobre como superar a depressão.) Ele está cada vez mais trancado em casa e se afastando de outras pessoas. Matt frequentemente pensa sobre o quanto se sente mal e quanto o futuro parece triste. Por causa desses pensamentos muito intensos e importantes, Matt foca muito neles. Quando ele se aventura fora de casa, se sente muito desconfortável e distante do mundo a sua volta. Ele então tende a se torturar sobre esse sentimento de desconforto e estranheza. Com frequência, Matt parece entorpecido, pois está totalmente absorvido por seus próprios pensamentos e sentimentos.

Matt usou as orientações de Análise de Atenção na Planilha 5-1 para entender melhor e refocar sua atenção.

PLANILHA 5-1   Análise de Atenção de Matt

Onde minha atenção está mais focada? No mundo externo a meu redor ou em meus pensamentos, imagens e sentimentos internos?	Minha atenção mantém o foco mais no meu mundo interno. Eu presto muita atenção no quanto estou para baixo e cansado e busco possíveis razões para minha depressão. Eu também foco imagens sombrias do futuro e o quão ruim me sinto, comparado a outras épocas de minha vida. Eu percebo que também passo muito tempo preso em um ciclo, pensando os mesmos tipos de coisas repetidamente, normalmente sobre minha falta de energia e motivação para fazer tarefas diárias.
Quando foco minha atenção no mundo externo, qual informação externa tendo a observar?	Quando saio de casa, foco o quanto me sinto estranho e distante do mundo. Eu também vejo outras pessoas e noto o quanto parecem normais e contentes em comparação a mim. Às vezes foco o pouco que aproveito as atividades de que costumava gostar ou o quanto acho difícil realizar tarefas diárias como comprar comida e ir ao banco. Eu me torturo com o quanto eu achava essas tarefas simples e ordinárias antes e como elas parecem uma coisa tão difícil agora.
Em que coisas externas devo focar para me ajudar a parar de prestar atenção nos meus pensamentos e sentimentos externos?	Eu poderia focar mais a tarefa que tenho em mãos do que o quanto a acho difícil. Eu também poderia ter mais tempo pra experienciar os sons, cheiros e visões a meu redor. Eu poderia prestar mais atenção no quanto as outras pessoas olham e agem e tentam interagir com lojistas e outras pessoas com mais frequência. Eu poderia tentar focar o que as outras pessoas estão dizendo e fazendo do que me comparar a elas.
Quais são algumas estratégias práticas adicionais que posso usar para me ajudar a refocar minha atenção para longe de pensamentos e sentimentos inúteis?	Eu posso ligar o rádio na cozinha quando estiver me arrumando de manhã e ouvir a um programa que me acalme ou seja interessante. Eu posso fazer uma ligação ou sair para encontrar um amigo, em vez de ficar preso dentro de casa pensando as mesmas coisas depressivas todos os dias. Eu posso navegar na internet, jogar um jogo de computador, montar um quebra-cabeça ou fazer palavras cruzadas, ou fazer algo físico, como jardinagem, trabalho de casa ou algum "faça você mesmo" — qualquer coisa que requeira um grau de concentração e tire minha atenção dos sentimentos ruins e pensamentos negativos.
Quais são os efeitos de refocar minha atenção? (Complete esta seção depois de pelo menos três dias deliberadamente desviando sua atenção de seus pensamentos e sentimentos internos.)	Depois de alguns dias mantendo o foco deliberada e consistentemente de minha atenção em tarefas e no meu ambiente, notei uma leve melhora no meu humor. Eu também sou mais capaz de aguentar o dia e ignorar meus sentimentos depressivos se não prestar muita atenção neles. Quando estou fora de casa, noto que, ao focar outras pessoas e o mundo a meu redor, eu me sinto menos esquisito e distante.

Seus pensamentos ansiosos ou depressivos podem ser bastante persistentes e tentadores. Esteja preparado para que sua atenção volte a pensamentos e sentimentos negativos inúteis. Simplesmente redirecione sua atenção a atividades mais benéficas todas as vezes que ela vagar por territórios sombrios. Ganhar maior controle sobre sua atenção e concentração requer prática.

EXEMPLO

Sue é ansiosa sobre várias coisas, mas, em particular, ela sofre de ansiedade em situações sociais. (Veja o Capítulo 9 para mais sobre como combater a ansiedade.) Ela frequentemente se preocupa sobre o que as pessoas pensarão dela quando sai socialmente. Sue frequentemente planeja conversas em sua cabeça antes de falar, na esperança de que pareça interessante e esperta. Depois que Sue volta para casa de uma festa ou de uma saída à noite com os amigos, ela frequentemente repassa a noite e busca qualquer possível gafe social que possa ter cometido.

A Planilha 5-2 mostra os resultados de quando Sue usou a Planilha de Análise de Atenção para ter uma ideia melhor do que estava focando durante interações sociais e os efeitos de mudar seu foco de atenção.

PLANILHA 5-2   **Análise de Atenção de Sue**

Onde minha atenção está mais focada? No mundo externo a meu redor ou em meus pensamentos, imagens e sentimentos internos?	Eu foco, principalmente, meus sentimentos ansiosos e como pareço para outras pessoas presentes. Eu foco muito o que dizer em seguida e imagino como as pessoas reagirão a qualquer coisa que eu diga ou faça. Às vezes me distraio com meus pensamentos sobre não me encaixar com outras pessoas ou sobre o quanto me sinto desconfortável socialmente. Eu também me monitoro caso fique vermelha, trema ou tenha outros sinais de constrangimento social que outros possam notar e achar esquisito.
Quando foco minha atenção no mundo externo, qual informação externa tendo a notar?	Eu tendo a buscar sinais das pessoas reagindo mal ao que eu digo ou parecendo entediadas quando estou falando. Eu monitoro outras pessoas por sinais sutis de que estão gostando ou não de mim. Eu também foco a facilidade com que as outras pessoas parecem jogar conversa fora em comparação a mim.
Em que coisas externas devo focar para me ajudar a parar de prestar atenção nos meus pensamentos e sentimentos externos?	Eu poderia focar o que as pessoas estão dizendo, em vez de planejar o que dizer em seguida. Eu poderia absorver mais o ambiente ao focar a música, atmosfera, decoração, e assim por diante.

Quais são algumas estratégias práticas adicionais que posso usar para me ajudar a refocar minha atenção para longe de pensamentos e sentimentos inúteis?	Eu posso resistir ao desejo de repassar interações sociais e buscar erros sociais que possa ter cometido. Em vez disso, posso focar os aspectos agradáveis do evento. Eu também posso resistir deliberadamente a monitorar a mim mesma por sinais de ansiedade, como ficar vermelha e tremer. Em vez de manter o foco da minha atenção em tentar fazer minhas mãos pararem de tremer, posso manter o foco em tarefas como pagar por uma bebida. Eu também posso mudar minha atenção de buscar sinais de se as pessoas gostam ou não de mim e manter o foco da minha atenção em quais são minhas impressões delas.
Quais são os efeitos de refocar minha atenção? (Complete esta seção depois de pelo menos três dias deliberadamente desviar sua atenção para longe de seus pensamentos e sentimentos internos.)	Quando eu presto mais atenção na conversa e paro de preparar o que dizer, as coisas tendem a fluir mais naturalmente. Eu me sinto menos ansiosa e esquisita quando mantenho o foco da minha atenção no ambiente, mas não monitoro as reações dos outros a mim.

Esteja você tendo pensamentos e sentimentos depressivos ou ansiosos, ou experienciando imagens indesejadas e pensamentos indesejados de uma natureza diferente (como aqueles experienciados no Transtorno Obsessivo-compulsivo — veja o Capítulo 13), redirecionar sua atenção pode ser útil.

A Planilha 5-3 lhe dá uma chance de tentar usar a Planilha de Análise de Atenção e ver se ela tem um efeito positivo.

PRATIQUE

PLANILHA 5-3   Minha Análise de Atenção

Onde minha atenção está mais focada? No mundo externo a meu redor ou em meus pensamentos, imagens e sentimentos internos?
Quando mantenho o foco da minha atenção no mundo externo, qual informação externa tendo a notar?
Em que coisas externas devo focar para me ajudar a parar de prestar atenção em meus pensamentos e sentimentos internos?
Quais são algumas estratégias práticas adicionais que posso usar para me ajudar a refocar minha atenção para longe de pensamentos e sentimentos inúteis?
Quais são os efeitos de refocar minha atenção? (Complete esta seção depois de pelo menos três dias deliberadamente desviando sua atenção para longe de seus pensamentos e sentimentos internos.)

Treinando-se em Concentração em Tarefas

O propósito dos exercícios de concentração em tarefas é ajudá-lo a *escolher* melhor no que se concentrar, em vez de permitir que sua atenção vagueie. Todo mundo tem a habilidade de focar sua atenção e de se concentrar em uma tarefa enquanto filtra estímulos externos. Algumas pessoas são melhores nisso do que outras, possivelmente como resultado da prática. Imagine um escritório aberto e movimentado com várias pessoas fazendo trabalhos diferentes e falando ao telefone. Embora haja muito barulho de fundo e atividades acontecendo, os empregados aprendem a se concentrar em suas tarefas e desligar as distrações. Ou imagine que esteja tentando negociar uma situação complicada enquanto dirige — você provavelmente foca sua atenção à tarefa de dirigir e deixa de notar as músicas no rádio. Você também pode aprimorar sua capacidade de se concentrar mais em tarefas e no ambiente e menos em si mesmo, seus pensamentos e sentimentos. Se estiver sofrendo de um problema emocional, então provavelmente está passando mais tempo do que consegue perceber focando pensamentos e sensações inúteis.

Comece fazendo uma lista de cinco situações que acha relativamente *não ameaçadoras* (situações em que você experiencie pouca ou nenhuma ansiedade ou sofrimento). Então faça uma lista de outras cinco situações *ameaçadoras* (situações que tenta evitar porque o fazem se sentir ansioso ou sofrer). Comece da situação que provoca menos ansiedade e progrida à que provoque mais ansiedade. Dê uma olhada em como Sue fez isso na Planilha 5-4.

Você pode usar essa técnica para monitorar melhor os efeitos da concentração em tarefas no seu humor e sensações físicas. Fazer isso lhe dá uma chance de exercitar seu poder de atenção.

É geralmente mais fácil se distrair de pensamentos inúteis em situações em que você está bem confortável do que naquelas que provocam ansiedade ou mau humor. Ao listar situações ameaçadoras e não ameaçadoras, você pode praticar direcionar sua atenção deliberadamente para onde quer em situações em que se sente bem e, eventualmente, fazer o mesmo em situações menos confortáveis.

Tente esses passos para ajudá-lo a ter o controle da sua atenção:

1. Foque seus sentimentos e pensamentos internos por alguns minutos (você pode cronometrar, se quiser). Observe quaisquer sensações físicas desagradáveis, pensamentos e imagens negativas.

2. Agora interrompa esses pensamentos e mantenha o foco de sua atenção em seu ambiente e nas outras pessoas. Mantenha sua atenção no mundo externo por alguns minutos (você pode cronometrar, se quiser) e faça notas mentais sobre o que você vê acontecer a seu redor.

3. Agora faça sua atenção ir e voltar de seu mundo interno e seu mundo externo.

4. Tente manter sua atenção no ambiente externo por períodos mais longos, desviando sua atenção de seus pensamentos e sentimentos internos caso ela vagueie.

5. Depois de se acostumar a manter o foco de sua atenção no que decidir, tente fazer o mesmo em situações que normalmente acha ameaçadoras.

6. Faça seu caminho através das situações ameaçadoras começando da mais fácil para a mais difícil, como Sue faz na Planilha 5-4.

CUIDADO: Não desista ou fique desanimado se achar este exercício difícil de dominar no início. Ele requer tempo e prática.

PLANILHA 5-4 Situações de Sue

Minhas cinco situações não ameaçadoras:
1. Ir ao cinema com minha melhor amiga.
2. Jantar na casa de meus pais só com a família.
3. Viajar de trem durante momentos calmos.
4. Ir ao pub local com minha melhor amiga e seu namorado.
5. Andar com meu cachorro no parque.
Minhas cinco situações ameaçadoras (começando da mais fácil para a mais difícil):
1. Sair para beber com meus colegas de trabalho.
2. Comer alguma coisa sozinha em uma cafeteria movimentada.
3. Viajar de trem durante momentos muito movimentados.
4. Ir a um pub diferente para encontrar vários amigos ou pessoas que eu não conheço bem.
5. Ir a uma festa em que só conheço uma ou duas pessoas.

Sue usou suas cinco situações não ameaçadoras como oportunidades de praticar mudando seu foco de atenção entre si mesma e as tarefas ou o ambiente. Assim que ela sentiu ter dominado essa habilidade, Sue passou para sua lista de situações ameaçadoras e praticou se concentrar em tarefas e no ambiente, em vez de em seus pensamentos e sentimentos ansiosos.

PRATIQUE: Agora faça sua própria lista de situações usando a Planilha 5-5.

PLANILHA 5-5 Minhas Situações

Minhas cinco situações não ameaçadoras:
1.
2.
3.
4.
5.

Minhas cinco situações ameaçadoras (começando da mais fácil para a mais difícil):
1.
2.
3.
4.
5.

Agora você pode praticar trocar sua atenção entre si e o mundo externo em suas situações não ameaçadoras até que se sinta pronto para dar um passo à frente no processo nas situações pessoalmente mais ameaçadoras na sua segunda lista.

A Planilha 5-7 fornece uma oportunidade de fazer um registro de seus esforços. Use a planilha para registrar os detalhes de um evento específico no qual você manteve o foco deliberadamente de sua atenção e concentração no mundo externo mais tarefas particulares. Certifique-se de registrar claramente as estratégias que o ajudaram a reduzir sentimentos e pensamentos negativos. Ao registrar o que você aprendeu através de exercícios, você se lembrará melhor dos benefícios da próxima vez. Você pode usar a Planilha 5-7 quantas vezes precisar.

EXEMPLO

Sue usou a Planilha 5-6 para registrar os resultados de seu treinamento de concentração em tarefas.

PLANILHA 5-6 Registro de Concentração em Tarefas de Sue

Onde eu estava?	Em um evento do trabalho realizado em um salão.
O que eu estava fazendo?	Eu estava em uma festa de despedida de um gerente. Estava socializando com outros convidados e me servindo de comida e bebida.
Com quem eu estava?	Cerca de outros 60 funcionários estavam lá. Três mulheres que trabalham no meu escritório estavam lá, mas eu não conhecia mais ninguém além delas.

Que métodos usei para manter minha concentração na tarefa e no ambiente externo?	Eu me concentrei em pegar comida e pedir uma bebida. Eu vi as pessoas dançando e tentei fazer contato visual com outras pessoas. Em vez de sentar escondida em um canto, eu me forcei a ficar em uma posição mais central na sala. Eu joguei conversa fora com várias pessoas que eu mal conhecia, em vez de colar igual chiclete nas três mulheres do meu escritório. Eu até dancei algumas músicas com um grupo de pessoas, mesmo não as conhecendo bem.
O que aprendi com este exercício?	Primeiro eu me senti muito constrangida e ansiosa, mas depois de cerca de meia hora eu comecei a me sentir bem. Tirar minha atenção de mim, e resistir a me monitorar para ver se estava vermelha ou tremendo exigiu algum esforço. Mas isso realmente me ajudou a manter o foco da minha atenção em observar as outras pessoas e a me concentrar em tarefas como comer e pegar uma bebida. Eu notei que, ao fazer contato visual e ficar no meio do salão, muitas pessoas se aproximaram de mim para jogar conversa fora. Eu realmente consegui me divertir.

CUIDADO

Como Sue notou, focar o ambiente externo e as tarefas, em vez de si mesma, não foi fácil! Esse processo pode soar simples, mas dominá-lo exige muita persistência e determinação. Não fique tentado a desistir logo de cara. Persista!

Registrar resultados de qualquer mudança comportamental que você faça pode ser útil. Você pode ver seus registros para se lembrar dos benefícios de mudar aspectos de seu comportamento se seus problemas originais ressurgirem. Manter um registro também permite que você veja claramente quais estratégias específicas funcionaram.

PRATIQUE

Agora é a sua chance de usar a Folha de Registro de Concentração em Tarefa para registrar seu aprendizado e observações usando a Planilha 5-7.

PLANILHA 5-7   Meu Registro de Concentração em Tarefa

Onde eu estava?

O que eu estava fazendo?

Com quem eu estava?

Que métodos eu usei para manter minha concentração na tarefa e no ambiente externo?

O que eu aprendi com este exercício?

Encontrando Seu Foco

Felizmente, os exercícios nas seções anteriores lhe deram uma boa ideia de onde você tende a focar sua atenção e os efeitos positivos de mudar seu foco para tarefas e para o ambiente a seu redor. Usar um simples gráfico de pizza é outra maneira rápida e eficaz de monitorar o foco de sua atenção e registrar como você dividiu sua atenção ou concentração em uma dada situação.

EXEMPLO Sue usou o método do gráfico de pizza para fazer um registro mais visual de seu foco de atenção enquanto estava na festa do trabalho. O gráfico de Sue é mostrado na Planilha 5-8.

PLANILHA 5-8 Gráfico de Pizza da Sue

Qual foi a situação?	Uma festa de despedida em um salão para um gerente que estava mudando de emprego. Cerca de outros 60 funcionários presentes, três que eu conhecia razoavelmente bem.
Como minha atenção foi dividida durante a maioria do tempo que permaneci na situação?	■ Tarefa/Ambiente □ Eu mesma

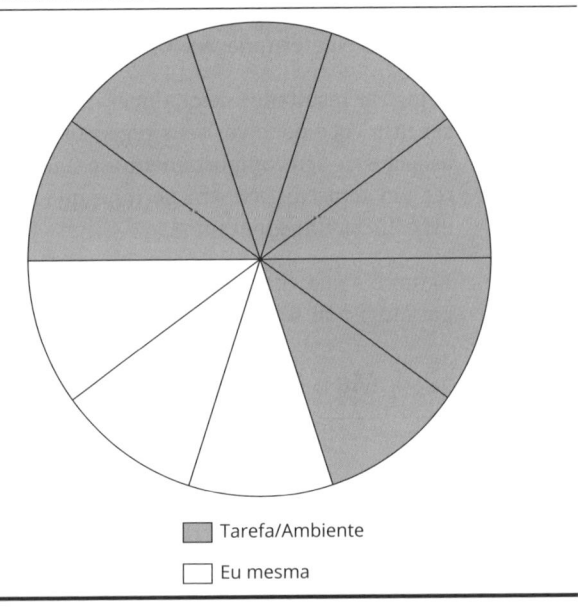

Você provavelmente pode ver na Figura 5-1 que Sue manteve o foco de aproximadamente 70% de sua atenção em tarefas e outras pessoas/ambiente. Apenas cerca de 30% de sua atenção em si mesma, seus pensamentos e sentimentos durante a festa.

DICA Se estiver experienciando ansiedade, depressão ou outros problemas emocionais, você provavelmente se beneficiará focando o máximo possível de sua atenção nos outros/no ambiente e se concentrando deliberadamente em tarefas. Resumindo, quanto menos atenção você presta em si mesmo e no seu mundo interno, melhor para você!

PRATIQUE

Tente usar o gráfico de pizza em branco na Planilha 5-9. Simplesmente registre a situação e pinte os segmentos do gráfico que representam seu foco de atenção nos outros/no ambiente. Deixe os segmentos que representam o foco em si mesmo (pensamentos, sentimentos, imagens e sensações físicas) em branco.

PLANILHA 5-9   Meu Gráfico de Pizza

Qual foi a situação?

Como minha atenção foi dividida durante a maioria do tempo que permaneci na situação?

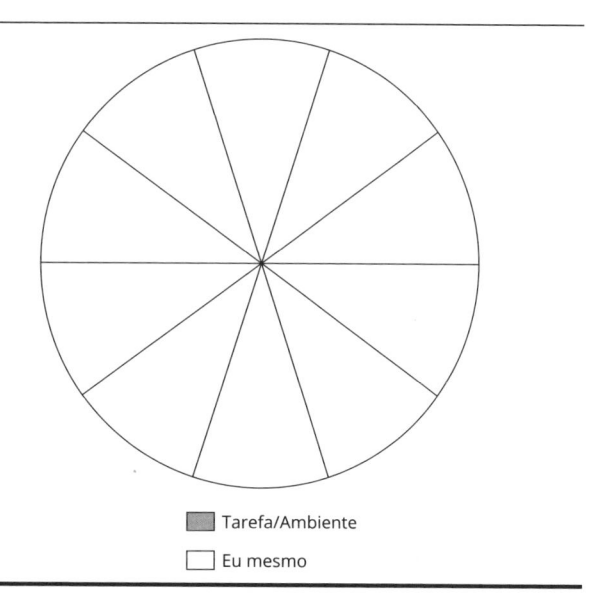

☐ Tarefa/Ambiente
☐ Eu mesmo

Tornando Sua Mente Mais Atenta

A meditação da mindfulness está ganhando popularidade porque essa abordagem parece ajudar pessoas a gerenciarem o estresse, a depressão e outras condições, como dor crônica. Não estamos afirmando sermos capazes de explicar adequadamente a prática toda aqui, só oferecemos a você uma amostra.

A experiência toda da mindfulness lembra ver o mundo com novos olhos, livre de julgamento ou comentários. A ideia é manter sua atenção no momento presente e focar o máximo possível o aqui e agora.

CUIDADO: As técnicas descritas nas seções seguintes podem soar muito simples ou até um pouco superficiais. Na prática, entretanto, essas técnicas para gerenciar seus pensamentos são muito difíceis de dominar. As pessoas passam anos praticando mindfulness, então esteja preparado para achar o processo difícil no início.

Vivendo no presente

Esta técnica não é diferente de se concentrar em tarefas. Em vez de permitir que sua mente vagueie no território da preocupação ou de planejar seu próximo movimento, foque o máximo que puder o que estiver *fazendo* no momento.

PRATIQUE: Mesmo que esteja apenas escovando os dentes ou sentando em uma cadeira perto de uma janela, foque sua atenção na *experiência em si* de escovar os dentes ou no que você pode *ver* pela janela e como seu corpo se *sente* na cadeira.

Suspendendo o julgamento

Na maior parte do tempo, você faz julgamentos rápidos sobre suas experiências sem nem mesmo estar totalmente ciente de que os faz. Dependendo do valor que atribui para suas experiências, você as rotula como boas, ruins ou neutras. Mindfulness trata de se tornar mais capaz de suspender o julgamento e simplesmente *aceitar* as experiências.

PRATIQUE: Tente manter o foco de sua atenção no que estiver *fazendo* — seja jardinagem, esperando em uma fila ou comendo uma refeição. Em vez de julgar o evento como bom, ruim, tedioso ou satisfatório, tente experienciar completamente o momento, sem fazer qualquer juízo de valor sobre ele.

DICA: Suspender o julgamento pode ser muito útil ao lidar com pensamentos e sentimentos indesejados. Em vez de julgar seus pensamentos e sentimentos como ruins ou como indicações de que você não está bem, tente aceitar sua presença e não dar qualquer valor ou significado a eles.

Saindo do trem de pensamentos

Outra técnica para gerenciar pensamentos inúteis envolve permitir que seus pensamentos passem. Em vez de tentar interromper os pensamentos indesejados ou se envolver em pensar mais *sobre* pensamentos indesejados, apenas *observe*-os.

PRATIQUE: Imagine seus pensamentos e sentimentos como vagões em um trem. Em vez de se envolver com seus pensamentos, apenas os observe passar pela estação e continuar pelos trilhos. Resista ao desejo de pular no trem de pensamentos e, em vez disso, apenas deixe-o fazer barulho.

Identificando quando ignorar a si mesmo

Muitos dos pensamentos negativos que você experiencia quando tem problemas emocionais provavelmente são percepções imprecisas, tendenciosas e distorcidas da realidade. (Veja o Capítulo 2 para mais sobre distorções cognitivas.) Assim, além de desafiar e mudar seu pensamento (do qual falamos no Capítulo 3), ignorar ou desconsiderar muitos dos pensamentos que você gera quando está emocionalmente perturbado é melhor.

EXEMPLO Matt ficou consciente de temas recorrentes em seu pensamento quando estava se sentindo muito deprimido. Ele tomou nota desses temas e decidiu considerar esses pensamentos como sintomas de sua depressão, e não como fatuais, verdadeiros ou precisos. A Planilha 5-10 mostra os resultados.

PLANILHA 5-10   **Pensamentos Tóxicos Temáticos de Matt**

Qual é meu problema emocional?	Depressão.
Quais são alguns dos pensamentos típicos que eu tenho quando me sinto assim?	Eu nunca serei normal de novo. Afinal, qual é o objetivo da vida? Como fiquei tão deprimido? Tudo é difícil e nada é agradável. Eu sou uma decepção para todos em minha vida e para mim mesmo. O mundo é um lugar terrível.
Quais boas razões existem para desconsiderar esses pensamentos?	São apenas coisas típicas que eu tendo a pensar quando estou de mau humor. Se eu estivesse me sentindo bem, eu veria as coisas mais positivamente e de maneira bem diferente. Esses pensamentos são apenas um subproduto de sentimentos depressivos e não representam precisamente meu futuro ou realidade.
Que efeitos ignorar/desconsiderar esses pensamentos tem no meu humor?	Se eu realmente fizer um esforço para considerar esses pensamentos apenas como uma parte desagradável da depressão, tendo a me sentir um pouco melhor. Eu posso escolher focar minha atenção para longe desse tipo de pensamento, e então noto que os pensamentos com frequência desaparecem.

PRATIQUE Você pode usar a Planilha 5-11 para ajudar a identificar temas problemáticos no seu pensamento. Veja se consegue identificar quando consegue ignorar a si mesmo de modo mais eficiente!

PLANILHA 5-11	Meus Pensamentos Tóxicos Temáticos
Qual é meu problema emocional?	
Quais são alguns dos pensamentos típicos que eu tenho quando me sinto assim?	
Quais boas razões existem para desconsiderar esses pensamentos?	
Que efeitos ignorar/desconsiderar esses pensamentos tem no meu humor?	

Conscientemente mundano

Todas as pequenas coisas que faz como parte de sua rotina diária, você provavelmente pode começar a fazer com mais atenção se *colocar isso na sua cabeça*. Considere essa abordagem como sendo outra maneira de fortalecer seu poder de atenção e aumentar seu controle sobre sua concentração. Com frequência, as pessoas se apressam em várias tarefas em uma tentativa de acabar com elas rápido. Em vez disso, prefira levar um pouco mais de tempo para focar os aspectos sutis de cada um de seus deveres diários. Por exemplo, foque a sensação da água quando estiver tomando banho, o gosto da cola atrás do selo que acabou de lamber, o zumbido da máquina de lavar que acabou de ligar e o gosto e sensação da pasta de dentes na sua língua enquanto escova os dentes.

Use a Planilha 5-12 para fazer uma lista de suas tarefas diárias que você pode fazer com mais atenção em um esforço deliberado de praticar o controle e redirecionamento de sua atenção.

PLANILHA 5-12	Minha Lista de Deveres Diários
Quais são algumas das tarefas cotidianas que posso fazer com mais atenção?	

2
Descobrindo Problemas e Estabelecendo Metas

NESTA PARTE...

Os capítulos nesta parte são dedicados a ajudá-lo a definir seus problemas e a escolher metas específicas em relação às dificuldades que você identificar.

Discutimos as emoções saudáveis e não saudáveis e lhe damos a chance de se entender com suas próprias respostas emocionais. Também lhe mostramos como algumas das maneiras pelas quais você tenta lidar com os problemas podem ser, por si só, problemáticas. Finalmente, focamos lidar com metas adequadas.

> **NESTE CAPÍTULO**
>
> » **Nomeando seus sentimentos**
>
> » **Entendendo do que são feitas suas emoções**
>
> » **Discernindo a diferença entre os dois tipos de emoções**
>
> » **Destacando suas emoções problemáticas**

Capítulo **6**

Ficando Emotivo

Muitos terapeutas de TCC fazem uma distinção entre dois tipos de estados de sentimentos ou emoções negativas — saudáveis e não saudáveis. *Emoções saudáveis* são sentimentos vivenciados em resposta a eventos negativos e que são adequados ao evento, levam a ação construtiva e não interferem significativamente com o resto de sua vida. *Emoções não saudáveis* são sentimentos fora de proporção ao evento em questão, tendem a levar a comportamentos autodestrutivos e causam problemas em outras áreas de sua vida.

Um dos objetivos deste livro é ajudá-lo a experienciar emoções negativas saudáveis com mais frequência. Neste capítulo nós apresentamos diferentes maneiras de identificar seus sentimentos, mostramos maneiras de discernir entre os dois tipos de emoções negativas e lhe damos uma chance de lidar com suas emoções problemáticas.

Expandindo Seu Vocabulário Emocional

Você sabe que está sentindo *alguma coisa*. Sim, definitivamente há uma emoção acontecendo aí, mas o que diabos ela *é*? E como você deve chamar essa experiência interna conturbada?

Dar um nome a seus sentimentos nem sempre é fácil. Psicólogos podem usar várias palavras diferentes para descrever emoções sutilmente distintas porque eles lidam com esse tipo de coisa o tempo todo. Mas você talvez esteja mais acostumado a usar termos vagos para expressar como se sente por dentro. Talvez use palavras como "chateado", "aborrecido" ou "mal". Essas palavras dão uma indicação de que você está em um estado emocional negativo, mas não fornecem realmente muito mais informação além disso.

São três as vantagens de determinar um nome específico a seus sentimentos:

» É mais fácil para os outros (e até para você mesmo) entender a natureza precisa do que está sentindo.
» Facilita compreender se o que está sentindo é uma emoção negativa saudável ou não.
» Fica mais fácil para você selecionar uma emoção negativa saudável alternativa como meta.

Uma maneira de dar um nome a seus sentimentos é começar a notar o que os dispara. Por *disparar* queremos dizer o evento em potencial ou pensamento que faz com que os humores emocionais fluam. Em seguida, olhe de perto como sua emoção o leva agir, ou querer agir (efetivamente agindo ou não) — chamamos isso de *tendências de ação*. Seu *comportamento real* inclui quais são suas ações em resposta a sua emoção. Sua *suposição emocional* é sua tentativa de revelar o que está sentindo e decidir que rótulo ou nome dar a sua experiência emocional. O nome que melhor descreve seus sentimentos internos é seu *rótulo emocional*. A seguir há exemplos do que queremos dizer.

EXEMPLO

A esposa de Horácio, que está com ele há dez anos, saiu de casa e pediu o divórcio. A decisão de sua esposa foi inesperada e parece ter vindo do nada. Horácio sabe que ele se sente muito chateado, mas está tendo problemas para descrever o que sente. A Planilha 6-1 mostra como ele descobre sua emoção básica.

PLANILHA 6-1 Arquivo de Fatos de Sentimentos de Horácio

Gatilho:	Minha esposa me deixou.
Comportamento real:	Chorando muito. Evitando pessoas que podem me fazer perguntas sobre minha esposa e nosso casamento. Buscando em minha cabeça maneiras possíveis de ter evitado isso. Comendo menos. Olhando fotos da minha esposa e chorando.
Tendências de ação:	Eu quero ficar na cama o dia todo, embora eu me arraste para o trabalho. Eu não quero falar com ninguém sobre o que aconteceu no meu casamento. Eu não quero mais me cuidar ou arrumar a casa.
Suposição emocional:	Olhar o que tenho feito e sentido vontade de fazer, acho que posso estar me sentindo muito triste e possivelmente deprimido. Se eu visse um amigo meu reagindo dessa maneira ao mesmo evento, eu provavelmente diria que ele está se sentindo deprimido.
Rótulo emocional:	Deprimido.

EXEMPLO

Lois tem uma amiga que cancela repetidamente seus encontros. Às vezes sua amiga tem uma desculpa plausível para cancelar o compromisso, mas com mais frequência ela parece ter encontrado outra opção mais atraente. Esse cenário muitas vezes deixa Lois sem planos alternativos para a noite. Nessa ocasião, a amiga de Lois cancelou o compromisso de muito tempo de ir a um show. Lois agora ficou com um ingresso sobrando e sem companhia. Os esforços de Lois para chegar a seus sentimentos reais sobre essa situação são mostrados na Planilha 6-2.

PLANILHA 6-2 Arquivo de Fatos de Sentimentos de Lois

Gatilho:	Minha amiga cancelou de última hora a ida ao show.
Comportamento real:	Eu não disse muito para ela ao telefone, mas fiquei bem irritada. Eu rasguei os dois ingressos e os joguei no lixo. Eu pensei no quanto ela me trata mal e no quanto sou uma boa amiga para ela.
Tendências de ação:	Eu não vou mais ligar para ela e esperarei que ela me ligue. Eu não farei mais nenhuma tentativa para sair com ela e tentarei fazer com que ela peça desculpas por me tratar tão mal.

(continua)

(continuação)

Suposição emocional:	Eu sinto raiva da minha amiga por ter me decepcionado de novo. Eu não acredito que ela me trate desse jeito. Ela não percebe que agora fiquei sozinha? Eu acho que estou com raiva dela, mas, mais do que isso, estou muito chateada por ela ter me decepcionado tantas vezes. E não mereço esse tipo de tratamento. Eu acho que meus sentimentos são mais mágoa do que raiva.
Rótulo emocional:	Mágoa.

Tanto Horácio quanto Lois são capazes de dar um nome a suas experiências emocionais ao ver mais de perto quais são realmente seus comportamentos e o que eles sentem vontade de fazer ou planejam fazer no futuro. Veja se você consegue dar um nome a sua emoção ao usar o mesmo método e completar a Planilha 6-3.

PLANILHA 6-3 **Meu Arquivo de Fatos de Sentimentos**

Gatilho:	
Comportamento real:	
Tendências de ação:	
Suposição emocional:	
Rótulo emocional:	

Com sorte você achará o arquivo de fatos de sentimentos útil para ajudá-lo a identificar sua emoção básica. Mas se ainda acha o processo difícil, não se preocupe. Às vezes o que você precisa é de mais palavras de sentimentos à mão. A seguir há uma lista de emoções humanas comuns. Use essa lista como um trampolim para encontrar outras palavras que descrevam variações dos mesmos sentimentos básicos. Você terá, então, mais rótulos de sentimentos para escolher e usar para descrever emoções. Use um dicionário de sinônimos ou um dicionário para encontrar mais palavras de sentimentos.

- » Raiva
- » Ansiedade
- » Preocupação
- » Depressão
- » Decepção
- » Vergonha
- » Inveja
- » Medo
- » Pesar

- » Culpa
- » Mágoa
- » Ciúme
- » Arrependimento
- » Remorso
- » Tristeza
- » Pena

Lembre-se de que essa não é, de jeito algum, uma lista definitiva! Sinta-se à vontade para adicionar quantas emoções quiser. No restante deste capítulo mostramos maneiras de determinar se suas emoções estão no campo saudável ou não saudável, não importa como você escolha chamá-las.

Entendendo a Anatomia das Emoções

Sentimentos não existem em uma bolha independente. As emoções humanas existem em *contexto*. Confuso? Não tenha medo. Horácio e Lois, na seção anterior, mostram como os comportamentos são um aspecto fundamental das emoções. Todas as emoções humanas — sejam positivas ou negativas, saudáveis ou não saudáveis — são compostas por quatro dimensões. Essas dimensões interagem e reforçam umas às outras. A Figura 6-1 mostra esse relacionamento.

Notar o que está acontecendo nessas quatro dimensões da sua emoção oferece pistas importantes sobre o tipo de emoção que você está vivenciando — saudável ou não saudável. Veja como Horácio faz isso na Planilha 6-4.

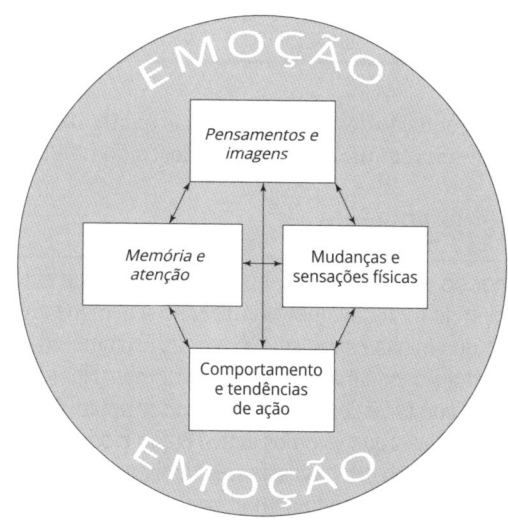

FIGURA 6-1: A dimensão das emoções.

PLANILHA 6-4	Emoção de Quatro Dimensões de Horácio
Emoção:	Depressão.
Pensamentos e imagens:	Eu fico pensando no que posso ter feito para que minha esposa tenha ido embora.
	Eu tenho pensamentos sobre o quanto meu futuro será miserável e irremediável.
	Visualizo imagens de minha esposa nos braços de outro homem.
	Eu me imagino sozinho na velhice.
Sensações e mudanças físicas:	Eu tenho uma dor perturbadora na boca do estômago quase o tempo todo.
	Eu choro fácil.
	Meu apetite desapareceu e eu estou perdendo peso.
Memória e atenção:	Eu tenho procurado em minha memória pistas de que minha esposa estava planejando me deixar, coisas que eu deveria ter percebido.
	Eu fico lembrando do quanto estávamos apaixonados quando nos casamos.
	Eu observo casais felizes na rua.
	Eu fico ouvindo músicas românticas no rádio e assistindo a filmes românticos na TV.
Comportamento e tendências de ação:	Chorar bastante.
	Não fazer minhas refeições.
	Ficar absorto por fotos de minha esposa.
	Evitar conversas sobre meu casamento.
	Querer ficar na cama o dia todo.
	Evitar amigos e família.

Tendo desmembrado sua emoção de depressão nessas quatro dimensões, Horácio faz percepções sobre seus sentimentos, como mostrado na Planilha 6-5.

PLANILHA 6-5	Percepções de Horácio

Ao analisar minha Planilha de Emoção de Quatro Dimensões, posso ver que estou culpando a mim mesmo pelo término de meu casamento e dizendo a mim mesmo que deveria ter visto os sinais e evitado que minha esposa me deixasse. Eu também posso ver que meu comportamento de evitação está me impedindo de compartilhar meus sentimentos com amigos e familiares que talvez possam me oferecer apoio. Além disso, olhar fotos e reviver os tempos felizes que vivemos juntos estão piorando a minha depressão. Manter o foco da minha atenção em casais felizes também está me levando a comparar minha situação com a deles e deixar meu humor ainda pior.

PRATIQUE Use a Planilha 6-6 para desmembrar sua emoção identificada nas quatro dimensões.

PLANILHA 6-6 Minha Emoção de Quatro Dimensões

Emoção:	
Pensamentos e imagens:	
Sensações e mudanças físicas:	
Memória e atenção:	
Comportamento e tendências de ação:	

Agora você pode usar o espaço na Planilha 6-7 para registrar quaisquer percepções que tiver sobre sua experiência emocional.

PLANILHA 6-7 Minhas Percepções

___

___

___

___

Descobrindo se Seus Sentimentos São Saudáveis ou Não

Como já deve ter percebido, seus pensamentos, atenção, foco, comportamento e até algumas de suas sensações físicas são maneiras de determinar se você está sob o controle de uma experiência emocional não saudável ou saudável. Esses quatro aspectos ou dimensões de experiência emocional são diferentes, dependendo do tipo de sentimento que tiver. Por exemplo, as tendências de ação associadas à tristeza saudável tendem a ser construtivas. Elas o ajudam a aceitar e se ajustar ao evento ou situação negativa. As tendências de ação associadas à depressão não saudável tendem a ser destrutivas, porque evitam que você aceite o evento negativo e siga em frente. Em geral, emoções negativas saudáveis são menos intensas ou desconfortáveis do que suas correspondentes não saudáveis. Mesmo que esteja extremamente triste, provavelmente sentirá um desconforto ou dor emocional menos intensa do que se estiver deprimido de um modo não saudável.

Tomando notas do seu pensamento

O pensamento rígido é um sinal infalível de que está sentindo algo não saudável. O *pensamento rígido* envolve exigir que você, os outros e o mundo sigam certas regras — as suas regras. Essa atitude é problemática, porque você não deixa espaço para divergências ou erros. Então, quando suas exigências não são satisfeitas (e frequentemente não serão), você provavelmente ficará emocionalmente perturbado.

A alternativa ao pensamento rígido/baseado em exigências é o *pensamento flexível/baseado em preferências*. Nele, você tem preferências, padrões e ideias para você, para os outros e para o mundo realizarem. Mas — e o *mas* é crucial — também aceita a possibilidade de suas preferências não serem satisfeitas. Então, quando não consegue viver de acordo com seus padrões pessoais, os outros se comportam de maneiras indesejadas ou o mundo se recusa a seguir seus planos, você pode se sentir emocionalmente angustiado, mas não desnecessariamente perturbado.

Quando tem exigências que não são satisfeitas, você também corre o risco de colocar a si mesmo e aos outros para baixo com muita força. Fazer isso pode levar a mais dor emocional e a mais problemas práticos também.

DICA

Cuidado com palavras e frases como "deveria", "é necessário", "é essencial", "tenho que" e "preciso" em seu pensamento e conversando consigo mesmo. Frequentemente elas são um sinal de que você tem o pensamento rígido.

EXEMPLO

Samantha é muito sensível a críticas alheias. Ela muitas vezes sente que está sendo criticada quando alguém faz um comentário ligeiramente negativo. O marido de Samantha se sentou para jantar e mencionou que o macarrão estava cozido demais e que ele não havia gostado muito da refeição que ela preparou. Samantha ficou com muita raiva dos comentários do seu marido e teve um chilique, gritando com ele por ser tão ingrato e quebrando coisas pela cozinha. Ela e seu marido foram dormir sem se falar.

Você pode usar um Teste de Pensamento para ver se seu pensamento sobre um dado evento ou situação é rígido/baseado em exigências ou flexível/baseado em preferências. O resultado é a difícil tarefa de saber se sua emoção é saudável ou não saudável. Dê uma olhada no Teste de Pensamento de Samantha na Planilha 6-8.

PLANILHA 6-8	Teste de Pensamento de Samantha
Pensamento:	Meu marido não deve criticar minha comida, e ele é totalmente ingrato por fazê-lo.
Meu pensamento é flexível/baseado em preferências?	Não. Eu acho que se digo que ele não deve criticar minha comida, então não estou dando espaço para a possibilidade de ele fazer isso.
Meu pensamento é verdadeiro/se encaixa com a realidade?	Eu acho que se fosse verdade que ele não deve criticar minha comida, então isso deve significar que ele não tem livre-arbítrio. A realidade é que ele disse que o macarrão estava cozido demais e que o molho da carne estava sem gosto. Então eu acho que isso mostra que não há razão de ele não ser crítico sobre a refeição que preparei.
Meu pensamento é útil?	Bem, eu fiquei com muita raiva e disse várias coisas horríveis. Eu também quebrei um monte de louça enquanto tinha um ataque com ele. Nós fomos dormir sem nos falar e a noite foi bem desagradável. Então acho que meu pensamento não foi nada útil.
Meu pensamento está me levando a me colocar para baixo?	Não em um primeiro momento. Mas eu me sinto bem mal comigo agora por ficar tão brava com meu marido.
Meu pensamento está me levando a deixar os outros para baixo?	Ah, sim. E como! Eu realmente acho que ele é desprezível por ser tão ingrato.
Com base em tudo isso, meu pensamento está me levando a uma emoção saudável ou não saudável?	Não saudável.

O exemplo de Samantha mostra que seu pensamento rígido a levou a ficar doentiamente com raiva de seu marido. Se ela tivesse uma preferência flexível como "Eu realmente prefiro que meu marido não critique minha comida, mas não há razão para ele não o fazer", ela talvez tivesse sentido uma raiva ou chateação saudável sobre suas observações desfavoráveis.

PRATIQUE Agora é a sua vez! Relembre um evento recente em que acha que pode ter experienciado uma emoção não saudável. Use o Teste de Pensamento na Planilha 6-9 para descobrir se seu pensamento na hora foi flexível ou rígido, e sua emoção foi saudável ou não saudável.

PLANILHA 6-9   Meu Teste de Pensamento

Pensamento:	
Meu pensamento é flexível/baseado em preferências?	
Meu pensamento é verdadeiro/se encaixa com a realidade?	
Meu pensamento é útil?	
Meu pensamento está me levando a me colocar para baixo?	
Meu pensamento está me levando a deixar os outros para baixo?	
Com base em tudo isso, meu pensamento está me levando a uma emoção saudável ou não saudável?	

Se descobrir, como Samantha, que seu pensamento está resultando em uma emoção negativa não saudável, você pode tentar substituí-lo por uma preferência mais flexível. Os Capítulos 1, 2 e 3 discutem com mais detalhes como seu pensamento pode influenciar como você se sente e se comporta.

Ficando ciente de seu comportamento

Suas emoções ditam seu comportamento em grande escala. Ao reconhecer as maneiras pelas quais age quando está emocionalmente carregado, você pode determinar ainda mais a saúde relativa de seus sentimentos. A Tabela 6-1 mostra alguns dos comportamentos típicos que tendem a andar de mãos dadas com emoções saudáveis e não saudáveis.

LEMBRE-SE

Nós também chamamos os comportamentos de *tendências de ação*, porque você pode sentir que quer agir de certa maneira, mas não o faz.

TABELA 6-1 Tendências de Ação de Sentimentos Saudáveis e Não Saudáveis

Emoção Não Saudável	Tendências de Ação	Emoção Saudável	Tendências de Ação
Raiva/ira	Gritar, ser violento e abusivo, deixar a outra pessoa para baixo. Insistir em que você está certo.	Chateação/raiva	Afirmar-se de uma maneira respeitosa, mas firme. Não se tornar abusivo ou violento. Estar disposto a considerar o ponto de vista da outra pessoa.
Ansiedade	Evitar ameaças. Buscar reafirmação excessiva.	Preocupação	Encarar ameaças. Buscar uma quantidade razoável de reafirmação.
Depressão	Evitar situações de reforços sociais e atividades significativas ou agradáveis. Isolar-se.	Tristeza	Depois de um período de luto e reflexão, reinvestir na companhia dos outros. Continuar com atividades significativas ou agradáveis.
Inveja tóxica	Estragar o prazer alheio no que você quer, mas não tem. Frustração. Fingir que você não quer de verdade o que os outros têm.	Inveja benigna	Lutar para ganhar o que o outro tem e que você deseja, mas não tem. Permitir que os outros aproveitem o que têm sem tentar estragar isso para eles. Admitir que você quer o que eles têm.
Culpa	Implorar por perdão e evitar encarar a pessoa que você prejudicou. Assumir responsabilidade demais pelo erro.	Remorso	Pedir perdão e encarar a pessoa que você prejudicou. Assumir a quantidade correta de responsabilidade pelo erro.
Mágoa	Ficar emburrado. Tentar dar dicas sobre o que a outra pessoa fez de errado para que ela dê o primeiro passo.	Decepção	Vocalizar seus sentimentos. Dar à outra pessoa uma chance de explicar e se desculpar. Estar disposto a dar o primeiro passo.
Ciúme tóxico	Espionar ou verificar a outra pessoa. Questioná-la e testá-la. Desconfiar.	Ciúme benigno	Fazer perguntas honestas e diretas. Ter a mente aberta.
Vergonha	Evitar o olhar dos outros. Esconder-se ou retrair-se.	Arrependimento	Manter o contato visual com os outros. Manter sua cabeça erguida e manter-se em contato com os outros.

DICA Lembre-se de que pode usar qualquer palavra que quiser para descrever sua emoção real. Você não precisa usar os rótulos na Tabela 6-1. Apenas certifique-se de usar um termo diferente para sua emoção saudável e para a alternativa não saudável. Samantha, por exemplo, pode usar o termo *ira* para descrever sua emoção não saudável, e o termo *chateada* para descrever sua emoção saudável.

Usando os termos da Tabela 6-1, você pode agora fazer um rápido Teste de Comportamento para ver qual tipo de emoção está experienciando. Usamos o exemplo de Samantha novamente na Planilha 6-10 para mostrar como fazer isso.

PLANILHA 6-10 Teste de Comportamento de Samantha

Evento:	Meu marido criticou a refeição que preparei para nós.
O que eu fiz de verdade?	Eu gritei com ele por ser tão ingrato.
	Eu o xinguei de várias coisas.
	Saí enfurecida da cozinha e quebrei várias louças.
	Eu me recusei a falar com ele pelo resto da noite.
O que eu quis fazer?	Eu realmente queria bater nele ou socá-lo quando ele disse que o molho estava sem gosto.
	Eu fiquei muito tentada em colocá-lo para fora de casa e exigir o divórcio.
Meu comportamento se encaixa com uma emoção saudável?	Não.
Meu rótulo emocional:	Ira não saudável.

Com base em seu Teste de Comportamento, Samantha pode ver que ela estava sob o controle de uma emoção não saudável da hora do jantar em diante.

PRATIQUE Agora é sua vez novamente, seu sortudo! Relembre um evento recente em sua vida em que você acha que experienciou uma emoção não saudável e use as informações na Tabela 6-1 e o espaço na Planilha 6-11 para ajudá-lo a determinar se sua emoção era do tipo problemática.

PLANILHA 6-11 Meu Teste de Comportamento

Evento:	
O que eu fiz de verdade?	

O que eu quis fazer?	
Meu comportamento se encaixa com uma emoção saudável?	
Meu rótulo emocional:	

Descobrindo no que você foca

Outra maneira de realmente identificar se você foi engolido pelos mares turbulentos de reações emocionais não saudáveis ou se está surfando na crista das ondas de uma alternativa saudável é notando onde sua atenção está focada. Essa tática envolve analisar a direção que seus pensamentos tomam, o que você está absorvendo de seu ambiente, por quais memórias é dragado ou como está vendo seu futuro.

Suas emoções realmente têm um efeito no seu foco. Por exemplo, quando você está deprimido, tende a manter o foco em outras perdas dolorosas do passado e ver o futuro triste. Se está bravo com alguém, sua atenção provavelmente ficará afiada em razões adicionais para ficar com raiva deles. Quando está magoado, poderá encontrar seus pensamentos sintonizando nas maneiras que os outros e o mundo possam ter feito de mal para você. A Tabela 6-2 esboça áreas comuns de foco em emoções negativas saudáveis e não saudáveis.

TABELA 6-2 Foco de Atenção em Sentimentos Saudáveis e Não Saudáveis

Emoção Não Saudável	Foco de Atenção	Emoção Saudável	Foco de Atenção
Raiva/ira	Você foca qualquer evidência de intenção maliciosa dos outros. Você foca razões adicionais para ficar com raiva das pessoas.	Chateação/raiva	Você não busca intenção maliciosa nas ações dos outros desnecessariamente. Nem foca razões adicionais para apoiar sua raiva.
Ansiedade	Você superestima o grau de risco ou ameaça. Você subestima sua habilidade pessoal de lidar com o risco ou ameaça.	Preocupação	Você vê o grau de risco da ameaça de maneira realista, reconhecendo completamente sua habilidade de lidar ou de superar o risco ou ameaça.

(continua)

(continuação)

Depressão	Você foca perdas ou fracassos passados. Você vê o futuro como desanimador ou doloroso.	Tristeza	Você é capaz de imaginar a si mesmo se sentindo mais feliz no futuro. Você não fica pensando em perdas ou fracassos passados.
Inveja tóxica	Você foca razões para diminuir a posse ou situação desejada do outro que você não tem. Você pensa sobre como privar a outra pessoa da posse desejada.	Inveja benigna	Você foca como pode obter razoavelmente a posse ou situação desejada do outro que você não tem. Você é capaz de manter o foco em ficar satisfeito pela outra pessoa.
Culpa	Você culpa a si mesmo inteiramente pelo erro. Você espera e busca punição. Procura evidências de que os outros o estão culpando pelo erro.	Remorso	Você assume responsabilidade adequada pelo erro e leva em consideração outros fatores. Não espera ser punido e está disposto a fazer as pazes. É capaz de reconhecer o perdão dos outros e aceitá-lo.
Mágoa	Você foca o quanto foi mal tratado e o quanto não merece tal tratamento. Você desenterra mágoas passadas. Procura provas de que a outra pessoa é desatenciosa e indiferente.	Decepção	Você é capaz de ver o evento em perspectiva sem ficar pensando em mágoas passadas. Não foca o quanto foi tratado injustamente. É capaz de ver evidências de que a outra pessoa se importa.
Ciúme tóxico	Você foca ameaças a seu relacionamento onde podem realmente não existir.	Ciúme benigno	Você é capaz de ver a diferença entre ameaça real e presente a seu relacionamento e meros palpites e suspeitas.
Vergonha	Você vê desaprovação dos outros onde elas realmente não existem. Você superestima a inaceitabilidade do que aconteceu ou foi revelado sobre você.	Arrependimento	Você é capaz de responder a tentativas dos outros de aceitar você. Vê a si mesmo com alguma compaixão.

Faça o Teste de Foco de Atenção como mais uma maneira de determinar o tipo de emoção que você está experienciando em resposta a um evento negativo. A Planilha 6-2 é um exemplo de como Samantha fez isso.

PLANILHA 6-12   Teste de Foco de Atenção de Samantha

Evento:	Meu marido criticou a refeição que preparei para nós.
Qual direção minha atenção tomou?	Eu foquei no quanto ele estava errado em dizer o que disse sobre o molho e no quão ingrato ele foi. Eu supus que ele estava sendo deliberadamente cruel e desagradável. Eu lembrei de vários pequenos incidentes das últimas semanas em que ele foi desagradável.
Meu foco de atenção se encaixa com uma emoção saudável?	Não.
Meu rótulo emocional:	Ira não saudável.

Adivinha? Sim, é a sua vez novamente. A diversão *nunca* acaba?

Use a Tabela 6-2 e a Planilha 6-13 para fazer seu próprio Teste de Foco de Atenção.

PRATIQUE

PLANILHA 6-13   Meu Teste de Foco de Atenção

Evento:	
Qual direção minha atenção tomou?	
Meu foco de atenção se encaixa com uma emoção saudável?	
Meu rótulo emocional:	

Parabéns! Você agora está equipado para pegar qualquer emoção que experimente e fazer testes para ver se ela é saudável ou não.

Evitando ser enganado por sentimentos físicos

Muitas (a maioria) emoções, tanto saudáveis quanto não saudáveis, são acompanhadas de sensações físicas ou *sintomas*. Como regra geral, os sintomas que você apresenta ao experimentar sofrimento saudável não são tão desconfortáveis ou debilitantes quanto aqueles associados a perturbações não saudáveis. Sintomas físicos de sofrimento saudável também tendem a reduzir ou desaparecer mais rapidamente.

LEMBRE-SE

Usamos a palavra *sofrimento* para nos referirmos a emoções negativas saudáveis, e a palavra *perturbação* para descrever as não saudáveis.

Você pode medir suas sensações ou sintomas físicos em termos de intensidade e duração.

EXEMPLO

Simon tem uma grande apresentação para fazer perante a direção no trabalho. Ele normalmente coloca muita pressão em si mesmo para ter um alto desempenho e não cometer erros. Como resultado, ele se sente muito ansioso antes de fazer uma apresentação. Felizmente, para Simon, ele usou este livro e prestou muita atenção aos Capítulos 1, 2, 3 e 6. Agora ele pode pensar de maneira mais flexível sobre a possibilidade de cometer um erro e de não alcançar seu padrão pessoal de realização. Então Simon é capaz de se sentir saudavelmente preocupado antes de qualquer apresentação futura.

Dê uma olhada na Sinopse de Sintomas de Simon nas Planilhas 6-14 e 6 15.

PLANILHA 6-14   **Sinopse de Sintomas de Perturbação de Simon**

Emoção não saudável:	Ansiedade.
Descrição do sintoma:	Distúrbio do sono. Suor. Tremor. Sensação de agitação no estômago.
Intensidade:	9, em uma escala em que 1 é suave e 10 é severo.
Duração:	Meu sono fica perturbado cerca de quatro noites antes da apresentação. Eu acordo e me preocupo em estragar tudo. Aquela sensação de agitação no estômago está presente quase constantemente desde cerca de uma semana antes da apresentação. Minhas mãos tremem, e eu suo durante toda a apresentação, embora faça o meu melhor para esconder isso.

PLANILHA 6-15   Sinopse de Sintomas de Sofrimento de Simon

Emoção saudável:	Preocupação.
Descrição do sintoma:	Pequeno distúrbio do sono. Algum suor. Tremor nas mãos. Sensação de agitação no estômago.
Intensidade:	4, em uma escala em que 1 é suave e 10 é severo.
Duração:	Meu sono fica um pouco perturbado na noite anterior a minha apresentação, mas me preocupo somente um pouco em estragar tudo. A sensação de agitação no estômago só acontece transitoriamente, quando me lembro da chegada da apresentação, e vai embora quase que instantaneamente. Minhas mãos tremem, e eu suo mais no começo da apresentação, mas isso para quando começo.

Você provavelmente pode ver no exemplo de Simon que os sintomas físicos são similares na ansiedade e na preocupação, mas que no último caso são menos intensos e não duram tanto tempo. Você pode usar o mesmo método para comparar a intensidade e duração de quaisquer sensações físicas que tiver em conjunção com suas emoções usando as Planilhas 6-16 e 6-17.

PLANILHA 6-16   Minha Sinopse de Sintomas de Perturbação

Emoção não saudável:	
Descrição do sintoma:	
Intensidade (em uma escala em que 1 é suave e 10 é severo):	
Duração:	

PLANILHA 6-17 Minha Sinopse de Sintomas de Sofrimento

Emoção saudável:

Descrição do sintoma:

Intensidade (em uma escala em que 1 é suave e 10 é severo):

Duração:

A intensidade e duração de quaisquer sensações físicas que acompanham sua experiência emocional podem indicar que tipo de emoção você está sentindo. Mas existe um grau de sobreposição nessa área com ambos os tipos de emoções.

CUIDADO

Muitas das reações e sensações físicas que você experimenta são similares para ambos os tipos de emoções. Por exemplo, você pode ficar choroso e perder seu apetite se estiver triste ou deprimido. Continuar usando seus pensamentos, comportamentos e foco de atenção como indicadores de com que tipo de emoção você está lidando é, portanto, o melhor.

Mapeando Suas Emoções Problemáticas

Uma vez que for capaz de identificar suas emoções como saudáveis ou não saudáveis, seu próximo passo é decidir quais emoções não saudáveis você quer mudar. Essas são, provavelmente, as emoções que você experimenta com mais frequência ou aquelas que interferem mais significativamente com a passagem suave de sua vida. Você pode usar as Tabelas 6-1 e 6-2 deste capítulo para ajudá-lo a listar suas emoções-problema na Planilha 6-18.

PLANILHA 6-18 Minhas Emoções-problema

Identificando temas e gatilhos

Embora seu comportamento, estilo de pensamento e foco de atenção sejam diferentes para emoções negativas saudáveis e não saudáveis, o tema é o mesmo. Por tema queremos dizer os aspectos-chave de uma situação mais ampla que faz surgir uma emoção particular. Familiarizar-se com os temas que acompanham diferentes experiências emocionais pode ajudá-lo a identificar precisamente a natureza de seus sentimentos. Você estará, então, em uma posição melhor para descobrir se sua emoção é saudável ou não.

A Tabela 6-3 lista os temas anexados a cada par emocional.

TABELA 6-3   Temas de Sentimentos

Emoção Não Saudável/Saudável	Tema
Ansiedade/preocupação	Ameaça, risco ou perigo percebido.
Depressão/tristeza	Perda ou fracasso.
Inveja tóxica/inveja benigna	Outro possui algo desejável que você não tem.
Culpa/remorso	Código moral quebrado ao fazer algo errado ou ao falhar em fazer algo (pecado de comissão ou omissão).
Mágoa/decepção	Você é maltratado e não merece.
Ciúme tóxico/ciúme benigno	Ameaça a seu relacionamento.
Raiva/aborrecimento	Uma regra pessoal é quebrada e/ou a autoestima é ameaçada.
Vergonha/arrependimento	Informação pessoal indesejável ou inaceitável foi revelada publicamente por si mesmo ou por outros.

Ao notar quaisquer temas recorrentes em sua vida, você pode começar a notar gatilhos ou eventos específicos que o fazem começar uma montanha-russa emocional.

Note como Samantha usou o Rastreador de Tema e Gatilho para identificar suas emoções-problema mais especificamente na Planilha 6-19.

PLANILHA 6-19   Rastreador de Tema e Gatilho de Samantha

Tema:	Uma regra pessoal é quebrada e/ou a autoestima é ameaçada.
Emoção não saudável:	Ira.
Gatilhos:	Marido critica minha comida.
	Chefe insatisfeito com o relatório.
	Alguém rouba minha vaga de estacionamento.
	Amigo aparece uma hora atrasado para um encontro.

Você *sabe* que é a sua vez agora, então comece a trabalhar na Planilha 6-20.

PLANILHA 6-20   **Meu Rastreador de Tema e Gatilho**

Tema:
Emoção não saudável:
Gatilhos:

Você pode ter mais de uma emoção-problema e, portanto, mais de um tema e um monte de gatilhos em potencial. Então sinta-se à vontade para usar a Planilha 6-20 novamente — uma para cada emoção-problema.

Fazendo a declaração de um problema

Certo. Então aqui está a boa notícia. Agora que possivelmente você já percebeu que está cheio de respostas emocionais negativas não saudáveis a eventos de vida e coisas do tipo, você pode fazer algo a respeito. Ah, sim! Mas primeiro você precisa fazer uma declaração de problema. Dê uma olhada na de Samantha na Planilha 6-21.

PLANILHA 6-21   **Declaração de Problema de Samantha**

Sentir <u>raiva</u> das <u>observações críticas</u> de meu marido, levando-me a <u>xingá-lo, quebrar pratos e fazer o tratamento de silêncio com ele</u>.
Objetivo: Ficar incomodada, em vez de irada.

A Declaração de Problema de Samantha inclui sua emoção não saudável, o gatilho e seu comportamento não saudável. Essa declaração fornece muita informação sobre onde ela pode interferir para mudar sua ira para uma raiva ou aborrecimento, ou, como ela chama, *ficar chateada*.

PRATIQUE

Então siga em frente. Preencha a Planilha 6-22.

PLANILHA 6-22   **Minha Declaração de Problema**

Sentir _____ sobre _____ me levou a _____ .
Objetivo:

Você pode fazer quantas declarações de problemas precisar, dependendo de quantas emoções-problema tiver. Vários capítulos neste livro podem ajudá-lo a superar seus problemas emocionais agora que você está craque em identificá--los. E se fizer o seu melhor para se comportar de acordo com sua meta emocional saudável, focar sua atenção nas coisas que se encaixem em uma emoção negativa saudável e, acima de tudo, lutar para pensar de uma maneira flexível/baseada em preferência, então está no caminho para um bem-estar emocional.

> **NESTE CAPÍTULO**
>
> » Reconhecendo quando sua solução se torna o problema
>
> » Tolerando a dor de curto prazo para ganho em longo prazo
>
> » Visualizando uma flor viciosa

Capítulo **7**

Focando Táticas Problemáticas

Se você se sente perturbado emocionalmente, fazer o que quer que seja para reduzir seu desconforto emocional parece sensato. Você pode estar fazendo o que acha melhor para ajudar-se a lidar com seus problemas psicológicos. Infelizmente, algumas das estratégias que está usando para se sentir temporariamente melhor podem muito bem manter seu problema em longo prazo. Você provavelmente não está ciente da perpetuação de seus problemas causada por alguns de seus comportamentos para lidar com eles. A maioria das pessoas não sabe exatamente como se ajudar a superar problemas como a depressão ou a ansiedade. Neste capítulo nós falamos de algumas estratégias de enfrentamento autodestrutivas.

Identificando Estratégias Autodestrutivas

O primeiro passo para identificar estratégias autodestrutivas é reconhecer quais de suas táticas estão realmente mantendo seus problemas ou até os piorando. A seguir estão alguns exemplos do que queremos dizer com *estratégias problemáticas*:

» Evitar situações que você teme ou que provoquem ansiedade
» Usar drogas ou álcool para bloquear emoções desconfortáveis
» Esconder aspectos de si mesmo dos quais você sente vergonha
» Adiar lidar com problemas práticos e tarefas que acha desagradáveis
» Abandonar sua rotina usual
» Isolar-se de seus amigos e família
» Preocupar-se. Muitas pessoas acham que ao se preocuparem com eventos negativos em potencial, elas prevenirão que coisas ruins aconteçam ou estarão preparadas para lidar com tais eventos. Embora se preocupar *pareça* uma maneira de resolver e prevenir problemas futuros, isso, na verdade, se torna um problema em si, porque estimula a ansiedade.
» Realizar rituais. As pessoas que sofrem com distúrbios de ansiedade como o Transtorno Obsessivo-compulsivo (veja o Capítulo 13 para mais sobre essa condição) muitas vezes insistem em realizar tarefas diárias como se vestir ou fazer a higiene pessoal de maneira padronizada muito rígida e ordenada. Elas normalmente se preocupam que, se deixarem de executar as tarefas de maneira precisa, algo ruim acontecerá com elas ou com os outros como resultado. Se o padrão é interrompido, essas pessoas ficam muito ansiosas e muitas vezes se forçam a começar o ritual todo de novo, e podem passar horas tentando executar seus rituais de maneira exata.
» Verificar as coisas repetidamente. É normal verificar se você trancou a porta ou se colocou as chaves na mochila uma ou duas vezes. Mas pessoas com problemas de ansiedade normalmente verificam coisas como essas tantas vezes, que acham difícil sair de casa e chegar no trabalho ou a compromissos no horário.

Obviamente você pode estar usando muito mais táticas possivelmente problemáticas além das listadas aqui. O tipo de estratégia de enfrentamento que escolhe depende do tipo de problema que está experimentando. Nós tratamos da ansiedade, da depressão e do Transtorno Obsessivo-compulsivo (TOC) com mais detalhes nos Capítulos 9, 12 e 13, respectivamente.

LEMBRE-SE

O velho ditado de que às vezes é preciso piorar para se sentir melhor muitas vezes é verdadeiro. Em TCC nós encorajamos que você desista de táticas de enfrentamento problemáticas em favor de comportamentos mais saudáveis que, no fim, o ajudarão a superar seus problemas. Essa abordagem pode significar fazer coisas que causem ansiedade ou desconforto em curto prazo a fim de melhorar.

Exigindo controle e insistindo na certeza

Se você sofre de problemas de ansiedade como estresse pós-traumático, transtorno obsessivo-compulsivo ou ataques de pânico, provavelmente gosta de estar no controle. Sem dúvidas, você também tenta estar o mais certo possível sobre situações antes de entrar nelas. Você pode ter as mesmas exigências por controle e certeza se tiver um problema de raiva ou ciúmes.

O problema é que se está se esforçando demais para controlar as coisas que estão além de seu controle, como os pensamentos de outras pessoas, certas sensações físicas ou até mesmo seus próprios pensamentos, isso pode ser muito desanimador. O mesmo vale para a certeza. Existem muitas coisas na vida sobre as quais você simplesmente não pode estar 100% certo, não importa o quanto tente.

Se você continua tentando (em vão) estar em um estado de controle absoluto e certeza total o tempo todo, provavelmente ficará ainda mais ansioso, com raiva, com ciúmes ou deprimido. Aprender a aceitar as limitações de seu próprio poder pessoal e viver com a incerteza pode realmente fazer uma diferença positiva em como você se sente.

Tentar controlar como os outros se comportam e o que pensam de você é comum. Mas é uma empreitada infrutífera, porque as outras pessoas estão fora da sua esfera de controle. Na maioria do tempo, você não pode controlar o que outras pessoas fazem ou pensam. É possível *influenciar* ou *pedir* que os outros se comportem e pensem de maneiras desejadas, mas, no fim, são eles que decidem seus próprios pensamentos e ações. Tente permitir que as outras pessoas tomem suas próprias decisões e formem suas próprias opiniões.

Lembre-se, também, de que você não pode e não *precisa* controlar suas sensações físicas, como ficar vermelho, respirar, engolir ou seu batimento cardíaco. Tente deixar seu corpo continuar com os sintomas físicos da ansiedade (veja no Capítulo 9 uma figura que mostra algumas sensações físicas comuns) e permita-os diminuir sozinhos. Tentar controlar um efeito colateral físico da ansiedade normalmente leva a mais ansiedade ou pânico. Permita também que seu corpo continue a funcionar sem sua orientação ou intervenção. Respirar é tão automático que você pode fazer dormindo ou até em coma! Tente confiar que seu corpo fará o trabalho dele — mesmo quando você estiver se sentindo ansioso.

O mesmo vale para eventos de vida. A vida é frequentemente imprevisível, incerta e até mesmo injusta. Se você insistir em que precisa de certeza sobre o que a vida lhe dá o tempo todo, então provavelmente será muito ansioso. Ninguém pode controlar eventos aleatórios de vida, e tentar fazer isso demais só gerará preocupação e ansiedade. Com frequência, as pessoas supõem que, porque algo negativo aconteceu com elas, estão mais vulneráveis que o mesmo tipo de evento ruim aconteça novamente. Embora esse raramente seja o caso, as pessoas podem ir longe para tentar conseguir uma garantia de que nada ruim aconteça em suas vidas. Isso é compreensível, mas problemático. Em vez disso, tente ter alguma fé em sua habilidade de lidar com eventos adversos se e quando ocorrerem. Também trabalhe em aceitar a ideia de que a vida é e sempre será incerta. Viver com a incerteza faz parte de ser humano e, portanto, algo que você faz todos os dias, embora possa não perceber.

As planilhas a seguir o ajudam a identificar claramente situações específicas em que você pode estar se esforçando demais para conseguir controle ou certeza. Elas também o ajudam a entender como suas tentativas de estar *totalmente* no controle e certo estão alimentando problemas como ansiedade e depressão.

EXEMPLO

Connie se envolveu em um acidente de trânsito sério dezoito meses atrás. Ela se recuperou de suas lesões físicas, mas ainda está sofrendo psicologicamente. Connie estava no banco de trás do carro que bateu. Desde o acidente, ela evita dirigir na estrada e só entra em um veículo se puder dirigir. Se ela começa a se sentir ansiosa enquanto dirige, ela se esforça para controlar sua respiração. Ela monitora o quão rápido está sua respiração e tenta mantê-la mais profunda e regular. Isso, infelizmente, significa que Connie fica consciente *demais* de sua respiração. Como respirar é uma função corporal automática, Connie não precisa focar sua respiração. Se ela a deixar quieta, seu corpo cuidará dela. Connie também lê previsões do tempo antes de viajar, para ter certeza de que as condições são favoráveis para dirigir. Se tiver mais alguém no carro com Connie, ela insiste que não falem com ela ou a distraiam de maneira alguma.

Connie está tentando ter certeza absoluta de que não se envolverá em outro acidente. Ela usou a Planilha 7-1 para ajudá-la a entender suas exigências de certeza e controle e para monitorar seus efeitos.

PLANILHA 7-1   **Verificação de Controle e Certeza de Connie**

Qual é meu principal problema emocional?	Ansiedade (estresse pós-traumático).
De que maneiras estou exigindo controle?	Tentando controlar minha respiração quando me sinto ansiosa.
	Recusando-me a ser passageira para que possa ter controle do carro.
	Dizendo aos outros como se comportar quando estou dirigindo.
	Controlando onde eu dirijo e evitando estradas.
De que maneiras estou insistindo na certeza?	Verificando a previsão do tempo para que possa ter certeza de que não choverá ou haverá tempestade quando estou no carro.
	Dizendo às pessoas para ficarem quietas no carro para que eu tenha certeza de que não ficarei distraída.
	Planejando todas as jornadas para que eu tenha certeza de evitar a estrada.

Como minhas exigências por controle estão afetando meu problema emocional principal?	Exigir controle faz com que eu me sinta no limite quando dirijo.
	Tentar controlar minha respiração e sintomas de ansiedade não funciona, só me deixa mais em pânico.
	Depois eu penso em mim mesma como fraca por ter um episódio de pânico.
	Eu penso muito no acidente quando tento controlar as coisas relacionadas a dirigir.
	Eu me sinto mais ansiosa e insegura por causa de minhas exigências por controle.
Como minha insistência na certeza está afetando meu principal problema emocional?	Fazer tanto para tentar ter certeza de que eu fique segura e não sofra um acidente significa que estou sempre esperando que algo ruim aconteça quando estou no carro.
	Eu me sinto ansiosa só com o pensamento de viajar de carro por causa das minhas exigências por certeza.
	Quanto mais eu tento controlar meus pensamentos/minhas imagens sobre o acidente, mais perturbadores eu os considero.

PRATIQUE Use a Planilha 7-2 para ajudá-lo a descobrir quando abandonar o controle e aceitar a incerteza.

PLANILHA 7-2 Minha Verificação de Controle e Certeza

Qual é meu principal problema emocional?	
De que maneiras estou exigindo controle?	
De que maneiras estou insistindo na certeza?	
Como minhas exigências por controle estão afetando meu problema emocional principal?	
Como minha insistência na certeza está afetando meu principal problema emocional?	

A soma da evitação e o colocar-se para baixo

A evitação é uma estratégia de enfrentamento inútil muito comum. Se você tem medo de algo ou se sente ansioso em certas situações, é melhor evitar essas coisas, certo? Errado. Quanto mais você evita o que lhe aflige e provoca ansiedade, mais você reforça a ideia de que existe uma ameaça real. A evitação contínua o mantém ansioso e pode diminuir seu funcionamento geral. Da mesma forma, adiar tarefas que acha desagradáveis ou que não quer fazer pode levar a problemas práticos e piorar a depressão. Às vezes, encarar seus medos e fazer coisas que não quer fazer vale muito a pena. Aguentar sorrindo, muitas vezes, é do seu melhor interesse.

No Capítulo 9 você descobrirá mais planilhas criadas para ajudá-lo a construir exercícios de exposição para confrontar a evitação e superar medos, e o Capítulo 12 tem informações e planilhas úteis para ajudá-lo a agendar atividades diárias e voltar a se engajar com práticas anteriormente apreciadas. Mas aqui nós oferecemos alguns pontos para ajudá-lo a fugir da evitação e continuar as atividades negligenciadas *agora*:

1. **Faça uma lista das situações que você está evitando ou negligenciando atualmente devido a seus problemas emocionais de ansiedade ou depressão.**

2. **Classifique essas situações em ordem de menos assustadora para mais assustadora ou de menos produtora de ansiedade para mais produtora de ansiedade.**

    Basicamente, classifique as situações sobre o quanto você as quer evitar.

3. **Coloque-se na situação *menos* temida regularmente.**

    Tente ao máximo se colocar em situações causadoras de ansiedade. Fazer isso o ajuda a se ajustar à situação e começar a fazer avanços.

    Também dê crédito a si mesmo por ser capaz de lidar com sentimentos desconfortáveis nessas situações.

4. **Avance continuamente em sua lista.**

Se você está deprimido e não vê prazer em atividades de que gostava antes ou sente vontade de se esconder das pessoas por causa do seu mau humor, encoraje-se a fazer o oposto. Fazer as coisas que você gosta de fazer e estar na presença de outras pessoas pode melhorar seu humor, proporcionar compreensão e apoio, ou mesmo só ajudá-lo a se sentir mais como você mesmo novamente. Isolar-se é uma característica forte da depressão e reforça a solidão. Muitas vezes vale a pena sair com outras pessoas só por sair, você realmente gostando disso ou não. Você pode não se divertir tanto quanto antes, mas estar com outras pessoas provavelmente o fará parar de se sentir pior.

EXEMPLO

Mark está deprimido há meses. Ele estava sob muita pressão no trabalho e, em certa época, preocupado em perder o emprego se não fizesse hora extra para cumprir os prazos. Sua depressão pode ter sido parcialmente desencadeada por estresse prolongado. Mark se sente desmotivado no trabalho e frequentemente não vai porque está doente. Ele também parou de ir à academia porque se sente cansado demais. Seus amigos o convidam para sair, mas ele não gosta de socializar tanto quanto antes, então nega os convites com frequência. Mark passa muito tempo do dia na cama assistindo TV ou dormindo. As cartas estão se empilhando, mas Mark não consegue abri-las, e, por isso, as contas não estão sendo pagas. Mark sabe que ele devia ir ao médico e falar sobre sua depressão, mas ele se sente desesperançado.

Mark listou na Planilha 7-3 as atividades que sua depressão o levou a evitar, suas razões para evitá-las e os resultados de sua evitação.

PLANILHA 7-3   **Lista de Evitação de Mark**

Meu Problema Emocional Primário:		
Coisas que estou evitando	Razões da evitação	Efeitos da evitação
Abrir cartas.	Não consigo.	Contas estão acumulando.
Ir ao trabalho.	Muito estressante e desanimador.	O chefe fica me ligando. Eu me preocupo com o acúmulo de dias afastado por doença. Eu fico ansioso e cheio de pavor com o pensamento de voltar ao trabalho.
Falar com meu chefe sobre reduzir minha carga de trabalho.	Ele não entenderá e pensará que sou incompetente.	O estresse permanece, e eu não tenho uma chance de me afirmar ou descobrir o que meu chefe realmente sugeriria.
Ir ao médico.	É inútil, ele não pode ajudar.	Eu não tenho um diploma médico. Eu não estou obtendo conselhos ou ajuda. Eu não tomo remédios.

A Planilha 7-4 lhe fornece espaço para listar as coisas que você evita, por que você as evita e o preço que você paga por ignorá-las.

PLANILHA 7-4   **Minha Lista de Evitação**

Meu Problema Emocional Primário:		
Coisas que estou evitando	Razões da evitação	Efeitos da evitação

Na Planilha 7-5, Mark notou como seu comportamento estava reforçando sua depressão.

PLANILHA 7-5   Comportamentos Inúteis de Mark

Comportamentos Inúteis	Razões do Comportamento	Efeitos do Comportamento
Ficar na cama o dia todo.	Sinto-me incapaz de encarar o mundo.	Mais depressão e medo. Distúrbio do sono.
Não socializar.	Eu não quero ver ninguém ou deixá-los ver o quanto estou mal.	Estou muito isolado de meus amigos, sinto-me muito sozinho e penso demais.
Não ir à academia.	Estou cansado e fraco demais.	Minha boa forma está diminuindo, e me sinto menos saudável e menos forte em geral. Eu não tenho interação social e tenho mais pensamentos depressivos.

Esteja você se sentindo deprimido, ansioso, com raiva não saudável ou com ciúmes (para citar alguns, veja mais no Capítulo 6), agora é a oportunidade para você destacar o que quer que estiver fazendo, tentar lidar com isso e aliviar seu problema emocional.

LEMBRE-SE   O que o ajuda a se sentir melhor no presente imediato frequentemente mantém seu problema no futuro. Evitar coisas como trabalho, falar com os outros e atender o telefone são exemplos típicos de evitação inútil. Considere também as coisas que você pode estar fazendo para anestesiar seus sentimentos desagradáveis — coisas como beber demais, usar drogas, fazer compras, comer ou assistir TV para se distrair. Reverter esses tipos de comportamentos é, frequentemente, o primeiro passo principal para superar seus problemas emocionais. Use a Planilha 7-6 para listar seus comportamentos inúteis.

PLANILHA 7-6   Meus Comportamentos Inúteis

Comportamentos Inúteis	Razão para o Comportamento	Efeito do Comportamento

LEMBRE-SE

Com muita frequência, fazer o exato oposto do que seu humor indica, ou o encoraja a fazer, é a melhor coisa para você em longo prazo. Então, se você tem vontade de evitar o trabalho ou socializar, muitas vezes você faz bem a si mesmo ao se empurrar para situações sociais e confrontar problemas do trabalho de cabeça erguida. Da mesma forma, se ceder ao uso de drogas e álcool ou assistir TV lhe ajuda a parar de pensar em seus sentimentos no presente, resistir a esses comportamentos pode muito bem ajudá-lo a confrontar seus problemas e dar a você a chance de criar soluções para eles.

Ao alocar um período de tempo para ação construtiva, você torna mais provável sua execução. É muito fácil ter boas intenções e deixá-las de lado porque você não deu a si mesmo um período de tempo definitivo para executá-las. Fique bom em se permitir um tempo para fazer as coisas que são de seu interesse, o que quer que elas sejam. Limpar a casa, falar com seu chefe, fazer exercícios, socializar, pagar as contas, retornar ligações, entre outros, são exemplos de tarefas que você pode alocar horas específicas para executar.

EXEMPLO

Mark usou a Planilha 7-7 para registrar maneiras mais saudáveis de lidar com seus sintomas de depressão e alocar períodos de tempo específicos para realizar deveres negligenciados.

PLANILHA 7-7 Comportamentos Alternativos de Mark

Estratégia de Enfrentamento Saudável Alternativa	Potenciais Benefícios de Estratégias de Enfrentamento Saudáveis	Tempo Alocado
Fazer o oposto do que minha depressão dita!	Se eu agir contra meus pensamentos e ações depressivos, então posso evitar que meu humor piore ainda mais.	
Manter um cronograma diário e me forçar a me levantar no mesmo horário todos os dias. Evitar cochilos.	Se eu me levantar na mesma hora todos os dias, não cochilarei e poderei regularizar meu sono novamente.	Sair da cama às 8h toda manhã.
Voltar à academia.	Ir à academia pode me dar uma dose de endorfina necessária.	Segundas, quartas e sextas, às 15h.
Abrir as correspondências e pagar as contas.	Eu me sentirei mais no controle e menos desesperançoso se pagar as contas.	10h, todas as manhãs.
Entrar em contato com a empresa e falar sobre a minha doença.	Se eu informar a empresa em que trabalho sobre minha depressão, pelo menos eles saberão o que está acontecendo. Eu não precisarei me esconder debaixo do edredom sempre que o telefone tocar.	Segunda-feira, às 9h.

(continua)

(continuação)

Ir ao médico.	Meu médico pode me indicar um terapeuta ou me dar alguns antidepressivos, ou ambos. Um atestado para o trabalho me ajudará a manter meu trabalho.	Terça-feira, às 13h.
Manter o contato com os amigos e a família.	Ver meus amigos e familiares pode me ajudar a me sentir mais "normal" de novo. Eles podem até me dar apoio e compreensão. Quanto mais tempo eu passar com os outros, menos isolado ficarei. Ficar ocupado me dá menos tempo para focar meus pensamentos depressivos e falta de energia.	Quintas à noite e finais de semana.

O Capítulo 12 trata da depressão e como usar um cronograma de atividades. Agendar suas atividades (tanto de lazer quanto de trabalho) pode realmente ajudá-lo a seguir com as coisas, apesar da falta de energia e motivação.

PRATIQUE

Use a Planilha 7-8 para identificar mais comportamentos saudáveis e atribuir um tempo para executar as tarefas que você tem adiado.

PLANILHA 7-8 **Meus Comportamentos Alternativos**

Estratégia de Enfrentamento Saudável Alternativa	Potenciais Benefícios de Estratégias de Enfrentamento Saudáveis	Tempo Alocado

LEMBRE-SE

Algumas tarefas parecem muito mais desagradáveis quando você só pensa nelas do que quando realmente as faz. Fazer tarefas na ausência de energia e motivação pode servir para aumentar ambos. Se você está deprimido, pode não obter o mesmo nível de prazer em atividades agradáveis no primeiro momento. Mas tenha certeza de que fazer algo é melhor do que não fazer nada. Sentimentos de realização, satisfação e prazer retornarão com o tempo. Seja paciente consigo mesmo.

Preocupando-se demais

Um pouco de preocupação é totalmente normal. Note que eu disse "um pouco". É normal que problemas ou responsabilidades entrem em sua mente e que você tente pensar em como lidar com eles da melhor maneira. Mas muitas pessoas fazem da preocupação uma ocupação de tempo integral. A preocupação excessiva é um mau hábito não produtivo. Se você é alguém que se preocupa o tempo todo com pequenas coisas cotidianas, sem dúvidas deve achar isso exaustivo.

Os preocupados mais fervorosos se preocupam frequentemente com eventos que ainda não aconteceram, podem nunca acontecer ou sobre os quais eles não têm controle. É como tentar resolver um problema insolúvel. As duas razões principais para estar preso em um ciclo de preocupação excessiva e indevida são:

» Você pode acreditar que se preocupar o protege de alguma forma de eventos de vida negativos — como se isso o equipasse melhor de alguma forma para lidar com coisas ruins.

» Você também pode acreditar que se preocupar evitará magicamente que coisas ruins aconteçam com você — como se isso fornecesse pistas e percepções a você de alguma forma sobre uma coisa ruim antes que ela aconteça.

Você pode achar que a melhor maneira de lidar com seus problemas práticos ou psicológicos é se preocupar com eles. Mas não. A vida não é governável desse jeito. Você pode se preocupar até cansar e ainda não será capaz de controlar eventos aleatórios. A preocupação *não* é o mesmo que pensamento e ação de resolução de problemas, e é mais uma receita para ainda mais ansiedade e sentimento de desamparo.

Veja sua preocupação como um hábito ruim ou um processo problemático que precisa ser interrompido. Não se permita pensar demais no *conteúdo* de suas preocupações. Em vez disso, reconheça que a preocupação *em si* é seu principal problema. O Capítulo 5 oferece algumas dicas úteis para aprender a aceitar e ignorar seus pensamentos.

CUIDADO

A preocupação é um banquete móvel. Então, se você é uma dessas pessoas que acreditam que apenas se puder superar *cada* preocupação concebível será capaz de relaxar e aproveitar a vida, boa sorte. Isso nunca acontecerá. Você sempre encontrará outra coisa com que se preocupar e nunca aprenderá a dar uma pausa para seu cérebro. Você pode até acabar preocupado com se preocupar demais ser prejudicial. Na verdade, não é — mas é inútil e muito desconfortável.

PRATIQUE

A Planilha 7-9 lhe fornece uma oportunidade de interromper seu ciclo de preocupação.

PLANILHA 7-9 Minha Dedução de Preocupação

1. Eu estou me preocupando atualmente com algo que ainda não aconteceu? (Responda apenas Sim ou Não) _____
2. Essa preocupação atual é um problema real que eu posso trabalhar para resolver? (Responda apenas Sim ou Não) _____
Se Sim, o que preciso colocar em ação para resolver o problema? Liste ações específicas que pode realizar:
Se Não, o que posso fazer para interromper o processo de preocupação? Liste atividades específicas que absorverão sua atenção:
3. Eu estou me preocupando em conseguir evitar que essa coisa negativa aconteça? (Responda apenas Sim ou Não) _____
4. Eu estou me preocupando em conseguir me proteger desse evento negativo caso ele aconteça? (Responda apenas Sim ou Não) _____
5. Sendo o mais objetivo possível, essa preocupação atual é apenas outro exemplo do meu problema geral de preocupação? (Responda apenas Sim ou Não) _____
Se Sim (provavelmente será!); se Não, reveja sua resposta "Se Não" no Passo 2 e foque sua atenção em coisas mais interessantes e produtivas. Liste-as aqui:

CUIDADO: Quando começar a resistir ao processo de preocupação, você se sentirá muito desconfortável e até inseguro ou irresponsável. Esses sentimentos existem simplesmente porque você está indo contra a corrente de sua tendência — você está se preocupando em não se preocupar. Espere se sentir estranho e atraído de volta a preocupações insignificantes quando começar a jornada para uma vida livre de preocupações. Mantenha sua resistência, e com o tempo retreinará seu cérebro para deixar as preocupações passarem e focar aspectos mais produtivos da sua vida. Boa sorte!

Quando se Sentir Melhor Evita que Você Melhore

Ah, mas todos nós gostamos de diminuir o efeito de nossos sentimentos desconfortáveis, o que é muito compreensível, mas nem sempre útil em longo prazo. Com frequência, tentativas de se sentir melhor só trazem o tipo de resultados que mais quer evitar. Então, se você tentar desesperadamente não ser socialmente estranho, você pode muito bem acabar tão autoconsciente que dirá algo esquisito ou se comportará de maneira desinteressada. Esse cenário é só um exemplo de como tentar se sentir melhor "aqui e agora" pode realmente fazê-lo se sentir pior "lá e depois". Falamos mais sobre esse conceito nas próximas seções.

Pare de automedicar seu humor

Talvez um drinque tire a dor de sua culpa, ansiedade ou depressão. Hmmm. Talvez uma dose extra de um remédio para dormir aquiete sua mente ansiosa, pare os *flashbacks* ou reprima imagens intrusivas. Sim, não podemos negar isso. Drogas e álcool são substâncias alteradoras de humor muito eficazes — em curto prazo. Mas esteja avisado, essas intervenções imediatas têm ramificações em longo prazo. Talvez você acabe viciado em remédios para dormir ou dependente do álcool. Ou pode ficar mais deprimido e ansioso no dia seguinte, quando acordar com uma ressaca. Nada divertido.

Hábitos de automedicação podem se estender para atividades normalmente inócuas, como fazer compras e assistir TV. Basicamente, qualquer coisa que você faça para se distrair ou lidar indiretamente com um problema central é chamado, na psicoterapia, de *automedicação*.

EXEMPLO

Verity tem um problema de baixa autoestima. Ela se sente muito deprimida e se odeia quando fracassa em seu trabalho ou hesita em sua vida pessoal como mãe e parceira. Verity muitas vezes vê fracasso *total* em coisas muito pequenas, como chegar atrasada ao trabalho ou não ter o jantar na mesa em um certo horário. Ela bebe vinho à noite para acalmar sua ansiedade e aliviar a sensação de culpa. Nos finais de semana, Verity leva seus filhos para comer fora e compra brinquedos para eles, pelos quais a família não pode pagar, para tentar compensar suas falhas como mãe.

Verity usou a Planilha 7-10 para destacar seus comportamentos de automedicação e para ver como eles mesmos estão se tornando um problema.

PLANILHA 7-10 A Confusão de Automedicação de Humor de Verity

Minhas emoções não saudáveis problemáticas: Depressão e culpa	
Como eu automedico meu humor?	Bebendo vinho à noite (às vezes bastante) e comprando coisas para as crianças e, às vezes, para mim.
Como isso afeta meu humor em curto prazo?	Quando estou bebendo vinho, tenho uma sensação de alívio e felicidade. Eu me sinto ótima depois que compro algo para as crianças e fico realmente animada quando compro algo para mim mesma.

(continua)

(continuação)

Como isso afeta meu humor em longo prazo?	Se eu bebo muito na noite anterior, sinto-me mal, cansada e culpada na manhã seguinte quando acordo. Sinto-me uma mãe ruim e uma funcionária inútil, e esse sentimento pode durar por várias horas ou, às vezes, dias.
	Quando me sinto melhor comprando algo, frequentemente tenho um verdadeiro choque de humor depois que a euforia inicial passa. Isso pode acontecer uma hora ou um dia depois da compra. Então eu recebo as contas do cartão de crédito e me sinto sobrecarregada e culpada por gastar tanto dinheiro tão livremente.
Que outros efeitos a automedicação tem em minha vida?	Estou endividada.
	Frequentemente bebo demais quando saio e me sinto inadequada, o que faz com que eu repreenda a mim mesma.
	Eu acho que estou ficando dependente do álcool para fazer com que eu me sinta bem e para sentir que posso lidar com situações sociais e a vida cotidiana.

LEMBRE-SE Comportamentos de automedicação podem incluir qualquer coisa que você faça para alívio imediato ou gratificação. Normalmente, qualquer coisa que faça demais pode ser classificada como tal comportamento. Comprar, beber, comer, dormir, assistir TV ou até atividades inócuas, como sexo e ler, podem se tornar soluções problemáticas se feitas em excesso ou no lugar de outros comportamentos mais produtivos. Então verifique sua motivação para o que estiver fazendo — o mais honestamente possível.

PRATIQUE Use a Planilha 7-11 para avaliar seus comportamentos de automedicação e seus efeitos de curto e longo prazo.

PLANILHA 7-11 Minha Confusão de Automedicação de Humor

Minhas emoções não saudáveis problemáticas:	
Como eu automedico meu humor?	
Como isso afeta meu humor em curto prazo?	
Como isso afeta meu humor em longo prazo?	
Que outros efeitos a automedicação tem em minha vida?	

Pedindo reafirmação e buscando segurança

Procurar maneiras de garantir sua segurança e pedir que outros o tranquilizem de que o pior não acontecerá são outras duas estratégias autodestrutivas comuns para lidar com problemas. As pessoas que sofrem com problemas de ansiedade ou ciúmes normalmente empregam essas táticas.

Por que essas estratégias não funcionam? Bem, a realidade é que seu problema é insegurança — não um perigo ou ameaça real a seu relacionamento. Assim, se seu parceiro tranquilizar você de que ele ou ela não está prestes a deixá-lo, você se sentirá melhor, mas apenas por um tempo bem curto, porque não pode ser tranquilizado. Se disserem a você que o avião não cairá ou que seu trabalho está seguro, você acreditará nisso por cerca de dez minutos antes de começar a ficar obcecado e preocupado novamente. Nada é absorvido por muito tempo. Você não pode ser convencido de que está seguro. Quanto mais buscar garantias e segurança, mais ansioso e inseguro se sentirá em longo prazo.

A resposta para esse enigma é aceitar a possibilidade de que seu parceiro poderia deixá-lo um dia (mesmo que essa situação não seja terrivelmente provável) ou que sua segurança será comprometida e você sobreviverá ou não. Pare de buscar segurança e tranquilidade com os outros que não podem realmente lhe dar nenhuma garantia! Em vez disso, comece parando sua língua e deixando que seus medos diminuam sozinhos. Eles diminuirão, se você deixar.

Listar as pessoas que você aborda com mais frequência em busca de reafirmação ajuda a reconhecer seus hábitos autodestrutivos. Como regra, você tende a forçar a tranquilidade das pessoas com quem se sente mais confortável, como parceiros, amigos próximos e familiares. Resistir a isso lhe ajuda a aprender a dar a si mesmo uma tranquilidade razoável e pode melhorar seus relacionamentos com aqueles próximos de você. Tente manter refocada sua atenção em como as pessoas com quem se importa mais estão se sentindo e o que está acontecendo na vida delas, em vez de usá-las somente para reprimir seus medos e ansiedades.

Use a Planilha 7-12 para ajudá-lo a desistir de buscar tranquilidade inútil e segurança autodestrutiva.

PLANILHA 7-12	Meu Checklist de Busca por Tranquilidade e Segurança
Meu problema emocional/psicológico primário:	
Quem eu busco para períodos de tranquilidade? Liste nomes de pessoas específicas:	
Essa tranquilidade dura por mais do que algumas horas ou dias? (Responda apenas Sim ou Não)	
Como eu tento proteger minha segurança? Liste ações específicas:	
Com quem eu falo para tentar garantir minha segurança? Liste nomes de pessoas específicas:	
Eu me sinto seguro depois por mais de alguns minutos ou horas? (Responda apenas Sim ou Não)	
Eu acabo passando pelos mesmos processos de segurança e tranquilidade repetidamente? (Responda apenas Sim ou Não)	
O que isso diz sobre minhas tentativas de tentar me fazer sentir seguro e tranquilo em longo prazo?	
É uma solução de longo prazo? (Responda apenas Sim ou Não)	
Como resistir ao desejo de buscar segurança e pedir tranquilidade me beneficia em longo prazo?	

Colocando Pétalas na Sua Flor Viciosa

Você já ouviu falar de um círculo vicioso? Nós lhe damos agora a flor viciosa. Essa flor envolve todos os princípios incorporados nas planilhas ao longo deste capítulo e fornece uma imagem mais visual de como você pode estar perpetuando seus próprios problemas sem mesmo perceber. Algumas pessoas respondem melhor a auxílios visuais do que escritos. Ou talvez você queira usar ambos, o que também não tem problema.

Use esses passos para preencher sua flor viciosa:

1. **Na caixa do gatilho, registre um evento que leve você a sentir uma emoção não saudável, como culpa, depressão, ansiedade ou vergonha.**

   Veja o Capítulo 6 para mais sobre emoções saudáveis e não saudáveis.

2. **No círculo do meio, escreva quaisquer pensamentos ou significados que você dá ao gatilho.**

3. **Na pétala superior, registre em quais aspectos da experiência você mais foca quando o gatilho é disparado.**

4. **Nas pétalas correspondentes, registre suas emoções, comportamentos e sensações físicas em resposta ao evento do gatilho.**

EXEMPLO

Jon tem ataques de pânico. Quando está sob o controle de um ataque, ele sente que está prestes a desabar. Ele tenta sentar ou se segurar em algo sólido como um poste. Jon acha que beber água fará o pânico parar. Ele também tenta parar ou diminuir as sensações físicas como tontura, coração acelerado e suor. Ele acha que outras pessoas tirarão sarro dele por causa de seus ataques e comportamento. A Planilha 7-13 mostra como Jon preencheu as pétalas de sua flor viciosa.

PLANILHA 7-13   A Flor Viciosa de Jon

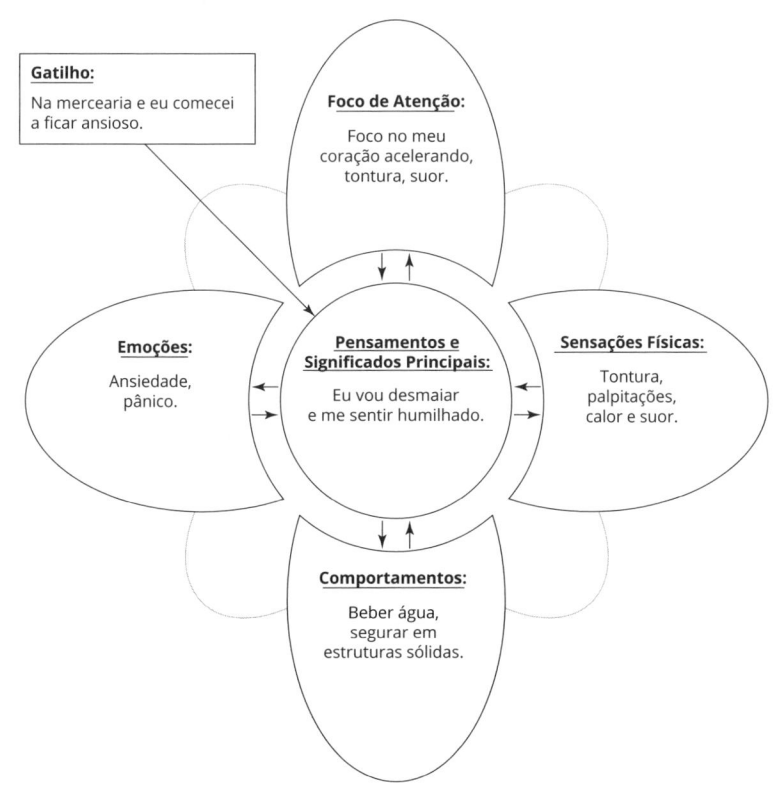

Gatilho:
Na mercearia e eu comecei a ficar ansioso.

Foco de Atenção:
Foco no meu coração acelerando, tontura, suor.

Emoções:
Ansiedade, pânico.

Pensamentos e Significados Principais:
Eu vou desmaiar e me sentir humilhado.

Sensações Físicas:
Tontura, palpitações, calor e suor.

Comportamentos:
Beber água, segurar em estruturas sólidas.

PRATIQUE Agora pense sobre seu próprio problema psicológico ou emocional e preencha a flor viciosa na Planilha 7-14 para ter um visual de suas próprias estratégias de enfrentamento autodestrutivas.

PLANILHA 7-14 Sua Flor Viciosa

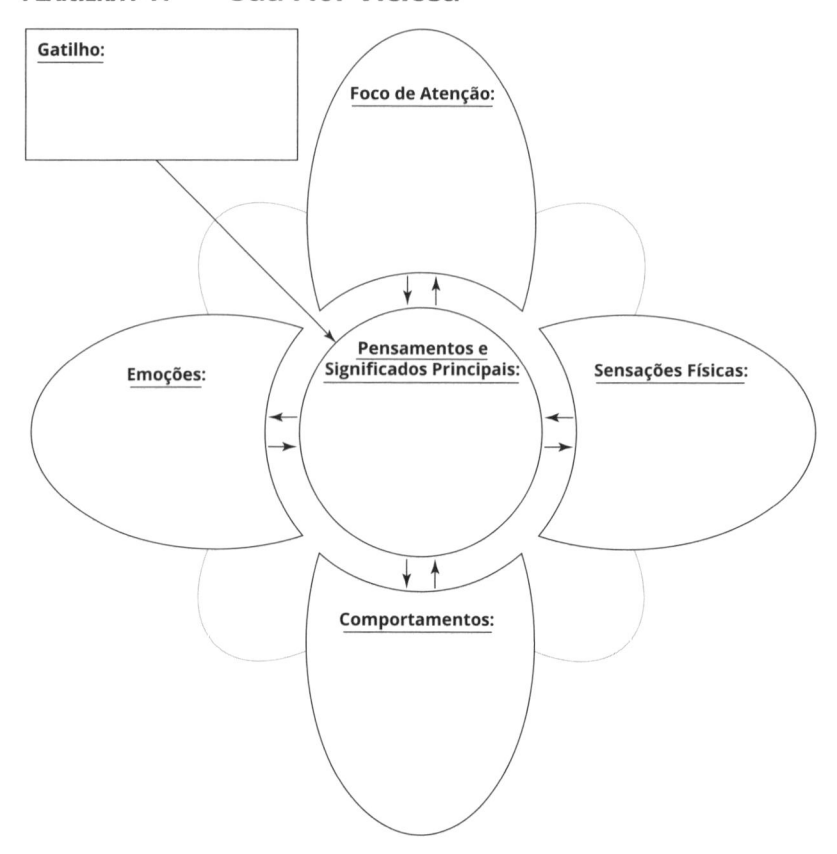

Gatilho:

Foco de Atenção:

Emoções:

Pensamentos e Significados Principais:

Sensações Físicas:

Comportamentos:

Arrancando sua flor viciosa pela raiz

Agora você precisa destruir as raízes da sua flor viciosa, flamejante, irascível e feroz! E isso é uma coisa bem direta de se fazer na teoria, se às vezes não na prática. Com sorte, preencher essa assustadora flor esclarecerá como você está mantendo essa coisa ruim crescendo.

EXEMPLO O pobre e querido Jon, como mostrado na Planilha 7-13, tenta parar seus sintomas de pânico dizendo a si mesmo que ele será capaz de controlar suas pernas bambas, coração acelerado e suor sentando ou segurando em qualquer estrutura sólida disponível. Mas, na verdade, ele só acaba aumentando seus sentimentos de ansiedade e pânico. Jon usou a Planilha 7-15 para desenraizar sua petúnia venenosa.

PLANILHA 7-15   **Desenraizando o Formato de Flor Viciosa de Jon**

Meu problema primário: Ataques de pânico	
Meus principais pensamentos e atitudes inúteis sobre meu problema primário:	Eu vou desmaiar se não parar de sentir tontura! Minhas pernas já estão bambas e cederão sob mim. Isso será muito humilhante, todo mundo vai rir de mim e me ridicularizar!
Atitudes úteis sobre meu problema primário:	Se eu desmaiar, que seja. Mesmo se as pessoas rirem de mim, eu posso aguentar. Há chances de alguém tentar me ajudar, em vez de me ridicularizar. Eu ainda posso me respeitar como uma pessoa inteira tendo em vista meus ataques de pânico.
Sensações físicas que eu posso aceitar e não tentar parar ou controlar (mesmo que eu as odeie!):	Tontura. Pernas bambas. Coração acelerado.
Comportamento ao qual posso tentar resistir devido a minha situação de gatilho:	Não sentar. Aguentar o pânico até que ele diminua. Parar de carregar uma garrafa de água comigo para todos os lugares. Parar de me agarrar a objetos que possam fornecer suporte físico.

PRATIQUE   Agora tente desenraizar suas próprias flores viciosas na Planilha 7-16.

PLANILHA 7-16   **Desenraizando o Meu Formato de Flor Viciosa**

Meu problema primário:	
Meus principais pensamentos e atitudes inúteis sobre meu problema primário:	
Atitudes úteis sobre meu problema primário:	
Sensações físicas que eu posso aceitar e não tentar parar ou controlar (mesmo que eu as odeie!):	
Comportamento ao qual posso tentar resistir devido a minha situação de gatilho:	

Decompondo esta flor até que ela morra

Agora que você viu como a flor viciosa funciona nas seções anteriores, você está pronto para destruí-la. Tente se colocar em situações que você normalmente evitaria com uma visão de fortalecimento de sua crença em sua habilidade de enfrentamento.

PRATIQUE

A Planilha 7-17 pode ajudá-lo a identificar atividades que desafiam suas crenças autodestrutivas.

Quanto mais você confronta situações temidas, maiores as chances de extinguir seu medo e aumentar sua convicção em sua habilidade de negociar tais situações com sucesso. Se usa estratégias para se ajudar a lidar com o medo ou outros sentimentos indesejáveis em situações específicas, você ficará melhor desistindo de todos eles. Parar com esses comportamentos de segurança (veja o Capítulo 9 para mais sobre comportamentos de segurança) provavelmente significa que você se sentirá pior em curto prazo, mas você se beneficiará em longo prazo. Você verá que consegue aguentar os sentimentos de ansiedade ou desconforto geral e autoconsciência que pode sentir fazendo *nada para pará-los ou diminuí-los*. Basicamente, a mensagem é a de que a ansiedade, a vergonha, a estranheza social e a autoconsciência são distintamente desagradáveis, mas não o matarão — em nenhuma circunstância.

PLANILHA 7-17   Seu Arquivo de Fatos para Despetalar a Flor

Meu problema emocional/psicológico primário:	
Situações que eu evito para evitar que meu problema seja desencadeado:	
Se eu encarar essas situações, como isso me beneficiará no fim?	
Quais comportamentos de busca de segurança eu posso me esforçar para largar?	
Como largar esses comportamentos de segurança pode me ajudar a superar meu problema primário?	
Despetalar minha flor pode ter qual efeito benéfico final em meu problema primário?	

Alguns dos exercícios deste capítulo podem parecer um pouco repetitivos. Em nossa defesa, dizemos a você: a repetição é *essencial*! Continue despetalando essa flor psicológica ou emocional individual até que ela esteja realmente morta.

NESTE CAPÍTULO

» Usando SPORT para marcar metas

» Aumentando sua motivação para mudar

» Fazendo uma declaração de metas

» Prestando atenção a seu progresso

Capítulo 8
Direcionando-se a Metas

A não ser que saiba aonde está indo, é difícil chegar a algum lugar. Às vezes você pode até saber que está infeliz, emocionalmente perturbado ou preso em um ciclo de comportamentos autodestrutivos. Sobre o que você pode não estar tão certo é de como exatamente quer que as coisas sejam diferentes. Muitas pessoas têm dificuldades em se libertar de padrões destrutivos e superar problemas emocionais porque são muito vagas sobre suas metas. Com frequência, escutamos pessoas dizerem: "Eu só quero me sentir melhor" ou "Eu quero que minha vida melhore." Temos certeza de que esses são desejos sinceros, mas essas pessoas não estão sendo específicas o suficiente para promover a ação. Para obter o máximo de qualquer autoajuda, TCC ou outro tratamento terapêutico, você precisa ser claro sobre quais são seus problemas e quais são suas metas em relação a eles. Este capítulo lhe ajuda a fazer declarações claras de problemas e estabelecer metas específicas.

Dando uma Chance às Metas Usando SPORT

O acrônimo SPORT significa, em inglês, *specific* (específico), *positive* (positivo), *observable* (observável), *realistic* (realista) e *timed* (cronometrado). Nós gostaríamos de considerar cuidadosamente esses cinco aspectos de suas metas:

- **Específico:** Seja preciso sobre quando, onde e com quem você quer se sentir e/ou se comportar de maneira mais construtiva.
- **Positivo:** Estabeleça suas metas em termos positivos e proativos. O que você quer alcançar ou trabalhar para conseguir? O que você quer batalhar para conseguir em sua vida pessoal?
- **Observável:** Considere como um objetivo individual poderia mostrar que você mudou. Quais mudanças positivas poderia notar em seu próprio pensamento ou ações?
- **Realista:** Deixe seus objetivos claros, concretos e dentro de seu escopo de realização. Foque metas que envolvam mudar suas reações pessoais a eventos de vida, em vez de mudar os outros ou eventos de vida sobre os quais você tem pouco ou nenhum poder.
- **Cronometrado:** Estabeleça um período de tempo para ajudá-lo a manter seus objetivos em foco. Pense sobre estabelecer tempos claros para si mesmo para executar as tarefas identificadas. Fazer uma lista de tarefas com tempos destacados para realizar cada uma delas pode ajudá-lo a realmente realizar o que precisa ser feito.

Sentindo-se diferente

Escolher emoções negativas saudáveis adequadas como metas em resposta a eventos de vida negativos é muito importante. Você pode ficar tentado a escolher uma meta de indiferença. Negar a realidade pode funcionar por um breve período, mas, no fim, seus sentimentos reais o alcançarão. Por exemplo, se você está passando por um divórcio, pode querer não se importar com o divórcio e não ter sentimentos reais sobre ele. Essa atitude é compreensível, mas muito irreal.

Se realmente se importa com algo que está acontecendo com você, então é normal e adequado que se sinta mal sobre essa situação. Para não se importar com o divórcio, você teria que não se importar com seu cônjuge ou com seu casamento, e este, claramente, não é o caso. Ter uma meta de indiferença requer que você minta para si mesmo sobre seus sentimentos. Então é mais sábio escolher a tristeza e a raiva saudáveis como metas emocionais.

Nós recomendamos muito que você reveja o Capítulo 6 antes de completar as duas próximas planilhas. Fazer isso o ajudará a escolher as metas emocionais e comportamentais certas para sua situação.

LEMBRE-SE

A ideia não é evitar sentir qualquer emoção negativa, mas experienciar sofrimento emocional saudável, em vez de perturbação emocional não saudável.

PRATIQUE

Pense seriamente sobre a situação/o problema para o qual você está estabelecendo metas. Considere como está se sentindo atualmente com a situação e qual seria uma emoção saudável adequada. Depois complete a Planilha 8-1.

PLANILHA 8-1 Minha Meta Emocional

Qual é minha situação problemática?	
Qual é minha emoção negativa não saudável?	
Como essa emoção está me causando ainda mais problemas?	
Qual emoção negativa saudável eu gostaria de sentir?	
Como eu precisarei mudar meu pensamento para alcançar essa meta emocional?	
Como alcançar minha meta emocional será útil para mim?	

Agindo de maneira diferente

A maneira que você se sente tem grande influência sobre a maneira que age. Existem distinções claras entre comportamentos associados a emoções negativas saudáveis e não saudáveis. Emoções negativas saudáveis permitem que você se adapte a circunstâncias e se comporte de maneiras construtivas para melhorar sua situação onde possível. Emoções negativas não saudáveis geralmente impedem a adaptação e resolução de problemas em potencial (veja o Capítulo 6). Então, ao estabelecer suas metas emocionais, incluir metas comportamentais pode ser muito útil.

PRATIQUE

Completar a Planilha 8-2 pode ajudá-lo a clarear ainda mais suas metas.

PLANILHA 8-2   Minhas Metas Comportamentais

Qual é minha situação problemática?	
Qual é minha meta emocional negativa saudável?	
Que tipos de ações são típicas dessa emoção negativa saudável?	
Que ações *específicas* posso adotar que se encaixam com minha meta emocional?	
Como executar essas ações será útil para mim?	

Estruturando suas declarações de metas

Sua declaração de meta reúne os resultados de suas planilhas já preenchidas e inclui:

» Sua situação problema ou *gatilho*
» Sua meta emocional
» Sua meta comportamental

EXEMPLO

Tom está passando por um divórcio atualmente. Depois de dois anos de casamento, sua esposa decidiu que não está mais apaixonada por ele e iniciou os procedimentos para o divórcio. Tom está com muita raiva de sua esposa. Ele acha difícil se manter civilizado quando estão discutindo a venda da casa e outros acordos financeiros. Tom não deu acesso à casa para sua esposa para que ela possa pegar seus pertences. A coisa toda está ficando bem complicada e, como há advogados envolvidos, cara. O desempenho de Tom no trabalho está em risco, porque ele está bebendo para acalmar seus sentimentos de fúria e frequentemente está de ressaca ou ausente do trabalho. Ele parou de sair socialmente e passa a maioria das noites em casa meditando sobre o quanto sua esposa o tem tratado injustamente. Quando ele fala com os amigos e familiares sobre o divórcio iminente, ele ou critica violentamente sua esposa ou fala sobre como ele pode ser capaz de se vingar. Tom sabe que não está lidando muito bem com esse evento negativo e decide estabelecer algumas metas para lidar com isso de maneira mais construtiva. Sua declaração de meta é mostrada na Planilha 8-3.

PLANILHA 8-3   Declaração de Meta de Tom

Minha meta é sentir _____ *raiva e tristeza saudável* _____ (meta emocional)

sobre _____ *meu divórcio de minha esposa* _____ (problema ou situação)

e agir _____ *com civilidade com minha esposa* _____ (meta comportamental)

PRATIQUE Faça sua própria declaração de meta usando o mesmo modelo na Planilha 8-4.

PLANILHA 8-4 **Minha Declaração de Meta**

Minha meta é sentir _____	(meta emocional)
sobre _____	(problema ou situação)
e agir _____	(meta comportamental)

Sendo totalmente SPORT

Agora você está pronto para fazer uma declaração concisa de problema e meta. Leve seu trabalho dessas seções para seu terapeuta TCC, se estiver indo a um. Se não, continue com seu trabalho e reveja suas metas regularmente para se manter no caminho certo. Tente não perder a cenoura de vista!

A Planilha 8-5 mostra como Tom criou sua página SPORT e serve como exemplo de como você faz a si mesmo os tipos certos de perguntas para estabelecer boas metas.

PLANILHA 8-5 **Página SPORT de TOM**

Específico: Onde, quando e com quem eu quero me sentir/agir de forma diferente?	
Onde?	No trabalho e em casa.
Quando?	Quando estou no trabalho quero ter a mente limpa. Eu quero ir regularmente ao trabalho. Eu quero agir de maneira diferente quando lido com meu divórcio.
Com quem?	Meu chefe e meus colegas de trabalho. Minha futura ex-mulher.
Como quero me sentir?	Eu quero sentir raiva saudável, em vez de ira.
Como quero me comportar?	Eu quero me comportar de maneira civilizada e controlada com minha esposa. Eu quero ser responsável e focado no trabalho.
Positivo: Como posso estabelecer minha meta de forma positiva?	
O que quero trabalhar para sentir?	Raiva/incômodo saudável.
O que quero trabalhar para fazer?	Resolver o divórcio com um mínimo de custo e confusão.

(continua)

(continuação)

Observável: Quais mudanças notarei quando chegar próximo da minha meta?	
Como me sentirei diferente?	Eu me sentirei triste pelo fim do meu relacionamento e com raiva da decisão da minha esposa, mas sem o desejo de vingança.
O que farei de diferente?	Não beberei para anestesiar meus sentimentos de revolta. Irei ao trabalho regularmente e sem ressaca. Pararei de esbravejar com meus colegas e chefe. Serei capaz de falar com minha esposa calma e friamente sobre acordos para a venda da casa. Pagarei menos aos advogados porque minha esposa e eu seremos capazes de acordar os detalhes do divórcio sem mediação legal excessiva.
Quais mudanças outras pessoas em minha vida podem notar?	As pessoas verão que estou trabalhando e adequadamente preparado para fazer meu trabalho. Ficarei menos volátil com os outros. Minha esposa pode notar que estou mais calmo e não mais falando de modo agressivo sempre que conversamos. Sairei mais socialmente e conversarei sobre outras coisas além de discutir maneiras de me vingar da minha esposa. Combinarei com minha esposa um horário para que ela busque seus pertences.
Realista: Minha meta é concreta e está dentro do meu alcance?	
Quanto terei que trabalhar para alcançar minha meta?	Muito no primeiro momento, mas com a prática e o tempo, passarei a aceitar a decisão dela, mesmo que eu não goste.
Eu tenho as habilidades e recursos necessários para alcançar minha meta?	Sim. Não sou agressivo normalmente e sou capaz de manter uma cabeça equilibrada em outros tipos de situações altamente emocionais.
Posso visualizar/imaginar a mim mesmo alcançando minha meta?	Sim. Eu posso me imaginar finalizando o divórcio e seguindo em frente com a minha vida.
Cronometrado: Que período de tempo razoável posso estabelecer para alcançar minha meta?	
Quando posso começar com meu comportamento direcionado à meta?	Eu posso começar a mudar meu comportamento raivoso hoje. O divórcio deve ser finalizado dentro de seis meses. Eu darei a mim mesmo até o fim do divórcio para aceitar a decisão da minha esposa.
Quais dias e horários posso dedicar para executar tarefas relacionadas à meta?	Eu posso praticar pensar de maneira saudável sobre o divórcio todos os dias. Também posso praticar a raiva saudável amanhã, quando falar com o advogado. Eu tentarei ficar calmo e controlado quando falar com minha esposa na sexta-feira sobre a casa e a deixarei entrar e pegar suas coisas. Só beberei no final de semana e me absterei durante a semana.
Quando e com que frequência reverei meu progresso?	Vou sentar e rever meu progresso todo domingo à noite às 20h, antes do jantar.

Você pode ver que Tom mantém suas metas a coisas que estão dentro de sua esfera de controle. Embora ele não possa fazer sua esposa amá-lo novamente, Tom pode escolher como se sentir e responder ao divórcio iminente.

PRATIQUE

Use a página SPORT na Planilha 8-6 para ajudá-lo a realmente aprimorar como você se sente, age e pensa de maneira diferente.

PLANILHA 8-6   **Minha Página SPORT**

Específico: Onde, quando e com quem eu quero me sentir/agir de forma diferente?	
Onde?	
Quando?	
Com quem?	
Como quero me sentir?	
Como quero me comportar?	
Positivo: Como posso estabelecer minha meta de forma positiva?	
O que quero trabalhar para sentir?	
O que quero trabalhar para fazer?	
Observável: Quais mudanças notarei quando chegar próximo da minha meta?	
Como me sentirei diferente?	
O que farei de diferente?	
Quais mudanças outras pessoas em minha vida podem notar?	
Realista: Minha meta é concreta e está dentro do meu alcance?	
Quanto terei que trabalhar para alcançar minha meta?	
Eu tenho as habilidades e recursos necessários para alcançar minha meta?	
Posso visualizar/imaginar a mim mesmo alcançando minha meta?	

(continua)

(continuação)

Cronometrado: Que período de tempo razoável posso estabelecer para alcançar minha meta?
Quando posso começar com meu comportamento direcionado à meta?
Quais dias e horários posso dedicar para executar tarefas relacionadas à meta?
Quando e com que frequência reverei meu progresso?

CUIDADO

Além de não estabelecer metas SPORT, outro erro comum que as pessoas cometem em relação às metas é definir objetivos grandes demais ou ter expectativas exageradas e querer avanços rápido demais. Suas metas precisam ser realistas e alcançáveis. Se você estabelecer metas altas demais, pode ficar desencorajado.

Alguns distúrbios e problemas podem levar mais tempo do que outros para serem superados, então tente ser flexível com o tempo que se dá para alcançar certas metas. Mas evite tornar suas metas fáceis demais. Você pode decidir que suas metas são triviais e que alcançá-las não está ajudando se não conseguir torná-las suficientemente desafiadoras. O ideal é encontrar um equilíbrio entre fácil e difícil demais.

Criando Mais Motivação

Às vezes você pode estar muito motivado a ir atrás de suas metas, e outras, pode estar menos entusiasmado ou francamente apático. Não cometa o erro de esperar por muito tempo para que a motivação venha antes de começar a agir em direção às metas. Não espere pela motivação, corra atrás dela com um taco. Afinal de contas, a mudança requer esforço e envolve desconforto, então por que você esperaria se sentir sempre entusiasmado para ir atrás de suas metas?

Você não é a única pessoa no planeta que acha que fazer mudanças positivas é difícil e, às vezes, assustador — bem pelo contrário, na verdade. Felizmente, você pode usar as técnicas que oferecemos nestas seções para maximizar sua motivação existente e seguir em frente na ausência da motivação.

Escrevendo razões para a mudança

Inspiração e *benefício* são duas palavras de ordem aqui. Quem ou o que inspira você a mudar suas maneiras malucas (gostamos de fazer piadas de vez em quando) e por quê? Quais são os benefícios de curto, médio e longo prazo da mudança? Pensar em fontes de inspiração e recontar os benefícios de executar sua busca por metas pode ser realmente útil.

PRATIQUE Use a Planilha 8-7 para acender sua inspiração!

PLANILHA 8-7   Minhas Fontes de Inspiração

Quais são alguns modelos que exibem características que eu gostaria de adotar? (Inclua pessoas que você conhece pessoalmente ou pessoas famosas e/ou personagens fictícios.)	
Quais características que essas pessoas exibem eu gostaria de adotar?	
Como essas características se relacionam com minhas metas definidas? (Inclua metas emocionais e comportamentais.)	
Quais são algumas histórias inspiradoras que ouvi e que possa aproveitar?	
Quais lições posso tirar dessas histórias sobre pessoas superando a adversidade?	
Como posso aplicar essas lições a minha própria vida e minha busca por metas?	
Quais imagens ou metáforas me ajudam a visualizar a mim mesmo alcançando minhas metas?	
Quais provérbios, citações, letras de música ou ícones me inspiram a executar ações direcionadas às metas?	

Executando uma análise de custo-benefício

Você pode usar o formulário de Análise de Custo-Benefício (ACB) para rever os benefícios e os custos das suas metas emocionais e comportamentais. Os custos são inerentes a desistir de uma emoção ou comportamento não saudável, embora sejam muito frequentemente superados pelos benefícios de alcançar suas metas emocionais e comportamentais saudáveis. Por exemplo, um dos custos de desistir da raiva não saudável que Tom identifica é não reforçar para sua esposa e amigos o quanto ele acha que foi mal tratado. Embora essa situação possa ser um custo de curto prazo, em longo prazo é uma pequena mudança em comparação a seguir com sua vida. Fazer uma análise de custo-benefício pode ajudá-lo a avaliar precisamente o que lhe *custa* correr atrás de suas metas e o que, no fim, você *recebe*.

Curto prazo se refere a benefícios percebidos imediatamente, como alívio da dor, tranquilidade, alívio passageiro da ansiedade/do medo ou raiva e/ou redução do ciúme. Benefícios de curto prazo para os outros podem significar que você para de atormentar pessoas queridas querendo respostas específicas ou que você se envolve na vida familiar, em vez de testar todo mundo.

Custos e benefícios de *longo prazo* se relacionam a como você se sente amanhã, no dia seguinte e nas semanas que seguem. Eles também incluem como outros próximos de você podem ser afetados por seu comportamento em longo prazo. Pense se suas ações estão deixando seus relacionamentos mais seguros e positivos ou menos seguros e potencialmente negativos.

Não esqueça de fatorar os custos e benefícios para pessoas queridas — amigos próximos e familiares —, bem como para colegas de trabalho que são afetados pelo seu comportamento destrutivo.

LEMBRE-SE

Quanto mais razões você puder criar que apoiem o benefício da mudança positiva e enfatize o lado ruim de continuar igual, mais motivado ficará.

PRATIQUE

Complete o formulário ACB na Planilha 8-8 para ver se consegue identificar os custos de lutar por suas metas e também para destacar os benefícios de fazê-lo. Idealmente, os benefícios serão, de longe, muito maiores do que os custos, mas lembre-se de pensar em *ambos*, em curto e em longo prazo. Às vezes, a dor em curto prazo é realmente um passo necessário em direção ao ganho em longo prazo!

PLANILHA 8-8   Meu Formulário ACB

Minha meta emocional/comportamental: _____
Custos de obter minha meta em curto prazo:
Para mim:
Para os outros:
Benefícios de obter minha meta em curto prazo:
Para mim:
Para os outros:
Custos de obter minha meta em longo prazo:
Para mim:
Para os outros:
Benefícios de obter minha meta em longo prazo:
Para mim:
Para os outros:

Os benefícios de obter minhas metas emocionais e comportamentais superam os custos em longo prazo?
Para mim:
Para os outros:
Por que e como eu mais me beneficiarei ao obter minhas metas?

Acompanhando Seu Progresso

Manter um olho observador no seu progresso em alcançar suas metas identificadas pode realmente ajudar a reforçar a motivação. Ignorar ou negligenciar suas realizações, especialmente as pequenas, é fácil demais. Mover-se em direção a suas metas, mesmo que lentamente, é melhor do que ficar no mesmo lugar. Então reserve algum tempo para rever seu progresso, dê crédito a si mesmo pelo esforço e perceba os efeitos positivos regularmente.

PRATIQUE

A Planilha 8-9 fornece algumas perguntas úteis para ajudá-lo a verificar seu progresso em direção a suas metas. Use este relatório semanalmente ou a cada duas semanas para ajudá-lo a reconhecer as mudanças e inspirá-lo se estiver desanimando.

LEMBRE-SE

Seja autocompassivo. Mudanças são um trabalho extremamente árduo. Então, se você não fez tanto avanço quanto queria, encoraje a si mesmo, em vez de ser abusivo ou punidor. Chutar-se quando estiver caído é totalmente inútil. Em vez disso, levante-se, chacoalhe a poeira e dê a si mesmo um tapinha encorajador nas costas.

PLANILHA 8-9   Meu Relatório de Progresso

Qual problema/situação eu tenho atacado?
Qual é minha meta emocional?
Qual é minha meta comportamental?
Há quanto tempo tenho trabalhado em direção a essa meta? (Seja específico sobre dias, semanas ou meses.)

(continua)

(continuação)

Quão intenso é meu problema emocional agora? (Use uma escala de 0 a 10, em que 0 = sem problema algum, 5 = ruim, mas posso lidar com ele, e 10 = o pior imaginável e impossível de enfrentar.)
Quão intenso é meu problema comportamental agora? (Use uma escala de 0 a 10, em que 0 = sem problema algum, 5 = ruim, mas posso lidar com ele, e 10 = o pior imaginável e impossível de enfrentar.)
A intensidade desses dois problemas reduziu desde que comecei a trabalhar em direção a minhas metas identificadas?
Quais mudanças (por menores que sejam) eu fiz para melhor?
Há algo que eu poderia fazer para melhorar ainda mais meu progresso em direção a minhas metas?
Há algo que eu possa pensar para aumentar ainda mais meu progresso em direção a minhas metas?
O quão próximo estou de alcançar minhas metas emocional e comportamental? (Use uma escala de 1 a 10, em que 1 = progresso nenhum e 10 = sua meta foi alcançada.)

CUIDADO — A mudança muitas vezes não é previsível ou linear. Então, de qualquer maneira, use a Planilha 8-9 para acompanhar seu progresso, mas também esteja ciente de que, às vezes, você pode ter recaídas em modos não saudáveis de sentir e agir. *Isso não é um desastre.* Ter recaídas é muito normal. Tente se manter no caminho certo, mas também dê permissão a si mesmo para tropeçar aqui e ali. Dar dois passos para a frente e um para trás na estrada da mudança permanente é o esperado. Verificar seu progresso semanalmente ou a cada duas semanas (mas não com mais frequência!) pode ajudá-lo a ver que você pode se recuperar e seguir em frente depois de uma semana difícil. Boa sorte ao buscar seu ouro pessoal!

3 Colocando a TCC em Prática

NESTA PARTE...

Agora é colocar as mãos na massa. Os capítulos nesta parte são todos sobre colocar a TCC em prática para problemas específicos como ansiedade, depressão, comportamentos aditivos, distorção da imagem corporal e baixa autoestima.

Nós também mostramos como lidar com o Transtorno Obsessivo-compulsivo e melhorar relacionamentos interpessoais.

NESTE CAPÍTULO

» Tolerando e aceitando efeitos físicos desagradáveis da ansiedade

» Enfrentando seus medos e os vencendo

» Formando filosofias neutralizadoras do medo

» Descobrindo o que fazer se você for um aflito

Capítulo **9**

Repreendendo a Ansiedade

A ansiedade é uma emoção que leva a muitas sensações físicas desconfortáveis (veja a Figura 9-1 para uma representação visual). Basicamente, a *ansiedade* é o que você sente em resposta a uma situação ameaçadora. Você pode experienciar a ansiedade como medo extremo, no caso de fobias, sensações físicas intensas, no caso do transtorno do pânico, ou como uma sensação constante de inquietação e agitação. A ansiedade vem de muitas formas diferentes e pode afetar quase todo mundo, de qualquer estilo de vida. A ansiedade não é nada divertida. Ela pode ser extremamente desagradável e desconfortável. A ansiedade severa pode realmente interferir na sua habilidade de viver uma vida satisfatória. No seu pior, você pode descobrir que sua ansiedade restringe sua socialização, evita que faça seu trabalho ou impede que saia de casa.

Algumas pessoas ficam ansiosas depois de um evento traumático identificável específico. Mais frequentemente, no entanto, a ansiedade aumenta lentamente sem que você seja capaz de identificar uma causa definitiva. Neste capítulo nós mostramos a você como confrontar a ansiedade e superá-la. Não importa que forma sua ansiedade tenha, as técnicas neste capítulo provavelmente serão úteis para você.

Seu médico ou psiquiatra pode tê-lo diagnosticado com transtorno de ansiedade ou você pode reconhecer os sintomas em si mesmo. Pode ser útil ter um diagnóstico claro do seu tipo particular de problema de ansiedade, no entanto, experimente usar este capítulo para superar sua ansiedade, tendo você um diagnóstico formal ou não. Transtornos comuns de ansiedade incluem:

» **Transtorno de Ansiedade Generalizada (TAG)** é uma condição de sentir-se ansioso em vários graus quase o tempo todo. Pessoas com TAG frequentemente se preocupam incessantemente com a possibilidade de coisas ruins acontecerem a elas ou às pessoas que amam.

» O **Transtorno Obsessivo-compulsivo (TOC)** pode ter várias formas diferentes (veja o Capítulo 13 para uma definição abrangente), mas é caracterizado por pensamentos intrusivos indesejáveis e uma compulsão por executar rituais elaborados em um esforço irreal de prevenir que eventos temidos ocorram.

» **Ataques de pânico** frequentemente levam as pessoas a acreditarem que estão tendo um ataque cardíaco, prestes a desmaiar ou até morrer, porque as sensações físicas são muito fortes. Ataques de pânico podem ocorrer em situações específicas ou parecer que surgem do nada.

» **Fobias** são medos específicos de coisas ou situações cotidianas. Fobias são chamadas de medos irracionais, porque o grau de medo experienciado é fora de proporção à ameaça real envolvida. As pessoas podem desenvolver fobias de quase tudo, mas as mais comuns incluem a agorafobia, a fobia de lugares lotados e/ou estar longe de áreas familiares em que você se sente seguro; a claustrofobia, o medo de ficar em um lugar fechado; a aicmofobia, fobia de agulhas e injeções; a emetofobia, fobia de vômitos; a zoofobia, fobia de animais; e a acrofobia, medo de altura.

» **Transtorno de Estresse Pós-traumático (TEPT)** é um estado de ansiedade resultante de um evento traumático que ameaça significativamente a vida ou a integridade física de uma pessoa. As pessoas podem desenvolver TEPT ao testemunhar um evento que as leve a sentir medo e horror extremo. Exemplos possíveis de eventos traumáticos que levam ao TEPT podem incluir acidentes de trânsito, roubos, desastres naturais, agressão e eventos de guerra.

Filosofias que Afastam o Medo

A ansiedade é bem desagradável, para dizer o mínimo. De maneira alguma nós queremos invalidar seus sintomas físicos, pensamentos perturbadores ou experiências pessoais, mas queremos encorajá-lo a tomar algumas atitudes antiansiedade. Pense em seus sentimentos ansiosos como um valentão tentando convencê-lo de que ele é maior, mais forte e mais perigoso do que realmente é.

Late mais do que morde, só fala e não faz nada, só papo furado — você provavelmente entendeu a ideia. Você precisa dar fim à intimidação!

A ansiedade normalmente envolve essas maneiras de pensar:

- » Superestimar a probabilidade de ocorrer uma ameaça/um evento negativo.
- » Superestimar o quão ruim seria se uma ameaça/um evento negativo ocorresse.
- » Subestimar sua habilidade de lidar ou superar a ameaça/o evento negativo.

DICA

Reduza sua ansiedade usando as seguintes maneiras de pensar como armas:

- » Seja realista sobre a probabilidade de a ameaça/o evento negativo ocorrer: "Poderia ocorrer, mas não com a propensão que eu imagino."
- » Coloque a ruindade da ameaça/do evento negativo em perspectiva. Nós chamamos essa tática de *antidrama*: "É ruim, mas não é terrível; infeliz, mas não horrível; difícil, mas não desastroso; difícil, mas não desesperador."
- » Dê algum crédito a si mesmo por suas habilidades de enfrentamento. Tenha uma filosofia de alta tolerância: "É desconfortável, mas eu consigo aguentar", "É difícil de lidar, mas eu consigo lidar", "É difícil de aguentar, mas ainda dá para aguentar".

As seções seguintes lhe dão a oportunidade de colocar essas filosofias que afastam o medo em prática com seus problemas e sintomas específicos de ansiedade.

Surfando nas sensações corporais

A ansiedade vem cheia de sensações físicas e mentais. Essas sensações podem ser intensas e assustadoras. Se você sofre com ataques de pânico, provavelmente conhece muitos dos sintomas mostrados na Figura 9-1.

Pode ser muito fácil interpretar mal suas sensações físicas como perigosas ou como sinais sérios de uma saúde ruim. Se você não reconhece suas sensações corporais e mentais como parte e parcela de sua ansiedade, você pode achar erroneamente que está enlouquecendo, é incapaz de respirar, está prestes a desmaiar, tendo um ataque cardíaco ou até morrendo.

LEMBRE-SE

Os tipos de sintomas mostrados na Figura 9-1 são muito comuns. Embora possam ser profundamente desconfortáveis, não são perigosos.

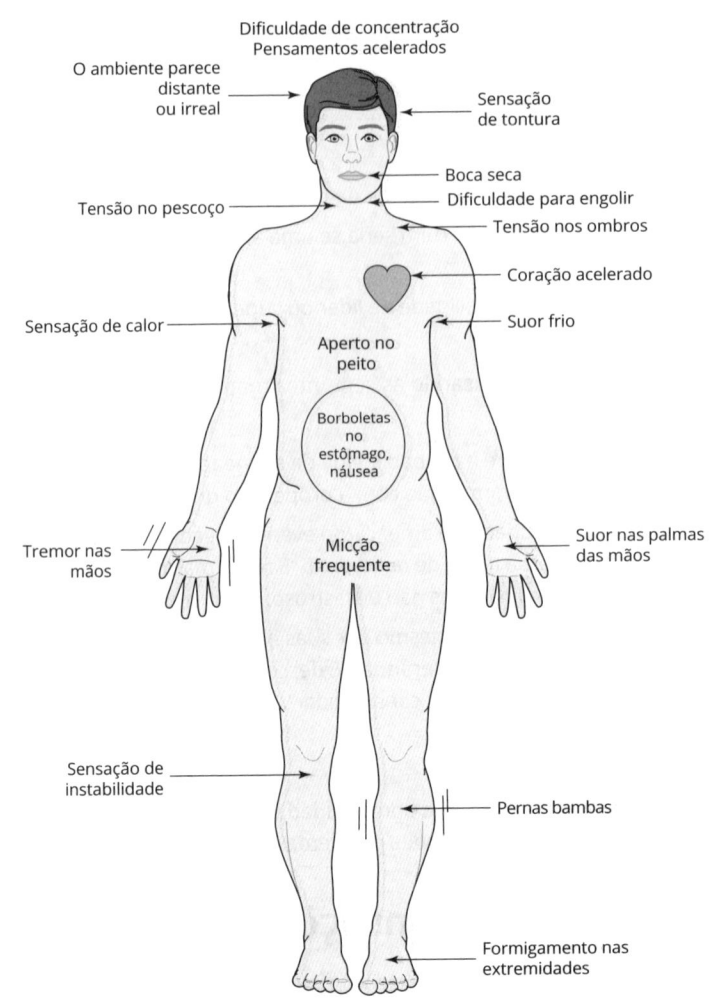

FIGURA 9-1: Sensações físicas comuns da ansiedade.

Sensações físicas comuns da ansiedade:
- Dificuldade de concentração
- Pensamentos acelerados
- O ambiente parece distante ou irreal
- Sensação de tontura
- Boca seca
- Dificuldade para engolir
- Tensão no pescoço
- Tensão nos ombros
- Sensação de calor
- Coração acelerado
- Suor frio
- Aperto no peito
- Borboletas no estômago, náusea
- Tremor nas mãos
- Suor nas palmas das mãos
- Micção frequente
- Sensação de instabilidade
- Pernas bambas
- Formigamento nas extremidades

É compreensível que você queira fazer cessar seus sintomas e controlá-los. Infelizmente, essas tentativas de lutar contra as sensações físicas da ansiedade quase sempre têm um efeito paradoxal. Você realmente acaba entrando em pânico sobre seus sentimentos ansiosos e, ao tentar eliminar ou controlá-los, acaba só fazendo com que piorem ou se perpetuem. Suas tentativas de evitar, interromper ou reduzir sensações físicas também são conhecidas como *comportamentos de segurança*.

CUIDADO

Vá ao médico se tiver preocupações de saúde reais que valham a pena investigar. Ter um atestado de saúde limpo antes de lançar-se em exercícios de exposição (mais sobre eles nas seções seguintes e no Capítulo 4) pode ajudá-lo a normalizar seus sintomas físicos desconfortáveis de ansiedade. Se você sofre de hipocondria, no entanto (e se preocupa que possa ter uma doença séria, apesar de evidências ao contrário), *resistir* em consultar o médico em busca de reafirmação de que não está doente provavelmente seja benéfico para você.

EXEMPLO

Stan sofre de agorafobia e ataques de pânico. Ele acha quase impossível imaginar ir além de algumas ruas de sua casa. Se Stan puder evitar espaços públicos, como lojas e transporte público, ele o faz. Ele frequentemente tem ataques de pânico quando se vê em lugares não familiares ou no meio de uma multidão. Normalmente Stan nota primeiro uma sensação de calor em seus membros, e então seu peito aperta e ele sente que está lutando para puxar ar para seus pulmões. Stan tenta desesperadamente parar a sensação quente em seus braços e pernas, e ele tenta respirar freneticamente.

Stan usou a Planilha 9-1 para aceitar seus sintomas físicos e permitir que eles diminuam sozinhos.

PLANILHA 9-1 **Planilha de Ondas de Sensações Corporais de Stan**

Quais são as principais sensações corporais que eu experiencio quando estou ansioso? (Veja a Figura 9-1.)	Sensações de formigamento e calor nos braços e pernas. Aperto no peito. Tontura. Eu sinto que não consigo respirar normalmente ou obter oxigênio suficiente. Meu maxilar entesa, e eu ranjo os dentes.
Que tipos de pensamentos "dramáticos" e de "não consigo aguentar" eu normalmente tenho sobre meus sintomas físicos de ansiedade?	Assim que noto um sintoma físico de ansiedade (como calor nos membros), eu tendo a pensar: "Ah não, lá vem outro ataque de pânico! Ataques de pânico são a coisa mais horrível do mundo, e eu não consigo lidar com isso mais." Antes de saber o que era um ataque de pânico, eu costumava pensar: "Ah não, o que está acontecendo comigo? Eu vou sufocar." Frequentemente também tenho pensamentos como "Eu preciso evitar outro ataque de pânico" e "Eu não aguento essa sensação nos meus membros e peito".
O que eu faço normalmente para tentar parar ou controlar meus sintomas físicos de ansiedade?	Eu tento me acalmar bebendo água ou me abanando ou afrouxando minhas roupas. Se estou em público, fujo da situação assim que possível e volto para a segurança de minha casa. Eu tento fazer exercícios respiratórios e obter o máximo possível de ar para os pulmões. Eu me seguro em algo ou me sento, se possível. Eu busco lugares em que possa "me esconder", no caso de outras pessoas notarem meu comportamento e acharem que sou estranho.

(continua)

(continuação)

Que efeitos minhas tentativas de interromper ou controlar meus sintomas têm?	Eu costumava pensar que respirar fundo evitaria que eu sufocasse, mas, na verdade, só dificulta ainda mais a respiração normal.
	Toda vez que fujo de uma situação, isso reforça minha crença de que não consigo sair sem entrar em pânico.
	Ao tentar fazer cessar meus sintomas de ansiedade, eu acabo focando mais neles e os pioro.
	Minhas tentativas de me sentar ou me esconder dos outros reforçam minha crença de que os ataques de pânico me fazem ser "estranho" e que outras pessoas vão me ridicularizar, em vez de tentar me ajudar.
	Como eu tento muito evitar que um ataque de pânico aconteça, eu me privo da oportunidade de ver que realmente posso sobreviver a eles.
	Todas as minhas tentativas de controlar meus sintomas de ansiedade me levam a entrar em pânico sobre ter um ataque de pânico!
Quais são algumas crenças úteis de "alta tolerância"/"antidrama" que posso ter para me ajudar a permitir que esses sintomas desagradáveis diminuam naturalmente?	Por mais desconfortáveis que sejam esses sintomas, eles são um resultado natural da ansiedade, e não são perigosos.
	Ter esses sintomas pode ser extremamente desagradável, mas eu consigo tolerar e enfrentá-los.
	Ataques de pânico são ruins, mas coisas piores poderiam acontecer.
	Se eu só deixar que essas sensações físicas aconteçam e continuar minhas tarefas, elas, no fim, passarão sozinhas.
	A ansiedade não me faz ser uma pessoa "estranha" ou "esquisita". Eu sou só uma pessoa normal que tem um problema de ataques de pânico. Outras pessoas podem ficar mais preocupadas comigo e compassivas em relação a mim do que eu imagino.

PRATIQUE Agora que você viu como Stan usou a planilha de sensações corporais, você pode usar a Planilha 9-2.

PLANILHA 9-2   Minha Planilha de Ondas de Sensações Corporais

Quais são as principais sensações corporais que experiencio quando estou ansioso? (Veja a Figura 9-1.)	
Que tipos de pensamentos "dramáticos" e de "não consigo aguentar" eu normalmente tenho sobre meus sintomas físicos de ansiedade?	
O que eu faço normalmente para tentar parar ou controlar meus sintomas físicos de ansiedade?	
Que efeitos minhas tentativas de interromper ou controlar meus sintomas têm?	
Quais são algumas crenças úteis de "alta tolerância"/"antidrama" que posso ter para me ajudar a permitir que esses sintomas desagradáveis diminuam naturalmente?	

DICA — Depois que adotar algumas de suas próprias filosofias que afastam o medo e demonstrar para si mesmo os efeitos negativos de trabalhar demais para reprimir seus sintomas de ansiedade, faça o seu melhor para deixá-los em paz! Em vez de lutar contra as ondas de ansiedade, surfe nelas. Imagine suas sensações físicas ou mentais desagradáveis como um mar bravo e agitado. Deixe-se surfar nas ondas até que a tempestade passe. O Capítulo 5 oferece técnicas para lidar com pensamentos problemáticos, que também podem ser usadas para ajudá-lo a aceitar e tolerar sensações físicas desagradáveis.

Sendo realista sobre a probabilidade de eventos ruins

Quando você tem um problema de ansiedade, teme que coisas ruins aconteçam *e* tende a supor que provavelmente acontecerão. Esteja você preocupado em ficar doente, que algo ruim aconteça consigo ou com pessoas queridas, ser rejeitado socialmente ou ter um ataque de pânico, você superestima a probabilidade de que essas coisas ruins aconteçam.

LEMBRE-SE — A ansiedade pode influenciar significativamente em como você pensa. Experimente completar as próximas duas planilhas *durante* um ataque de ansiedade e, novamente, quando *não* estiver ansioso. Fazer isso pode ajudar a ilustrar o quanto seu estado emocional pode impedir sua habilidade de pensar racionalmente e de resolver problemas.

EXEMPLO

Stan espera que, se andar até o centro da cidade (cerca de 4,8km de sua casa), ele terá um ataque de pânico severo. Ele supõe que ficará completamente incapacitado e não conseguirá voltar para casa. Stan também acha que qualquer um que note sua angústia se recusará a ajudá-lo. Ele imagina estar paralisado longe de casa, sem ninguém para ajudá-lo, e, finalmente, sendo encontrado pela polícia. Stan usou a Planilha 9-3 para reajustar essas ideias sobre a probabilidade de coisas ruins acontecerem.

PLANILHA 9-3 — A Página de Probabilidade de Stan

Qual é o evento ruim que estou imaginando ou prevendo que acontecerá?	Ficar totalmente incapacitado pelo pânico no centro da cidade. Fico paralisado, e as pessoas me olham como se eu fosse um louco. Horas depois, a polícia me busca.

Na realidade, qual é a probabilidade de esse evento ruim acontecer?

0   1   2   (3)   4   5   6   7   8   9   10

- **0** — Nada provável.
- **2** — Altamente improvável.
- **5** — Probabilidade igual de acontecer ou não.
- **7** — Muito provável.
- **9** — Quase certamente acontecerá.

É claro, dar garantia absoluta de que os eventos que você imagina não acontecerão não é viável — muitas coisas são possíveis. Mas até onde sabemos sobre ansiedade, a maioria dos eventos que você prevê que acontecerão são extremamente improváveis.

PRATIQUE

Tente ser mais realista sobre a probabilidade de seu evento temido ocorrer usando a Planilha 9-4.

PLANILHA 9-4 — Minha Página de Probabilidade

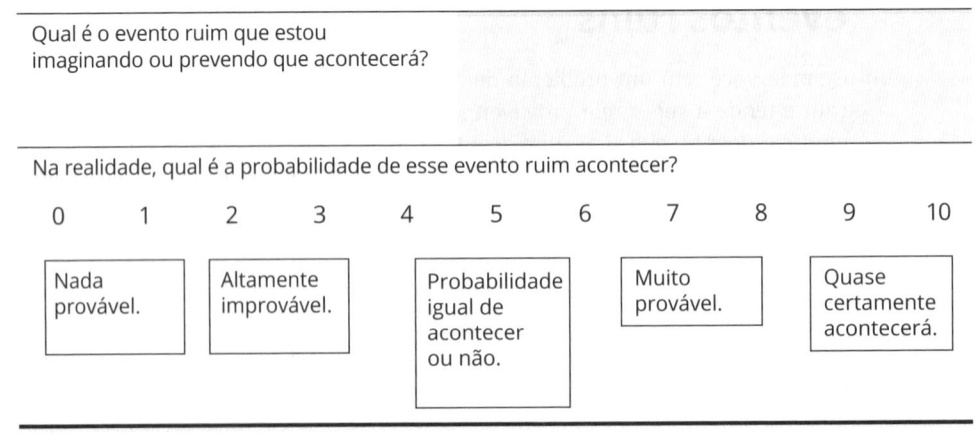

Qual é o evento ruim que estou imaginando ou prevendo que acontecerá?	

Na realidade, qual é a probabilidade de esse evento ruim acontecer?

0   1   2   3   4   5   6   7   8   9   10

- **0** — Nada provável.
- **2** — Altamente improvável.
- **5** — Probabilidade igual de acontecer ou não.
- **7** — Muito provável.
- **9** — Quase certamente acontecerá.

Colocando os eventos ruins em perspectiva

A ansiedade frequentemente leva você a tornar um evento temido ainda pior em sua própria mente do que ele realmente é na vida real. Quando sufocado pela ansiedade, você tende a inflar eventos ruins/negativos além das proporções e decide que são horríveis, o fim do mundo, algo insuportável. Felizmente, os eventos raramente são tão ruins assim. A maior parte do tempo você lidará com seu evento temido, não importa o quanto ele seja desconfortável ou difícil.

As maneiras de pensar antiansiedade envolvem aumentar sua crença em sua habilidade de lidar com sensações e eventos desagradáveis. Tente dizer a si mesmo que é capaz e enfrentará sua ansiedade — muito embora não seja fácil de se fazer. Lembre-se de que já passou por episódios de medo e pânico antes, e, apesar de intensamente desconfortáveis, sobreviveu. Você também pode tentar desenvolver atitudes mais saudáveis sobre a possibilidade de outras pessoas o julgarem negativamente. Dar importância demais ao que os outros podem estar pensando de você o fará se sentir ainda mais ansioso. Em vez disso, tome a atitude de que "é lamentável que outros pensem mal de mim, mas não é terrível ou insuportável". Lembre-se de que não importa o quanto ache seus sintomas de ansiedade vergonhosos, outras pessoas podem ser mais compassivas e compreensivas do que você espera.

EXEMPLO

Vamos pegar o medo de Stan de ter um ataque de pânico no centro da cidade e ver como ele usou a Planilha 9-5 para colocar suas previsões de pânico em perspectiva. Stan tentou pensar racional e objetivamente sobre sua habilidade de lidar com suas sensações de pânico e as possíveis reações de outras pessoas a ele.

PLANILHA 9-5 **Página de Perspectiva de Stan**

Qual é o evento ruim que estou imaginando ou prevendo que acontecerá?	Ficar totalmente incapacitado pelo pânico no centro da cidade. Fico paralisado, e as pessoas me olham como se eu fosse um louco. Horas depois, a polícia me busca.

Na realidade, quanto seria ruim se esse evento realmente acontecesse?

0   1   2   3   4   5   6   (7)   8   9   10

| Nada ruim. | | Minimamente ruim, mas fácil de enfrentar. | | | Moderadamente ruim, mas coisas muito piores poderiam acontecer. Eu ainda conseguiria lidar com isso. | | Muito ruim e extremamente difícil de enfrentar. | A pior coisa possível do mundo. |

(continua)

(continuação)

Que pensamentos/crenças me ajudariam a lidar com sucesso com esse evento ruim se ele realmente acontecesse?	Estou tendo sintomas de ansiedade, e eles passarão com o tempo. Eu consigo tolerar essas sensações intensamente desagradáveis, e elas diminuirão sozinhas. Se as pessoas acham que eu sou louco, estão erradas. Eu só estou tendo um ataque de pânico!
Que ação prática eu poderia tomar para resolver ou me ajustar ao evento se ele realmente acontecer?	Eu poderia tentar redirecionar a atenção aos meus sintomas físicos para tarefas como fazer compras. Eu poderia permitir que meus sintomas diminuíssem e, então, voltar para casa a pé, como o planejado. Eu poderia pedir ajuda se realmente precisasse. Se eu realmente ficasse preso, eu poderia ligar para um amigo ir me buscar.

PRATIQUE Agora tente realmente dar algum crédito a si mesmo por suas habilidades de enfrentamento enquanto preenche a Planilha 9-6.

PLANILHA 9-6 ## Minha Página de Perspectiva

Qual é o evento ruim que estou imaginando ou prevendo que acontecerá?

Na realidade, quanto seria ruim se esse evento realmente acontecesse?

0   1   2   3   4   5   6   7   8   9   10

| Nada ruim. | Minimamente ruim, mas fácil de enfrentar. | Moderadamente ruim, mas coisas muito piores poderiam acontecer. Eu ainda conseguiria lidar com isso. | Muito ruim e extremamente difícil de enfrentar. | A pior coisa possível do mundo. |

Que pensamentos/crenças me ajudariam a lidar com sucesso com esse evento ruim se ele realmente acontecesse?

Que ação prática eu poderia tomar para resolver ou me ajustar ao evento se ele realmente acontecer?

Expondo a Si Mesmo

Exercícios de exposição envolvem identificar seus medos e fazer planos para encará-los. Enfrentar seus medos de maneira planejada e deliberada é a melhor maneira que conhecemos de superar problemas de ansiedade. Apesar de encarar seus medos não ser divertido, é muito eficaz. Pense no quanto você está farto do seu problema de ansiedade. Você já não está cansado de viver atrás de um véu de medo? Não acha que a dor em curto prazo de fazer exercícios de exposição vale o ganho em longo prazo de acabar com a ansiedade? Nós esperamos que sim. A seguir está uma lista de pontos para executar exposições eficazes:

LEMBRE-SE

» Crie exposições desafiadoras o bastante para serem bem desconfortáveis, mas não tanto a ponto de você não querer seguir com a técnica.

» Continue se expondo a situações temidas regularmente e as torne progressivamente mais desafiadoras a cada vez.

Uma vez não é o bastante. Como regra, você precisa continuar se expondo a seus medos regularmente até que fique habituado ou dessensibilizado deles.

» Faça sessões de exposição longas o bastante para que funcionem. Fique na situação até que seus sentimentos ansiosos reduzam em cerca de 50%.

» Anote as coisas que faz para tentar evitar ou controlar aspectos da sua ansiedade. Nós chamamos essas ações de *comportamentos de segurança*. Durante sessões de exposição, se esforce-se para resistir a qualquer comportamento de segurança.

» Lembre-se de que a palavra medo em inglês, FEAR, em TCC significa Face Everything And Recover (Encare Tudo E Se Recupere, em tradução livre)!

» Mantenha a crença de que você pode aceitar, tolerar e aguentar o desconforto da ansiedade. Você não precisa *gostar* dele, mas pode *sobreviver* a ele.

» Mantenha um registro de seu trabalho de exposição para que possa acompanhar seu progresso.

Nas seções a seguir incluímos planilhas para possibilitar que você coloque esses pontos em prática.

Desafiando-se para um duelo

LEMBRE-SE

A ideia não é lutar contra seus sintomas de ansiedade, mas lutar contra os comportamentos de evitação e de busca por segurança que alimentam sua ansiedade.

A próxima planilha envolve dois passos simples:

1. Na primeira coluna, faça uma lista de cinco a dez situações nas quais você normalmente experiencia a ansiedade.

2. Na segunda coluna, dê a cada situação uma nota de 0 a 10, em que 0 = nenhuma ansiedade, 5 = ansiedade moderada, e 10 = ansiedade extrema, tão ruim quanto for, com base no grau de ansiedade que você prevê experimentar.

A Planilha 9-7 mostra a lista de propensão a ataques de pânico de Stan.

PLANILHA 9-7   Lista de Desafios de Stan

Situação Provocadora de Ansiedade	Grau de Ansiedade Previsto
1. Ir à loja da esquina	3
2. Ligar para a empresa sobre minha ausência por motivos de saúde	9
3. Andar até o centro da cidade	10
4. Comprar mantimentos	8
5. Ir ao bar local	6
6. Voltar ao trabalho	10
7. Pegar o ônibus	7
8. Sentar em meu jardim	1
9. Atender ao telefone	2
10. Ir à casa do meu amigo	5

PRATIQUE   Agora faça sua própria lista de desafios usando a Planilha 9-8. Você não precisa listá-los na ordem de dificuldade neste estágio. Apenas registre-os à medida que surgem na sua cabeça, e então dê uma nota de ansiedade de 0 a 10.

PLANILHA 9-8   Sua Lista de Desafios

Situação Provocadora de Ansiedade	Grau de Ansiedade Previsto
1.	
2.	
3.	
4.	
5.	

6. _____
7. _____
8. _____
9. _____
10. _____

DICA — Inclua situações que você tem evitado devido a seus sentimentos ansiosos. Se tem ficado ansioso e vem evitando situações por muito tempo, acaba esquecendo de incluir essas atividades que um dia já fez. Investigue com muito cuidado aspectos da sua vida que foram negligenciados devido à ansiedade.

Essa é a parte fácil. Simplesmente vá à Planilha 9-8 e às notas que você deu às situações temidas. Em seguida, liste as situações que classificou, da mais suave (ansiedade mínima) à mais severa (maior ansiedade), na Planilha 9-9. A coluna final da planilha pode ser usada para classificar o quão alta sua ansiedade realmente foi quando confrontou uma situação específica. Muitas vezes, essa classificação será menor do que a nota prevista. Isso porque a antecipação de fazer algo que você teme é frequentemente pior do que realmente fazê-lo. A ideia é preencher essa coluna *depois* de seu trabalho de exposição.

PLANILHA 9-9   Minha Hierarquia Graduada

Situação Provocadora de Ansiedade	Nível Antecipado de Ansiedade (em uma escala de 0 a 10)	Nível Real de Ansiedade (em uma escala de 0 a 10)

CAPÍTULO 9 **Repreendendo a Ansiedade**

E aí está, sua hierarquia para encarar o medo. Agora você pode planejar quando e onde encarar suas situações causadoras de ansiedade, começando com pequenos passos, até chegar aos gigantes. Sua hierarquia lhe dá uma ordem sensível de ansiedades para confrontar e superar, e a próxima seção lhe ajuda a criar um plano para fazer isso.

Preparando seu plano de exposição

Agora você precisa transformar sua intenção em ação. A maioria das pessoas tende a não começar as exposições, a não ser que reservem um tempo para fazê-lo. Francamente, se expor a seus medos não é muito divertido, então adiar é mais fácil do que começar. Mas adiar o trabalho de exposição no presente significa aguentar a ansiedade no futuro. O Capítulo 8 lhe mostra como conduzir uma análise de custo-benefício que pode ajudar a aumentar o entendimento e o comprometimento pessoal a uma meta. Experimente fazer um formulário ACB desse capítulo se seu comprometimento com o trabalho de exposição estiver baixo.

LEMBRE-SE

Expor-se com frequência não é tão ruim quanto pensa. Quanto mais você faz trabalho de exposição, mais rapidamente superará seu problema de ansiedade.

PRATIQUE

Usando seus resultados da Planilha 9-9, liste suas situações menos causadoras de ansiedade e a nota de ansiedade que você deu a cada uma. Stan, por exemplo, registrou se sentar em seu jardim, atender ao telefone e ir à loja da esquina como suas três primeiras atividades de exposição. Esses serão seus primeiros alvos de atividades específicas de exposição a confrontar. Agora decida exatamente que dia e que horas você fará sua primeira sessão de exposição. Comprometer-se a um horário definido o ajuda a realmente fazê-lo. Também reserve horários para repetir a *mesma* exposição, já que a repetição é a chave para superar suas ansiedades. Não deixe mais de um dia de intervalo entre as repetições, se possível. Quanto mais vezes você fizer o trabalho de exposição, melhor. Stan decidiu se sentar em seu jardim por meia hora, três vezes ao dia, a semana toda. Ele também decidiu atender ao telefone sempre que tocar e ir à loja da esquina uma vez na segunda-feira, duas na terça-feira e três vezes na quarta-feira.

DICA

O tempo que você precisa gastar em qualquer situação de exposição variará, mas a regra de ouro é permanecer na situação até que sua ansiedade tenha diminuído significativamente (idealmente em cerca de 50%). Depois de ter feito algumas sessões de exposição para cada atividade provocadora de ansiedade identificada, você pode rever as notas de hierarquia e ver o quanto sua ansiedade diminuiu.

Use a Planilha 9-10 para ajudá-lo a preparar seu plano de exposição.

PLANILHA 9-10   Meu Plano de Exposição

Atividade Específica de Exposição	Nota de Hierarquia	Dia e Hora Alocados para a Primeira Sessão de Exposição	Dias e Horas Alocados para a Repetição de Exposição

DICA

Progredir em sua nota de hierarquia garante que você se desafie sem se sobrecarregar. Entretanto, não vá devagar demais! Pense se seria capaz de progredir nos níveis da sua hierarquia de duas em duas. Pule para o final se acha que consegue aguentar.

Mantendo bons registros

Um registro de seus esforços o ajuda a ver o progresso feito. Manter um registro também o ajuda a ver se você está ficando na situação o suficiente para que sua ansiedade diminua *naturalmente* ou não. A quantidade de tempo que precisa ficar em uma sessão de exposição para que seja eficaz varia. Às vezes 20 minutos podem ser o suficiente, mas em outras situações você pode querer aumentar seu desconforto para uma hora ou até mais. Então, classificar sua ansiedade no começo, no meio e no fim de uma sessão de exposição pode ser uma ferramenta útil.

PRATIQUE

Use a Planilha 9-11 para registrar seu trabalho de exposição. Novamente, 0 = nenhuma ansiedade, 5 = ansiedade moderada e 10 = a ansiedade severa.

PLANILHA 9-11   Meu Registro de Exposição de Ansiedade

Descrição da Atividade de Exposição	Tempo Total da Sessão de Exposição	Nota Inicial de Ansiedade de 0 a 10	Nota Média de Ansiedade de 0 a 10	Nota Final de Ansiedade de 0 a 10

Descobrindo Seus Comportamentos de Segurança

O Capítulo 7 é todo sobre soluções autodestrutivas. Em outras palavras, essas chamadas soluções podem lhe dar algum tipo de alívio em curto prazo, mas acabam mantendo seus problemas ou até os piorando. Às vezes sua ansiedade pode permanecer alta durante uma exposição. Se essa situação ocorrer, você pode estar usando um comportamento de segurança sem perceber. Descobrir todos os seus comportamentos de segurança e prestar atenção neles é crucial por essa razão. Isso lhe dá uma chance bem melhor de largá-los.

Um *comportamento de segurança* é qualquer coisa que você faça para minimizar seus sentimentos ansiosos, evitar que os outros notem sua ansiedade ou manter-se a salvo de eventos imaginários, como desmaiar durante um ataque de pânico. A lista de comportamentos de segurança possíveis é praticamente infinita, mas Stan fornece um exemplo de alguns dos comportamentos de segurança mais comuns que as pessoas usam para lidar com o pânico.

Para descobrir seus próprios comportamentos de segurança, observe cuidadosamente o que você faz em situações causadoras de ansiedade, por menor que seja, por achar que isso o ajudará a enfrentá-la.

EXEMPLO   Stan percebeu que estava usando vários comportamentos diferentes porque ele achou que eles afastariam o pânico ou reduziriam suas sensações de pânico. Stan registrou suas estratégias autossabotadoras para lidar com seus ataques de pânico e agorafobia na Planilha 9-12. Dê uma olhada em alguns exemplos.

PLANILHA 9-12   **Comportamentos de Segurança de Stan**

Situação Temida	Comportamentos de Segurança Típicos
Andar de ônibus	Sentar perto da porta.
	Ouvir meu iPod.
	Evitar contato visual com os outros.
	Monitorar minha respiração.
Ir à loja da esquina	Ir quando está com pouco movimento.
	Ter o troco certo com antecedência.
	Pagar rapidamente e correr para casa.
Ir ao bar local	Afastar-me dos outros.
	Vestir roupas leves para parar de sentir calor.
	Planejar quando posso ir embora.
	Evitar álcool caso fique com tontura.
	Brincar com as minhas chaves e meu telefone para esconder o tremor nas mãos.
	Monitorar meus sintomas de pânico.

PRATIQUE Agora veja suas notas de hierarquia na Planilha 9-9 e pense sobre o que você faz nessas situações para tentar parar, minimizar ou controlar seus sentimentos ansiosos e sensações físicas. Liste-os na Planilha 9-13.

PLANILHA 9-13   **Meus Comportamentos de Segurança**

Situação Temida	Comportamentos de Segurança Típicos

CAPÍTULO 9 Repreendendo a Ansiedade

Maneiras de Fugir da Preocupação Exaustiva

Se você tem um problema de ansiedade de um tipo ou outro, provavelmente tem tendência a se preocupar. Claro que todos nos preocupamos de tempos em tempos. Para vivermos livres de preocupações seria preciso não ligar para nada. Mas há uma grande diferença entre preocupação saudável e ansiedade não saudável. A última envolve preocupação improdutiva. (Veja o Capítulo 6 para mais informações sobre as diferenças entre emoções negativas saudáveis e não saudáveis.) A preocupação exige muito tempo e energia, é improdutiva e alimenta a ansiedade.

Você pode usar a Planilha 9-14 para descobrir se é ou não um preocupado.

PLANILHA 9-14 Minha Planilha de Preocupação

Quais são minhas 3 principais preocupações atuais?
1.
2.
3.
Minhas preocupações têm temas comuns? Eu tendo a me preocupar sobre os mesmos tipos de coisas repetidamente? Registre os temas abaixo:
Tema 1:
Tema 2:
Tema 3:
A preocupação está perturbando meu sono, diminuindo meu prazer de vida, estragando meus relacionamentos ou prejudicando minha habilidade de me concentrar/funcionar? Liste exemplos específicos de como sua preocupação é problemática:

Você acredita que é capaz de lidar eficazmente com seus temas de preocupação identificados?

❏	❏	❏	❏
Definitivamente sim	Possivelmente não	Provavelmente não	Definitivamente não

Uma vez que você resolve uma preocupação, logo em seguida se vê focando uma nova preocupação?

❏	❏	❏	❏
Quase nunca	Às vezes	Com frequência	Quase sempre

Você pensa que se pudesse resolver todas as suas preocupações finalmente seria capaz de relaxar?

❏	❏	❏	❏
Quase nunca	Às vezes	Com frequência	Quase sempre

Você se preocupa frequentemente com possíveis eventos negativos que nem aconteceram ainda?			
☐	☐	☐	☐
Quase nunca	Às vezes	Com frequência	Quase sempre
Você tenta resolver todo problema em potencial antes que aconteça?			
☐	☐	☐	☐
Quase nunca	Às vezes	Com frequência	Quase sempre
Você acredita que se preocupar o preparará para eventos ruins ou evitará que coisas ruins aconteçam?			
☐	☐	☐	☐
Quase nunca	Às vezes	Com frequência	Quase sempre

Se você notar que suas atuais preocupações mais prementes tendem a retornar repetidamente, embora em formas levemente diferentes, então você tem alguns temas de preocupação definidos. Isso significa que provavelmente tende a se preocupar demais com essas áreas de sua vida, mesmo quando não há nada de errado. Temas comuns de preocupação normalmente incluem finanças, saúde, relacionamentos e as opiniões de outras pessoas sobre você. Essa planilha foi criada para ajudá-lo a entender que pode ter um problema de preocupação mais do que problemas de verdade. Em outras palavras, o processo de se preocupar é o que está causando o maior problema para você.

Se você marcou várias caixas de "definitivamente" e "sempre" na Planilha 9-14, provavelmente se preocupa em um grau não saudável.

Se você tem se preocupado há muito tempo, pode não saber que é possível treinar para deixar os pensamentos de preocupação de lado. Preocupar-se é como um hábito ruim, e com persistência você pode quebrá-lo. Fazer isso exige muito trabalho, mas o resultado vale taaaanto a pena! Você pode se sentir estranho e até vulnerável ao começar a resistir a seu hábito de se preocupar. Com o tempo você se acostumará ao doce alívio de não ser mais um preocupado constante.

DICA

Não se permita muito tempo para se preocupar. Envolva-se em atividades e torne-se habilidoso em redirecionar a atenção de seus pensamentos de preocupação. O Capítulo 5 tem mais conselhos sobre como redirecionar seus pensamentos. (Você pode achar alguns dos exercícios dos Capítulos 12, 13 e 18 úteis também.) Escolha atividades que requeiram concentração, como resolver quebra-cabeças, fazer contas ou ouvir outras pessoas. Exercícios também são bons de diversas maneiras e podem realmente ajudá-lo a "suar" suas preocupações.

PRATIQUE

Quando a preocupação tomar conta, tente usar a Planilha 9-15 para quebrá-la.

PLANILHA 9-15	**Minha Planilha de Bater em Preocupações**
Minha preocupação atual:	
Essa preocupação é um problema de verdade que posso trabalhar para resolver hoje?	
Se sim, que ações práticas posso tomar para resolver o problema?	
Passo 1:	
Passo 2:	
Passo 3:	
Passo 4:	
Passo 5:	
Se não, em quais atividades posso focar, em vez de focar meus pensamentos de preocupação?	
1.	
2.	
3.	
4.	
5.	

CUIDADO A preocupação é um cliente teimoso. Não seja enganado por sentimentos insignificantes de que você deveria estar se preocupando com alguma coisa. Lembre-se de que a preocupação não faz nada para evitar ou resolver problemas. Você pode negociar a vida muito bem sem o hábito da preocupação.

> **NESTE CAPÍTULO**
>
> » Desenvolvendo uma definição de dependência
>
> » Encarando a função do comportamento aditivo
>
> » Dando passos para parar de usar
>
> » Ficando no caminho certo

Capítulo **10**

Atacando Comportamentos e Atitudes Aditivas

O uso excessivo do álcool e drogas ilícitas ou "recreacionais" ilegais tem se tornado comum nos últimos cinco anos ou mais. Com o advento e a sofisticação contínua da internet, apostas online, pornografia e compras ficaram disponíveis para praticamente todo mundo. É até possível pedir remédios prescritos, pela internet, embora essa seja uma prática muito perigosa, já que não há supervisão médica e jeito algum de verificar a qualidade dos remédios que você recebe.

Como resultado do estigma dado ao rótulo "comportamento aditivo" ou "adicto", muitas pessoas relutam em confrontar seus problemas. Às vezes, o termo "dependência" é mais palatável. Qualquer que seja o termo com o qual se sinta mais confortável de usar, as estratégias oferecidas neste capítulo provavelmente serão úteis para você. Ao longo deste capítulo nós nos referimos a sua droga de escolha como sua "DE", por uma questão de facilidade. DE significa qualquer substância que você coloca em seu corpo ou qualquer comportamento compulsivo em que se apoia consistentemente para funcionar diariamente e/ou facilitar o alívio do estresse. Nós também usamos o termo "usar" para nos referir à utilização ou ação que envolva sua DE.

Desistir de um comportamento aditivo (ou dependência) em drogas, álcool, apostas, pornografia online e outros está longe de ser fácil. Entretanto, por mais que você consiga entender o impacto negativo de seu comportamento aditivo em sua vida, também pode ser difícil imaginar a vida sem ele. Você pode ser uma das muitas pessoas no mundo que duvida de sua habilidade em lidar com o estresse da vida sem depender de sua DE como muleta. Apesar da dificuldade que pareça ser privar-se do conforto imediato de usar uma substância ou atividade, você consegue. Mas fazer isso requer certa persistência e comprometimento de sua parte. Este capítulo oferece algumas orientações para determinar o quão séria sua dependência realmente é, dicas para seguir o caminho da recuperação e muitas planilhas para mantê-lo no caminho de um estilo de vida mais saudável e feliz.

Tenha calma e siga em frente!

Definindo a Dependência

Se você está lendo este capítulo, então provavelmente está ciente de que você tem, de fato, uma DE e que usá-la está causando algum grau de desordem em sua vida profissional, social, seus relacionamentos, estudos ou produtividade e prazer cotidiano geral. É levemente complicado identificar a linha divisória entre "uso" e "abuso" (de uma substância ou atividade). Quando o uso de substâncias, ou o envolvimento em atividades como apostas, por exemplo, começa a ter um impacto negativo perceptível na qualidade de seus relacionamentos, seu desempenho no trabalho ou sua segurança financeira, é porque o uso de sua DE muito provavelmente saiu do controle. E pode muito bem ter cruzado o limite entre o "uso" e o "abuso". Você pode ser "viciado" ou "dependente". Ambos os termos significam quase a mesma coisa em termos de definição, embora você possa se sentir mais confortável aplicando um ou o outro.

A dependência (ou comportamento aditivo) normalmente se refere a uma dependência de uma substância (drogas ou álcool) ou um comportamento compulsivo (compras, apostas, uso de pornografia). A dependência significa, normalmente, que você tem dificuldades em ficar sem sua DE na maior parte dos dias, durante tempos de estresse ou se vê usando-a em excesso. Isso significa ficar "na seca" por dias, ou até semanas, e depois fazer um verdadeiro banquete.

A Planilha 10-1 pode ajudá-lo a decidir se você tem ou não uma dependência e o quão severa ela pode ser. Marque as caixas que se aplicam a você e sua DE, qualquer que ela seja.

LEMBRE-SE

Este é um exercício pessoal para seu próprio benefício. Você pode decidir com quem compartilhá-lo — se, quando e onde. Em um primeiro momento, é mais importante que seja honesto consigo mesmo e que responda às perguntas o mais abertamente possível. Você não tem nada a perder ao ser franco consigo mesmo, mas ganhará conhecimentos valiosos sobre a realidade de seu uso da DE e, assim, uma chance de virar a mesa em sua vida!

PLANILHA 10-1 ## Checklist de Determinação de Dependência

Durante as últimas três semanas, eu:
❏ Perdi tempo no trabalho como resultado do uso de DE?
❏ Usei minha DE em qualquer dia, apesar de decidir resistir?
❏ Usei minha DE em horários do dia que outros considerariam inadequados ou socialmente inaceitáveis?
❏ Achei muito difícil passar um dia ou mais sem usar minha DE?
❏ Fiz esforço para minimizar ou esconder o uso da minha DE dos outros?
❏ Tentei normalizar ou justificar meu uso de DE (usando argumentos como "eu realmente precisava dela agora" e "todo mundo faz algo assim")?
❏ Senti irritação ou tristeza quando privado de minha DE?
❏ Negligenciei tarefas cotidianas ou atividades anteriormente prazerosas como resultado do uso de DE e/ou efeitos de usá-la?
❏ Permiti que compromissos profissionais/familiares/sociais fossem prejudicados como resultado de ressacas, abstinência, uso ou preocupação com a minha DE?
❏ Sofri um acidente, lesões ou contratempos financeiros como resultado do meu uso de DE?
❏ Fui confrontado (direta ou indiretamente) por amigos/familiares/empregadores/colegas de trabalho/meu médico sobre os efeitos do meu uso de DE?

Se você respondeu "sim" a qualquer um dos itens do checklist, você pode ter uma dependência que requer atenção. Responder "sim" a três ou mais itens pode significar que você precisa tomar atitudes sérias para lidar com seu comportamento aditivo. Essas atitudes podem incluir buscar apoio externo de profissionais médicos e grupos de recuperação de comportamentos aditivos. O restante deste capítulo guiará você em direção a lidar melhor com seu uso de DE e lhe mostrar o caminho através de um plano de recuperação. Então, por favor, não fique tentado a fechar o livro — continue a leitura e dê a si mesmo uma chance justa de fazer mudanças positivas.

CUIDADO

Tentar "se convencer" a não encarar comportamentos aditivos é muito comum. Em uma manhã você pode estar determinado a parar e, à tarde, você se convenceu de que pode lidar com o uso moderado e não precisa realmente parar com tudo. A atração de uma DE é muito enganadora, manipuladora e convincente. Não deixe seus desejos aditivos persuadirem você a desistir de um plano de recuperação.

Reconhecendo Precursores dos Comportamentos Aditivos

Comportamentos aditivos servem a um propósito. Embora sejam prejudiciais em longo prazo, normalmente começam como proporcionadores de alívio instantâneo ou de curto prazo de dores emocionais, físicas ou mentais — e, às vezes, das três. Um dos primeiros passos para superar seu comportamento aditivo é reconhecer totalmente a função que desempenha em sua vida. Para "desistir", você precisa substituir sua DE por outros comportamentos mais saudáveis, então faz sentido examinar bem as razões pelas quais você depende dela.

Você pode usar a Planilha 10-2 de três maneiras. Pode considerar quando usou sua DE mais recentemente, ou quando normalmente usa sua DE, ou as circunstâncias acerca de seu comportamento de uso ao longo de uma ou duas semanas passadas. Observar de perto quando você é mais propenso a usar lhe dá uma boa indicação do porquê o faz. A Planilha 10-2 fornece algumas questões para guiar sua exploração.

EXEMPLO

Kit fuma maconha todos os dias. Às vezes ela espera até a noite para fumar o primeiro baseado, mas em seus dias de folga e nos finais de semana, ela tende a começar a fumar assim que acorda. Como resultado desse comportamento, Kit parou de realizar atividades de que ela costumava gostar. Alguns de seus amigos lhe disseram que estão preocupados com o quanto ela fuma. Aqui está a Planilha 10-2 completa de Kit.

PLANILHA 10-2   **Descobrindo a Função do Uso de DE de Kit**

Que dia/hora era?	Quinta-feira. Por volta das 16h30.
Com que humor eu estava?	Eu estava irritada e mentalmente cansada do trabalho.
Com quem eu estava?	Eu tinha acabado de chegar do trabalho e estava sozinha.
Que pensamentos passaram pela minha cabeça?	Eu estava pensando no quanto meu trabalho é tedioso e me perguntando se devia procurar por algo diferente.
Que emoções eu estava experimentando?	Eu estava um pouco para baixo e meio cansada.
Eu justifiquei meu uso para os outros ou para mim mesma?	Eu achei que merecia ficar chapada porque tinha trabalhado o dia todo.
O que eu fiz antes no dia?	Eu estava no trabalho como escrava na frente de uma tela de computador, como sempre.
Eu estava tentando evitar uma tarefa desagradável ao usar?	Não nessa ocasião.

O que eu poderia ter feito em vez de usar?	Ter passeado com o cachorro, tomado um banho, talvez ligar para um amigo para falar sobre o trabalho.
Quando (em que estágio) eu tomei a decisão de usar?	Provavelmente na hora do almoço.

De suas respostas na Planilha 10-2, Kit pode ver que ela fumou (nessa ocasião) muito como uma maneira de "desestressar" do trabalho, que ela acha tedioso. Ela também tomou a decisão de fumar muito mais cedo no dia do que ela havia percebido. Provavelmente Kit usa sua DE por razões diferentes em tempos diferentes. Preencher a Planilha 10-2 regularmente pode ajudá-la a entender quando ela corre mais risco de usar e/ou ter uma recaída.

Agora siga o exemplo de Kit e use a Planilha 10-3 para entender melhor a função de seu próprio comportamento aditivo.

PLANILHA 10-3 **Descobrindo a Função do Meu Uso de DE**

Que dia/hora era?	
Com que humor eu estava?	
Com quem eu estava?	
Que pensamentos passaram pela minha cabeça?	
Que emoções eu estava experimentando?	
Eu justifiquei meu uso para os outros ou para mim mesmo?	
O que eu fiz antes no dia?	
Eu estava tentando evitar uma tarefa desagradável ao usar?	
O que eu poderia ter feito em vez de usar?	
Quando (em que estágio) eu tomei a decisão de usar?	

Pense bastante nas respostas que fornecer na Planilha 10-3. Quanto mais você entende as razões de usar sua DE, melhor armado estará para antecipar situações de alto risco (vezes em que você tem mais inclinação de usar) e reconhecer o ponto em que decide usar (dando uma chance a você mesmo de revogar sua decisão).

Visando Gatilhos

O uso de substâncias como o álcool e drogas ilícitas (ou se engajar em comportamentos compulsivos, como apostas, compras excessivas e uso de pornografia) é referido, às vezes, como "automedicação". Profissionais de saúde mental normalmente usam esse termo porque reflete a tentativa equivocada do indivíduo adicto de lidar com a dor emocional e o desconforto mental. Se você está sofrendo de um distúrbio de ansiedade ou depressão, por exemplo, pode recorrer ao álcool como meio de obter alívio temporário. O problema é que usar uma DE para alívio imediato do desconforto leva à piora dos sintomas em longo prazo (e problemas práticos adicionais), por exemplo:

- » O álcool é um depressivo. Beber excessivamente frequentemente tem o efeito imediato de reduzir sentimentos de estresse e aliviar a ruminação depressiva (pensamentos sombrios recursivos). No entanto, também pode aumentar estados de humor existentes, levando você a ter um ataque de raiva quando está bêbado ou ficar muito choroso e sentimental. Ressacas normalmente aumentam sensações depressivas (e, às vezes, pensamentos suicidas) e podem também produzir sintomas de ansiedade e sensações de paranoia. É um preço bem alto a pagar por um alívio bem efêmero da dor.
- » Drogas ilícitas como a cocaína, a maconha e a heroína (para citar algumas das mais comuns) também podem promover relaxamento, energia e uma sensação de bem-estar enquanto estão ativas em seu sistema. Mas tudo o que sobe tem que descer — e no caso de ficar chapado, a descida pode ser um baque tremendo.

DICA — DIREÇÃO LIVRE DE DES

Nem todo mundo com um histórico de comportamento aditivo precisa se abster de sua DE para sempre. No entanto, a maioria das pessoas o faz, principalmente no início da recuperação. Muitos dependentes recuperados dizem que não começar (a beber, apostar, ver pornografia ou ficar chapado) é mais fácil do que tentar parar depois. Por exemplo, você pode colocar sua recuperação em um risco tremendo ao tentar beber ou fumar "socialmente" quando o uso moderado nunca foi seu traço forte. Tenha cuidado ao se ludibriar em acreditar que você pode usar em moderação depois de algumas semanas ou meses de abstinência. Erre para o lado da cautela e mantenha distância de sua DE. Caso contrário, você pode ter que passar pela dor e pelo esforço de desistir tudo de novo.

» Atividades compulsivas como apostar, uso de pornografia e compras compulsivas também fornecem distração imediata de angústia mental/emocional. Em seguida, no entanto, você pode ser atormentado pela ansiedade gerada pelo dinheiro gasto, culpa, vergonha e autocensura.

Além das armadilhas psicológicas do uso da DE que acabamos de esboçar, ela também resulta muito comumente em problemas práticos sérios que podem ser difíceis de retificar, como:

» Dívidas, crises financeiras, inabilidade de conseguir crédito, perda das economias ou perda da casa.

» Proibição de dirigir, problemas com a polícia e com a lei.

» Problemas no trabalho como danos à reputação profissional, ação disciplinar (resultante de não conseguir atingir metas ou falta repetida) e até perda do trabalho.

» Danos aos relacionamentos sociais e familiares, às vezes resultando em divórcio, separação, perda de contato com os filhos e alienação do grupo de amigos.

» Problemas de saúde resultantes de efeitos em longo prazo do uso da DE e lesões sofridas enquanto estava sob sua influência.

Realmente valem a pena o preço total pago em longo prazo devido aos benefícios mínimos imediatos de usar sua DE?

Tendo investigado a função de sua DE em ocasiões específicas (na Planilha 10-3), você está pronto para ficar realmente específico sobre seus gatilhos de uso.

Dê uma olhada na Planilha 10-4 e marque os itens que você reconhece como gatilhos para seu uso de DE.

PLANILHA 10-4   Checklist de Gatilhos Típicos

❏ Dor. Normalmente é resultado de conflitos interpessoais e tumultos em relacionamentos significativos, tanto em casa quanto no trabalho. O uso da DE pode ajudar a tirar dor do criticismo ou rejeição — temporariamente. Mas, por fim, seu uso de DE muito provavelmente causará mais dificuldades interpessoais. (O Capítulo 15 trata de dificuldades em relacionamentos.)

❏ Raiva. Ficar com raiva de alguém ou de uma situação pode levar ao uso de DE para "abrandar" seus sentimentos. Transtornos cotidianos como filas, assistentes de loja mal-educados e engarrafamentos podem provocar frustração. O comportamento aditivo, no entanto, pode deixá-lo irritável (como resultado de ressacas, depois que passa o efeito ou crises financeiras) e mais suscetível a provocações. (O Capítulo 15 tem dicas para controlar a raiva.)

(continua)

(continuação)

- ❏ Tédio. Sentir-se "sem nada para fazer" ou "cansado" normalmente são gatilhos para uso de DE. Você pode não lembrar mais das atividades saudáveis que realizava para aliviar o tédio porque sua DE se tornou sua solução padrão. Tente redescobrir atividades alternativas há muito tempo enterradas por sua DE e as reintroduza em sua vida diária. (Dê uma olhada no Capítulo 18 para dicas extras.)

- ❏ Depressão e decepção. Essas emoções podem ser bem dolorosas e fazê-lo se sentir desesperançado e perdido; você então recorre ao uso de DE. Falar com amigos ou profissionais pode realmente ajudá-lo a encontrar soluções para problemas práticos e ajudá-lo a aliviar sentimentos dolorosos. (O Capítulo 12 aborda mais diretamente a depressão e como lidar com ela.)

- ❏ Culpa e/ou vergonha. Esses sentimentos podem se tornar um círculo vicioso. Você pode se sentir fundamentalmente culpado e envergonhado de seu uso de DE, e então usá-la ainda mais para bloquear esses sentimentos. Aceite-se como um ser humano falho e decente com uma dependência/um comportamento aditivo. Não se permita evitar a situação — a responsabilidade por sua recuperação do comportamento aditivo é sua —, mas seja compassivo e encorajador consigo mesmo durante esse processo. (Veja os Capítulos 14 e 23 para mais dicas sobre como fazer as pazes consigo mesmo em tempos de necessidade.)

- ❏ Pesar. A perda de alguém por meio da morte, recolocação ou término de relacionamento é um tipo único de dor. É comum que as pessoas tentem anestesiar a dor do pesar com álcool ou drogas. No entanto, fazer isso pode impedir o processo de luto, tornando-o mais longo e, por fim, mais doloroso. Você precisa se ajustar à perda e aceitar a vida sem sua pessoa amada. Deixe que os outros lhe deem apoio e compreensão. Usar uma DE só evita que você se sinta adequadamente triste e confronte a realidade dolorosa da perda.

- ❏ Recompensa. Uma cerveja bem gelada depois de um dia de trabalho no escritório pode parecer perfeitamente merecida e razoável. Entretanto, usar sua DE como meio de autorrecompensa é, muitas vezes, só uma justificativa conveniente. Cada pequena tarefa pode se tornar uma oportunidade de "eu mereço" para o uso da DE. Existem outras maneiras, mais saudáveis, de se recompensar pelo trabalho árduo — você só precisa pensar de maneira criativa.

- ❏ Solidão e isolamento. Se você está se sentindo sozinho e longe dos outros, sua DE pode parecer como uma companheira acessível e nada exigente. Infelizmente, sua DE não quer só ser sua amiga — ela quer ser sua única amiga. O uso cada vez maior inevitavelmente leva a mais isolamento e solidão. Envolva-se novamente com seus amigos e coloque-se novamente na esfera social ao ir a clubes, uma agência de namoros ou fazendo alguma aula. (Considere também adotar um animal de estimação! Sempre é uma boa ideia ter um amigo peludo.)

- ❏ Ansiedade e estresse. Às vezes, só o pensamento sobre (ou decisão inicial/plano de usar) sua DE pode fornecer alívio instantâneo ao estresse. Esse é o poder do comportamento aditivo psicológico. Drogas e álcool alteram seu estado de humor e podem reduzir sentimentos de ansiedade e estresse em curto prazo. No entanto, fazem pouco para resolver a raiz do problema. Mudança no estilo de vida ou tratamento profissional para reduzir seu estresse e ansiedade são soluções muito mais permanentes e sustentáveis. (Os Capítulos 6 e 9 tratam de ansiedade e estresse.)

- ❏ Pena de si mesmo. "Ai de mim", "por que eu?", "pobre de mim", "coitado de mim", e assim por diante — é, nós entendemos. Você sofre. Ao mesmo tempo que isso é lamentável, sofrer também faz parte da condição humana, e você não está sentindo dor sozinho. Reclamar bastante de vez em quando é uma maneira de liberar suas aflições. Ou você pode buscar ajuda externa (profissional ou não) para seus problemas. Usar sua DE é realmente só uma fuga. Treine-se para manter o foco deliberadamente em coisas positivas na sua vida presente e futura, em vez de ficar cozinhando em seu próprio caldo de infusão negativa. (Dê uma olhada no Capítulo 18 para saber mais sobre autopiedade.)

❑ Dor/desconforto físico. Muitas condições médicas envolvem dor crônica e/ou desconforto. Você pode não ser mais fisicamente capaz de executar certas tarefas ou atividades agradáveis como resultado de sua condição. Essa situação pode ser muito desanimadora, e você pode sentir que realmente precisa de sua DE só para passar os dias. Alternativamente, um bom médico deve entender sua situação e prescrever remédios legítimos para alívio da dor. Também existem clínicas de dor crônica dedicadas a ajudar pessoas a lidarem com a dor com técnicas psicológicas (muitas vezes baseadas em TCC). Fale com seu clínico geral ou especialista sobre as possibilidades. (Veja o Capítulo 21 para saber mais sobre trabalhar com profissionais.)

❑ Dificuldades para dormir. Uso de DE muitas vezes significa muito mais "desmaiar" do que "dormir". Você pode achar que está tendo um sono restaurador, mas muitas pessoas relatam se sentirem cansadas o tempo todo, apesar de usar álcool ou drogas para conseguirem dormir. O sono natural é o melhor sono. Mesmo algumas horas de sono sem indução por drogas é, geralmente, mais restaurador do que um estado comatoso prolongado. Tente usar regras básicas de higiene para dormir (veja o Capítulo 22 para mais sobre elas), e tenha paciência. Voltar ao ciclo normal de sono depois de uma longa dependência em assistência química pode demorar.

❑ Honestidade emocional. Talvez você duvide de sua habilidade de transmitir de maneira eficaz aos outros como você está se sentindo com palavras. Você pode precisar de um estômago, um pulmão ou uma veia cheia de DE antes de começar a contemplar a falar sobre seus sentimentos, necessidades, problemas e experiências. Talvez ao apostar, usar pornografia ou comprar até estar cheio de dívidas, você imagine que os outros irão intuitivamente adivinhar sua angústia. Comunicar seus sentimentos fica mais fácil com a prática; você talvez fique surpreso com suas próprias habilidades de comunicação se der a si mesmo uma chance de usá-las. (O Capítulo 6 tem algumas dicas úteis sobre honestidade emocional.)

❑ Procrastinação. Todos nós temos uma tendência de adiar tarefas e deveres desagradáveis, tediosos ou difíceis. O uso de DE pode fornecer distração e uma desculpa para não fazer os trabalhos que você mais deseja evitar. No entanto, falhar em pagar as contas, discutir contas atrasadas com a financiadora ou até abrir correspondências pode resultar em problemas muito maiores (às vezes irreversíveis) mais tarde. Encarar essas tarefas mundanas e assustadoras de cabeça erguida e lidar com elas antes que envolvam algo ainda maior e mais assustador pode melhorar sua confiança e sensação geral de segurança. Estabelecer metas pode ajudá-lo a começar (como o Capítulo 8 destaca).

❑ Pressão social/dos pares. Crianças e jovens não são os únicos que experienciam pressão dos pares. Pessoas de qualquer idade podem ser desnecessariamente influenciadas por outros. Muitos ambientes de trabalho cultivam uma cultura de muita bebida e uso de drogas. O comportamento descuidado acerca de substâncias e diversões arriscadas, como apostar, às vezes é visto como parte de um "estilo de vida poderoso". Um tanto perversamente, a recusa de participar pode ser vista com suspeita e deixar o abstêmio excluído. Se isso está acontecendo com você, pode ser necessário considerar uma mudança de emprego ou até uma mudança de carreira no interesse de sua recuperação de longo prazo.

❑ Busca por emoção. A animação pode vir de muitas fontes além daquelas que envolvem sua DE. Novamente, você precisa pensar de maneira criativa e criar oportunidades para aventuras saudáveis. Mesmo uma porção do dinheiro (e tempo!) que sua DE consumiu ao longo dos anos provavelmente é o suficiente para fornecer a você novos equipamentos de esportes ou financiar outros tipos de hobbies e interesses.

❑ Inibições/autoconsciência em situações sociais. Preocupação sobre o que os outros podem pensar de você é muito comum e aflige muitas pessoas em situações sociais. Usar drogas e álcool como lubrificantes sociais, no entanto, pode levá-lo a agir de maneiras que você se arrependa no dia seguinte. Se você experiencia ansiedade social, provavelmente está mantendo o foco demais de sua atenção em seu "desempenho". Focar a conversa e o ambiente pode reduzir muito a autoconsciência e permitir que você reaja mais espontaneamente. (Veja o Capítulo 5 para dicas sobre assumir o controle de sua atenção.)

Adquirindo Atividades Alternativas

Uma vez que tenha largado sua DE, ficará com tempo de sobra nas mãos. Encontrar comportamentos substitutos para ajudá-lo a lidar com o estresse e emoções negativas é muito importante. Você também precisa de algo que o absorva e seja relaxante para se distrair quando estiver com desejos, for atormentado pelo tédio ou precisar de uma recompensa. Categorizar atividades de acordo com a função primária a que servem pode ajudá-lo a se lembrar de realmente usá-las, em vez de sair dos trilhos.

EXEMPLO

A Planilha 10-5 lista algumas das atividades que Kit identificou para preencher o vazio deixado por sua DE.

PLANILHA 10-5 Plano de Ação de Atividades Alternativas de Kit

Atividades que me ajudam a desestressar:
❏ Levar o cachorro para passear depois do trabalho
❏ Tomar um banho esplendoroso e ouvir música clássica no rádio
❏ Acender velas perfumadas
❏ Sentar no jardim

Atividades que ajudam a melhorar meu humor:
❏ Ir à academia e malhar bastante
❏ Passar tempo com amigos próximos
❏ Falar bastante com a minha mãe ao telefone
❏ Dormir cedo
❏ Assistir a um dos meus shows de comédia ou vídeos do YouTube preferidos
❏ Olhar vitrines ou vasculhar brechós em busca de descontos

Atividades que ajudam a aliviar meu tédio:
❏ Ler um romance envolvente
❏ Fazer algo criativo, como desenhar ou rearrumar os móveis
❏ Socializar
❏ Fazer as tarefas da casa
❏ Levar o cachorro para passear em um lugar novo
❏ Navegar na internet em busca de lugares para as férias
❏ Exercícios em geral
❏ Comprar mantimentos

Atividades que posso usar como recompensa:

- ❏ Cozinhar algo gostoso para mim mesma
- ❏ Assar bolos
- ❏ Comprar um presente para mim mesma
- ❏ Ir ao cinema e comer um pote grande de pipoca

Atividades que me ajudam a resistir aos desejos:

- ❏ Fazer palavras cruzadas
- ❏ Cantar música alto
- ❏ Dirigir pelo interior
- ❏ Tricotar
- ❏ Mascar chicletes ou comer cenouras e aipo crus
- ❏ Ver amigos ou falar com eles ao telefone
- ❏ Assistir TV

Pense bem nas suas respostas para a Planilha 10-6. Esse plano de ação de atividades alternativas é mais importante do que pode parecer. Você precisa de atividades saudáveis substitutas para ajudá-lo a evitar a recaída. Caso contrário, você está fazendo o equivalente a cruzar os dedos e deixar sua recuperação ao acaso.

PLANILHA 10-6   **Meu Plano de Ação de Atividades Alternativas**

Atividades que me ajudam a desestressar:

_____
_____

Atividades que ajudam a melhorar meu humor:

_____
_____

Atividades que ajudam a aliviar meu tédio:

_____
_____

(continua)

(continuação)

Atividades que posso usar como recompensa:

_____

_____

Atividades que me ajudam a resistir aos desejos:

_____

_____

DICA

Quando estiver tentando vencer o comportamento aditivo e estabelecer novos hábitos saudáveis, pode ser útil se matricular em grupos ou aulas que o interessam. Tente coisas que nunca fez antes e busque atividades ou temas que realmente chamem a sua atenção. Quando você é capaz de se perder em uma busca envolvente, é muito mais fácil superar os desejos.

CUIDADO

Usar mais de uma substância (ou atividade) de maneira problemática e viciante não é incomum. Muitos apostadores também bebem, muitos bebedores também usam drogas, e assim por diante. Muitas vezes, largar uma DE (digamos, o álcool) pode levar a um uso e dependência maior da segunda DE (como a maconha). Tenha cuidado com a hidra de várias cabeças que o comportamento aditivo pode se tornar. Não se deixe cair na armadilha de substituir um comportamento aditivo por outro — e se enganar de que está no caminho da recuperação. Em vez disso, use a Planilha 10-6 para identificar algumas alternativas genuinamente inofensivas.

Estabelecendo uma data para se divorciar de sua DE

Por que escolher se recuperar e se abster de maneira significativa? A maioria das pessoas leva a recuperação a sério quando atingem algum tipo de fundo do poço. Seu negócio está em risco, seu parceiro o deixou (ou ameaçou fazê-lo), o médico disse que estão com o fígado em risco ou o banco encerrou um empréstimo. Ou talvez a depressão e ansiedade induzida pela DE ficou tão dolorosa que o impacto negativo do comportamento aditivo não pode mais ser ignorado.

Não importa quão ruins as coisas fiquem, sua intenção de largar pode, infelizmente, ser adiada repetidamente. Você pode pensar "assim que esse período de estresse no trabalho passar eu paro de usar". Ou talvez "assim que começar a namorar alguém, estarei pronto para largar o hábito". Ficar limpo não será significativamente mais fácil se você escolher um dia em vez do outro — é sempre uma batalha real. Não há razão para adiar. Decida uma data dentro dos próximos cinco dias, no máximo. Caso contrário, você aumenta suas chances de entrar em um abuso excessivo de despedida que pode não ter fim.

EXEMPLO Kit usou a Planilha 10-7 para se comprometer com uma data de divórcio de DE. Ela colocou uma na porta da geladeira, outra no espelho do banheiro e uma dentro de seu diário.

PLANILHA 10-7 **Documento de Data de Divórcio de DE de Kit**

Eu, Kit Smith, juro a mim mesma que não fumarei mais maconha a partir do dia 30 de novembro de 2011.

Essa ideia pode parecer ridiculamente simples — mas escrever suas intenções pode realmente ajudá-lo a mantê-las. Cada vez que você vê seu juramento exposto em lugares impossíveis de não ver, será lembrado a não usar. Tente sozinho preenchendo a Planilha 10-8.

PLANILHA 10-8 **Meu Documento de Data de Divórcio de DE**

Eu, _____ , juro a mim mesmo que não mais _____ a partir do dia ____.

Entendendo Por que Parar com Sua DE Vale a Pena

Sua DE provavelmente tem sido sua principal (e única) estratégia de enfrentamento para problemas de vida por algum tempo. Como Kit no exemplo anterior, o uso de DE pode ter lhe invadido de modo insidioso, destruindo mecanismos mais saudáveis de enfrentamento em seu rastro. Decidir parar, portanto, raramente é uma decisão feita facilmente. Você perde muito no departamento de alívio da dor. Será?

Ser honesto consigo mesmo sobre o que está perdendo ao desistir de sua DE é importante. Você terá desejos de usar, e fingir que sua DE nunca lhe deu *nada* é inútil e é mentira. Mas sua DE foi uma amiga falsa. Ela dava com uma mão e tomava com a outra. Você precisa fazer uma planilha de balanço do que perde e do que ganha com a abstinência. Fazer isso o ajudará a melhorar sua motivação em não usar quando as coisas ficarem difíceis.

EXEMPLO Kit usou a Planilha 10-9 para abordar as *perdas* inevitáveis associadas à abstinência de maconha e para pesá-las contra o que ela *ganha* com a abstinência no futuro próximo e mais distante.

PLANILHA 10-9   Planilha de Balanço de Perdas e Ganhos de Kit

Perdas incorridas pelo divórcio de minha DE:
1. Eu perco a chance de simplesmente acabar com o dia e vegetar na frente da TV.
2. Eu perco cair no sono sem problemas quando estou suficientemente chapada.
3. Eu perco todo o ritual de enrolar um baseado e acabar com o dia.
4. Eu perco o estado agradável, relaxante e tranquilo de estar chapada.
5. Eu perco algo ao qual esperar no fim de um dia de trabalho.
Ganhos derivados do divórcio de minha DE:
1. Eu ganho horas para fazer algo criativo e construtivo à noite, como ler um livro ou passar tempo fora de casa com meu cachorro, ver amigos ou lidar com o trabalho de casa, contas, e assim por diante.
2. Eu ganho a habilidade de ter um sono natural e acordar adequadamente nova pela manhã.
3. Eu ganho a chance de me sentir orgulhosa de ter feito algo produtivo no fim do dia, em vez de toda noite ser igual à anterior. Eu ganho variedade e uma escolha de atividades para marcar o fim do dia.
4. Eu ganho a sensação de estar acordada e envolvida em meu próprio ambiente. EU ganho a chance de lembrar o que eu vi na TV. Eu ganho a oportunidade de relaxar de maneiras que eu me sinta bem, como cozinhando uma boa refeição e tomando um longo banho quente e uma xícara de chocolate.
5. Eu ganho a chance de esperar por outras atividades agradáveis no fim do dia (e a energia e clareza mental para fazê-las!).

Agora é a sua vez de usar a Planilha 10-10 para registrar as perdas e ganhos que você acha que experienciará ao largar sua DE.

PLANILHA 10-10   Minha Planilha de Balanço de Perdas e Ganhos

Perdas incorridas pelo divórcio de minha DE:
1.
2.
3.
4.
5.

Ganhos derivados do divórcio de minha DE:
1.
2.
3.
4.
5.

DICA Você pode ter mais de cinco itens para registrar em cada coluna, e não tem problema; só continue. Tente obter pelo menos cinco de cada lado, mas para realmente dar a si mesmo razões sólidas para embarcar na recuperação, vale a pena o esforço e desconforto envolvidos.

LEMBRE-SE Você não precisa procurar muito na mídia para encontrar exemplos de pessoas famosas cujas vidas foram prejudicadas ou até perdidas por causa do comportamento aditivo em drogas e álcool. A morte de Amy Winehouse é um exemplo muito trágico. Embora verdadeiramente triste de ler, você pode dar a si mesmo mais motivação para largar sua própria DE ao rever os danos que outros sustentaram como resultado de seu uso de DE.

Reduzindo o Risco de Recaídas

Comprometer-se com a abstinência é metade da batalha; proteger-se contra a recaída é a outra. Você pode precisar pensar de maneira muito criativa para preencher a Planilha 10-11. Nós incluímos o exemplo de Kit para lhe dar algumas ideias e estimulá-lo em direção a reduzir realisticamente seu próprio risco de recaída.

PLANILHA 10-11 Avaliação de Redução de Recaída de Kit

Lugares que preciso evitar:
O bar local onde encontrava meu traficante.
Festivais de música (pelo menos por um ou dois verões).
Certas festas em casa em que eu sei que várias pessoas fumarão maconha.
Certas viagens de férias, como Amsterdam ou Ibiza.
Pessoas que preciso evitar:
Meu traficante.
Meu amigo Stuart, que fuma mais do que eu.
Minha cunhada Jan, que me irrita e sempre me faz querer fumar depois que a vejo.

(continua)

(continuação)

Passos para limpar minha casa:

Livrar-me de toda minha parafernália para fumar, incluindo tabaco, sedas, isqueiros, minha lata especial para drogas e cinzeiros.

Certificar-me de ter cenouras, aipos e chicletes o suficiente estocados.

Mover minha cadeira de fumar favorita para outra sala e, em vez dela, me sentar no sofá.

Fazer estoque de palavras cruzadas, livros bons, DVDs, receitas de tricô e lã, e assim por diante.

Rearrumar toda a mobília para dar ao apartamento um novo visual.

Melhorar o lugar com uma limpeza completa e queimar incenso para remover todos os cheiros de cigarro.

Obstáculos positivos que posso estabelecer:

Nunca ter mais de R$10 em dinheiro comigo.

Fazer planos para andar com meu cachorro com um amigo à noite.

Dizer a Stuart e a meus outros amigos fumantes que estou parando.

Apagar o número do meu traficante do meu telefone.

Ir a reuniões dos Narcóticos Anônimos pelo menos duas vezes por semana.

Maneiras positivas de usar minha energia:

Fazer aula de cerâmica.

Renovar minha matrícula na academia.

Colocar meu perfil em um site de namoros.

Economizar o dinheiro que eu normalmente queimaria em fumo para férias na praia (com um acompanhante não fumante).

Voluntariar-me ao centro local de resgate de cachorros por algumas horas todo final de semana.

Visitar minha mãe com mais frequência.

Ler todos aqueles romances que me interessam.

Levar meu cachorro para um passeio toda manhã e noite.

Procurar um novo emprego, registrar-me em algumas agências de recrutamento.

Sinais de aviso de recaída:
Ficar realmente estressada com o trabalho e começar a sentir pena de mim mesma.
Não retornar ligações e e-mails para amigos e familiares "limpos".
Pensar muito em fumar maconha e só focar os "bons tempos".
Começar a fumar cigarros.
Brincar com a ideia de que consigo fumar com moderação.
Sentir-me sozinha e deprimida.

Pessoas para quem posso pedir apoio quando a recaída estiver na porta:
Mãe.
Amigos dos Narcóticos Anônimos (incluindo meu padrinho).
Minha amiga Tabitha, que nunca me julga, mas também nunca me livra da situação.
Meu médico.
Scooby (meu cachorro), que merece uma dona com a cabeça limpa.

Use a Planilha 10-12 para desenhar sua própria avaliação de redução de relapso.

PLANILHA 10-12   ## Minha Avaliação de Redução de Recaída

Lugares que preciso evitar:

Pessoas que preciso evitar:

Passos para limpar minha casa:

Obstáculos positivos que posso estabelecer:

(continua)

(continuação)

Maneiras positivas de usar minha energia:
_____
_____

Sinais de aviso de recaída:
_____
_____

Pessoas para quem posso pedir apoio quando a recaída estiver na porta:
_____
_____

DICA Mantenha a Planilha 10-2 por perto no início da recuperação e até quando você se sentir confiante de que venceu os demônios da DE. A recaída pode ser evitada ao encarar os riscos e estabelecer os passos que tornam a retomada "acidental" da DE menos provável. Dê a si mesmo a melhor chance possível de sucesso de recuperação ao manter o olho aberto para os riscos de recaída.

REUNINDO SEU TIME DE APOIO

O apoio e encorajamento dos outros é muito útil na recuperação; na verdade, é essencial. Amigos e familiares podem ser de grande apoio, mas também podem ser as pessoas que mais sofreram com seu uso de DE. Como resultado, podem achar difícil ser objetivos e imparciais quando você está no início da recuperação. Você pode precisar buscar apoio extra em grupos de recuperação de comportamentos aditivos, como o Alcoólicos Anônimos (AA), ou tentar outras formas de grupo de recuperação. Você pode pesquisar tais grupos em sua área local pela internet ou por referência médica. Garanta que você escolha apenas grupos bem reconhecidos com um histórico comprovado de sucesso. Vários programas de recuperação informados por TCC são oferecidos agora. Se seu comportamento aditivo é severo (veja a Planilha 10-1), o tratamento de internação pode ser sua primeira porta de entrada. Talvez você tenha tentado desistir sozinho várias vezes, mas nunca foi capaz de sustentar a abstinência por mais de alguns dias ou semanas. Fale com o seu médico sobre as opções. A maioria dos centros de tratamento residencial exige que você seja internado por um mínimo de 28 dias. Essa perspectiva parece assustadora, mas pode ser o impulso de apoio de que você precisa para adotar habilidades e estratégias para continuar limpo sozinho.

NESTE CAPÍTULO

» Aceitando seu visual

» Colocando a aparência física em perspectiva

» Apreciando tudo o que seu corpo faz para você

» Escolhendo fazer mudanças por razões saudáveis

Capítulo **11**

Tornando-se o Melhor Amigo do Seu Corpo

Ficar preocupado ou se importar com seu visual é muito normal. A maioria de nós tem um grau de orgulho sobre nossa aparência física e tende ao básico, como se manter limpo e arrumado, aproveitando ao máximo nossas melhores características, vestindo roupas que gostamos e que combinam com nossa forma e tamanho, usando perfume ou pós-barba e acessórios como joias, bolsas, maletas, cachecóis, e assim por diante. Tudo muito normal. Também é bem normal preferir certos aspectos de sua aparência física mais do que outros. Você pode ter um cabelo lindo, por exemplo, mas gostaria que sua pele fosse mais clara. Ou talvez goste de ser alto e magro, mas desejaria ter um pouco mais de curvas também. Você pode desejar que fosse mais ou menos musculoso. Novamente, ter algum grau de insatisfação com aspectos de sua aparência é bem comum — a maioria de nós tem. Embora se preocupar com sua aparência seja normal e saudável, dar importância indevida ao papel de sua atratividade para que possa aproveitar sua vida no geral pode ser problemático.

A imagem corporal aflige tanto homens quanto mulheres. Não é mais verdade que a insegurança sobre atratividade física seja um problema exclusivamente feminino — se, de fato, algum dia foi. Homens são tão capazes de sofrer com sua aparência quanto mulheres, então este capítulo se aplica a ambos os sexos, independente da idade, educação, ocupação, orientação sexual, padrão econômico-social ou até cultura.

A severidade dos problemas de imagem corporal varia muito, de leve vergonha a emoções realmente debilitantes, como a depressão. Este capítulo foca principalmente os níveis leves a moderados de problemas de imagem corporal. No entanto, nós oferecemos algumas informações sobre problemas mais severos associados à imagem corporal e direcionamos você à ajuda adequada, se esse for seu caso.

Lidando com a Imagem Corporal Negativa

O termo "imagem corporal", como definido por psicólogos, refere-se a sua percepção internalizada de aparência — tanto para si mesmo quanto para os outros. A imagem corporal significa essencialmente como você avalia sua aparência e assume que os outros a avaliem: no geral, boa; no geral, ruim; misturada ou neutra. A imagem corporal também se refere a sua atitude e crenças sobre o quão importante a aparência física é no esquema geral das coisas.

Se você tem uma imagem corporal positiva ou "saudável", mesmo que se considere de parar o trânsito, aceita seu visual e segue com sua vida normalmente, em grande parte sem preocupações sobre sua atratividade. Você também é capaz de apreciar suas características mais atraentes e não ficar pensando demais nas menos impressionantes. Acredita que outra pessoa pode sentir atração por você (ou até achá-lo irresistível) e aceita isso de modo sincero. Você entende que sua aparência física real é apenas uma parte do que o torna atraente para os outros.

Por outro lado, se você tem uma imagem corporal negativa ou "não saudável", nada do que foi dito acima é verdadeiro. Em vez disso, você pode ter o desejo de ser radicalmente diferente do que é, viver preocupado com insatisfações com sua aparência (e seus aspectos particulares), dispensar a possibilidade de que qualquer pessoa possa achá-lo fisicamente atraente, ficar deprimido e até envergonhado de sua "feiura" percebida e/ou supor que nunca poderá ser feliz a não ser que se torne mais atraente de alguma forma. Você não consegue entender que a aparência física não é o único fator da atração. Não é uma receita para se sentir bem ou viver a vida completamente.

A próxima seção o ajuda a identificar seu relacionamento com sua aparência como um passo preliminar para melhorá-lo.

Descobrindo como você se sente sobre sua aparência

Talvez você suspeite que não é exatamente o melhor amigo do espelho. Talvez tenha alguns dias de "gordo" ou "feio" por mês, e eles tenham um impacto negativo no seu humor quando acontecem.

Mas pode não ter certeza se tem ou não um problema real com sua aparência. Às vezes você pode estar tão acostumado a pensar negativamente sobre sua aparência ou atratividade, que as vê como "incorrigíveis" e "seu jeito de ser". É possível viver mais feliz com sua aparência, mas reconhecer sua insatisfação, e o grau dela, é o primeiro passo.

Para determinar se você tem um problema de imagem corporal e, se sim, o quão severo ele é, complete a Planilha 11-1.

PLANILHA 11-1   **Eu Tenho um Problema de Imagem Corporal?**

Leia os pontos a seguir e marque aqueles que se aplicam a você.

- ❏ Amigos próximos, familiares, parceiros românticos ou profissionais da área médica me disseram que minhas preocupações com minha aparência/um aspecto da minha aparência são desproporcionais e/ou sem fundamento.
- ❏ Eu continuo ficando muito aflito com a minha aparência/um aspecto da minha aparência, apesar das palavras de apoio daqueles próximos a mim.
- ❏ A quantidade de tempo que passo pensando e me preocupando (e/ou checando) minha aparência chega a ser de mais de uma hora por dia.
- ❏ Minha insatisfação com minha aparência/um aspecto da minha aparência frequentemente me impede de sair socialmente.
- ❏ Minha insatisfação com minha aparência/um aspecto da minha aparência me impede de criar relacionamentos íntimos.
- ❏ Minha aparência física é mais importante para mim do que qualquer outra característica de minha pessoa.
- ❏ Eu suponho que outras pessoas me julgarão instantaneamente e somente com base em minha aparência.
- ❏ Eu frequentemente me comparo com outros em termos de aparência.
- ❏ Minha preocupação com minha aparência/um aspecto da minha aparência tem um impacto negativo sério no meu humor (por exemplo, me sinto deprimido ou ansioso).
- ❏ Eu já considerei soluções extremas, como cirurgia cosmética.

Se você marcou quaisquer três pontos no checklist, você tem um problema de imagem corporal leve ou moderado, e as planilhas e técnicas oferecidas neste capítulo podem ajudá-lo. Marcar metade ou mais da metade dos pontos (e, em particular, os pontos 1 e 3) indicam que seu problema de imagem corporal é mais severo. Este capítulo ainda o beneficiará, mas você provavelmente também precisará de ajuda profissional presencial.

ADQUIRINDO CONSCIÊNCIA DO TDC E EXPLORANDO DISTÚRBIOS ALIMENTARES

O Transtorno Dismórfico Corporal (TDC) é um transtorno psicológico que envolve preocupação extrema com uma ou mais características físicas, como textura ou qualidade da pele do rosto, formato do nariz, formato geral do rosto, cicatrizes, espessura ou textura do cabelo, dentes, formato dos lábios, quantidade de pelos no rosto, bolsas ou olheiras sob os olhos, rugas, e assim por diante. Normalmente a imperfeição ou anomalia física identificada está na parte superior do corpo, incluindo o torso, mas não é incomum experienciar insatisfação severa com os membros inferiores e outras áreas do corpo abaixo da cintura — incluindo a genitália. As características físicas que os sofredores de TDC consideram anormais e inaceitáveis são normalmente imperceptíveis ou apenas levemente observadas por outros. O grau de sofrimento que a pessoa experiencia é, no entanto, muito real. Pessoas com TDC passam uma hora ou mais por dia focando a área de insatisfação e fazem muito esforço para compensar ou desviar a atenção dela. Isso pode incluir camuflar com maquiagem pesada, adotar certos penteados, usar chapéus, cachecóis ou óculos, ou enfatizar outras partes do corpo com roupas, como usar saias bem curtas para distrair os outros de focarem a parte superior de seu corpo e rosto. O TDC se torna um trabalho de período integral em casos severos, e controla todos os outros aspectos da vida do sofredor. Os relacionamentos, estudo, trabalho e interesses sofrem. Às vezes, só sair de casa se torna um grande empreendimento.

A anorexia nervosa é um distúrbio alimentar caracterizado por um medo mórbido ou fobia de ficar acima do peso, ganhar peso ou até de ter um peso normal. O foco do anoréxico está firmemente ligado ao formato e tamanho do corpo. Anoréxicos se parecem com sofredores de TDC no grau de preocupação, aflição emocional e tentativas desesperadas de controlar sua aparência. A diferença é que o único objetivo do anoréxico é manter um peso corporal doentiamente baixo através da restrição severa da comida ingerida. Como o TDC, a anorexia assume e deixa pouco espaço para se viver normalmente. Ela também pode levar a problemas de saúde em longo prazo que surgem da má nutrição, como osteoporose, danos ao fígado e, em alguns casos, infertilidade, e normalmente inclui o vômito autoinduzido e/ou uso de laxantes. Esse comportamento é chamado de "purgativo" e é uma das principais características da bulimia nervosa, outro distúrbio alimentar similar em muitos aspectos com a anorexia, embora os sofredores não estejam normalmente abaixo do peso.

O TDC, a bulimia e a anorexia afetam igualmente homens e mulheres. Se você acha que está sofrendo de uma dessas condições, recomendamos que busque conselho e apoio profissional.

> ⚠️ **CUIDADO**
>
> Se suas preocupações e sentimentos negativos sobre sua aparência física o levam a se sentir tão desesperado e deprimido que chega a pensar na possibilidade de acabar com tudo (cometer suicídio), busque ajuda profissional imediatamente. Já. O pronto-socorro local é um bom lugar para ir a qualquer momento que você estiver em risco de se machucar. Seu clínico geral também pode ser um ótimo começo, embora você talvez se sinta melhor pedindo referências para se consultar com um psiquiatra que seja especialista no tratamento de distúrbios alimentares ou TDC e problemas associados à imagem corporal. Você não tem nada a perder ao buscar ajuda profissional, e tudo a ganhar. (Veja o Capítulo 21 para dicas sobre trabalhar com profissionais.)

Ponderações e Práticas para Lidar com a Imagem Corporal Negativa

Pessoas que têm um relacionamento ruim com seu corpo e rosto tendem a pensar sobre sua aparência de maneiras particulares e inúteis. Algumas ou muitas das atitudes e crenças listadas na Planilha 11-2 podem ser muito familiares para você. Se sim, você precisa alterar sua atitude para nutrir uma imagem corporal mais saudável (dicas para mudar sua atitude são fornecidas nas últimas seções deste capítulo — então, nada tema).

Se você é pálido e descorado, provavelmente também perpetua seu problema ao envolver práticas como aquelas listadas na Planilha 11-3. Você pode fazer essas coisas sem nem mesmo perceber — elas são apenas parte de sua rotina diária. Mesmo que tenha consciência dessas ações, pode não estar ciente do grau em que elas perpetuam seus problemas de imagem corporal.

PLANILHA 11-2   **Pensamentos Tóxicos Típicos sobre Aparência**

Esta lista inclui os tipos de crenças e atitudes comuns que sustentam a imagem corporal não saudável. Marque aquelas que reflitam seu pensamento sobre sua aparência.

- ❏ Eu não aguentaria se alguém pensasse que sou normal/feio/gordo/baixo/atarracado/esquelético!
- ❏ Se não sou atraente fisicamente, não tenho valor algum.
- ❏ Outras pessoas não podem ver nenhuma falha em minha aparência. Esconder-me é melhor do que encarar essa possibilidade insuportável.
- ❏ Outras pessoas com certeza me julgarão negativamente, ridicularizarão e rejeitarão com base em minha aparência.
- ❏ Minha aparência deveria ser muito melhor do que é.
- ❏ Pessoas bonitas são mais felizes, mais interessantes e mais valiosas do que eu.
- ❏ A atratividade física é o aspecto mais importante de uma pessoa.

(continua)

(continuação)

❏	Apenas pessoas atraentes podem esperar ser bem-sucedidas na vida.
❏	Outras pessoas valorizam a atração física tanto quanto eu.
❏	Não ser atraente (normal, ser desajeitado, acima do peso ou fora de forma, e assim por diante) é um sinal de fraqueza moral e deficiência de caráter.

Adotando Atitudes Mais Precisas de Imagem Corporal

Agora que identificou o pensamento problemático que consolida seus sentimentos negativos sobre sua aparência, pode fazer um esforço conjunto para substituí-lo por crenças e atitudes mais equilibradas. Considere o seguinte:

» Outras pessoas podem não valorizar a aparência física tanto quanto você.

» Sua aparência é amplamente determinada antes mesmo de você nascer; portanto, acreditar que ser menos atraente diz algo sobre sua fibra moral ou força de caráter é ridículo.

» Estar acima do peso significa que você provavelmente come demais e não faz exercícios o suficiente — nada mais.

» É possível que outros façam julgamentos imediatos sobre você com base na sua aparência, mas é a vida — você mesmo provavelmente faz isso. Esses julgamentos iniciais não são totalmente precisos na maioria dos casos e são frequentemente alterados e atualizados à medida que as pessoas se conhecem melhor.

» A beleza física é apenas uma parte do que torna um indivíduo "atraente" no geral; personalidade, valores, inteligência, senso de humor e conduta interpessoal também são integrais para a atração.

» Várias pessoas fisicamente realmente desinteressantes ou com aparência mediana são felizes e bem-sucedidas na vida. Na mesma moeda, muitas pessoas fisicamente lindas são infelizes. (Pense tanto em pessoas famosas e naquelas que você conhece pessoalmente.)

» Ser julgado como feio ou desinteressante por outros não é agradável ou desejável, mas existem possibilidades muito piores (use sua imaginação).

» Você tem muito, muito mais a oferecer ao mundo do que apenas um rosto bonito ou um corpo musculoso, se escolher reconhecer isso.

» Você tem valor simplesmente por estar vivo. O que você faz com sua vida — como a vive — é muito mais relevante do que sua aparência.

» A aparência deixa uma impressão nos outros (especialmente as incomumente bonitas), mas outras considerações também estão em jogo, ou a maioria da população do planeta seria uma pilha de nada.

» Sua felicidade é dependente de sua atitude e das escolhas que você faz, não da beleza de seu rosto, curvas ou bíceps.

» Ter uma aparência mediana meramente o convida a se juntar à maioria da raça humana.

DICA

Mesmo que ache essas ideias e atitudes difíceis de acreditar no primeiro momento, quanto mais você as pratica, mais você sentirá que são verdadeiras. Seus pensamentos negativos não têm mais base de evidência do que os listados aqui (muito menos na realidade). Você simplesmente tem aceitado suas crenças negativas sem criticá-las, por muitos anos. A familiaridade é o que faz suas crenças negativas e atitudes baseadas na aparência parecerem verdadeiras — nada mais.

PLANILHA 11-3 ## Práticas Problemáticas de Imagem Corporal Negativa

Junto ao "pensamento de imagem corporal negativa" estão as "práticas problemáticas". Pensamento e comportamento normalmente andam de mãos dadas, um reforçando o outro. Marque os pontos na lista a seguir que se aplicam a você.
❏ Comparar-se constante e negativamente aos outros com base em atributos físicos e aparência em geral.
❏ Demorar horas para se arrumar antes de sair em público (se vestindo, maquiando, arrumando o cabelo, e assim por diante).
❏ Estar sempre de dieta, frequentemente fazer dietas da moda ou jejuar para perder peso (isso pode incluir purgar através de vômito autoinduzido ou uso de laxantes).
❏ Exercitar-se em excesso para perder peso, melhorar a forma corporal ou promover crescimento muscular. ("Excesso" significa nunca ser capaz apenas de se exercitar para se sentir bem e aproveitar; você sempre tem uma necessidade de se superar. Além disso, você pode se sentir culpado e deprimido se por algum motivo não puder se exercitar de acordo com sua rotina.)
❏ Usar muita maquiagem (para disfarçar imperfeições, melhorar sua aparência ou desviar a atenção para outras partes de seu corpo).
❏ Economizar para cirurgia cosmética corretiva (esperando que melhorias físicas através da cirurgia permitam que você melhore sua autoestima e confiança social).
❏ Usar certos estilos ou itens de roupas para mascarar imperfeições (reais ou imaginárias).
❏ Evitar conversas sobre peso ou aparência em geral (mesmo com amigos próximos e familiares) e/ou criticar verbalmente sua própria aparência regularmente.
❏ Xingar-se em pensamento (especialmente ao se olhar no espelho).
❏ Evitar o máximo possível se olhar no espelho ou em superfícies reflexivas.
❏ Verificar sua aparência excessivamente no espelho para ver se uma imperfeição está exposta ou piorou, ou para avaliar o quanto você está "feio" no geral.
❏ Rejeitar e dispensar elogios sobre sua aparência.

(continua)

(continuação)

❏	Evitar passar tempo com pessoas que você acha que são "muita areia para o seu caminhãozinho" em termos de atratividade (para não se incomodar de parecer pior em comparação).
❏	Escolher apenas passar tempo com pessoas que você acha que são mais atraentes do que você na esperança de que sua própria aparência seja deixada de lado ou avaliada mais favoravelmente em associação.
❏	Tentar evitar avaliações minuciosas em potencial (mesmo de amigos próximos e namorados).
❏	Buscar reafirmação sobre sua aparência de pessoas selecionadas (e então desconsiderar logo em seguida!).
❏	Evitar comprar roupas, cortar o cabelo e outros tipos de cuidados (porque você acredita que não pode fazer milagres).

Ao se engajar nesses tipos de comportamentos regularmente, suas crenças negativas sobre sua aparência (e a importância da aparência em geral) se tornam mais consolidadas. Você pode ficar preso em um círculo vicioso mutuamente reforçador de pensamentos negativos e ações inúteis.

Promovendo Práticas Positivas de Imagem Corporal

Novos pensamentos e novas ações são necessários para quebrar o ciclo de imagem corporal negativa. Ao mesmo tempo em que se esforça para perseverar em adotar as atitudes mais saudáveis e mais precisas oferecidas acima, tente combater seu problema de imagem corporal tentando também algumas dessas sugestões práticas:

» **Observe os outros (e avalie suas aparências, se quiser), mas sem fazer julgamentos comparativos sobre si mesmo.** Crie uma regra rígida de que você não tem permissão de procurar pessoas bonitas para se sentir mal em comparação.

» **Use o espelho com cuidado.** Use-o para arrumar seu cabelo e coisas do gênero, mas não se permita focar suas áreas de insatisfação. Se você normalmente passa muito tempo se avaliando minuciosamente no espelho (e exagerando suas imperfeições), se permita apenas uma média de três sessões no espelho por dia e estabeleça uma quantidade restrita de tempo em que tem permissão de ficar na frente do espelho (aproximadamente um minuto normalmente é o suficiente).

» **Coloque um limite no tempo gasto se preparando para sair.** Fique com uma roupa, em vez de mudar de roupa freneticamente em um esforço de encontrar algo que você ache que pareça bom. Caso contrário, você provavelmente se sentirá estressado e derrotado. Coloque roupas adequadas, dê uma olhada rápida no espelho e saia.

» **Pense duas ou até três vezes sobre cirurgia cosmética.** É cara e pode ser um risco desnecessário. Você pode descobrir que, uma vez que tenha trabalhado para se aceitar dentro do contexto de sua aparência, você não considere a cirurgia mais como uma solução.

» **Se alguém elogiar qualquer aspecto da sua aparência, diga "obrigado", e então fique quieto.** Outras pessoas têm o direito de gostar de coisas em sua aparência, mesmo que você ache difícil de acreditar.

» **Não se incomode em pedir garantias de que você está aceitável (ou, Deus o livre, bem) se você só vai rejeitar o que os outros lhe disserem.**

» **Elimine a linguagem negativa.** Você só tem permissão para falar coisas boas ou neutras sobre sua aparência. Xingar-se em sua cabeça como "porco gordo" ou "vaca feia" é, previsivelmente, muito prejudicial a sua autoestima no geral. Também não permita depreciar verbalmente a sua aparência, nem como brincadeira.

» **Passe tempo com pessoas de que você gosta.** Deixe as aparências de lado.

» **Pare de tentar se esconder em roupas ou toneladas de maquiagem.** Todo esse esforço provavelmente faz pouco para melhorar sua aparência real e só o faz se sentir mais autoconsciente. Reverta a tendência de mascarar imperfeições físicas destacando suas características preferidas no lugar.

» **Cuide de si mesmo.** Você merece um bom corte de cabelo ou vestir roupas e acessórios de que gosta e talvez reflitam suas escolhas individuais de estilo. Nenhuma regra diz que somente pessoas "bonitas" podem aproveitar a moda.

DICA Você pode achar que colocar as ideias anteriores em prática é difícil e desconfortável, mas você ficará bom nisso com o tempo e dedicação consistente.

Dando uma Olhada no Pacote Completo

Você é muito mais do que somente sua aparência física. A aparência é só a embalagem de sua personalidade. Seu corpo é só o veículo que você recebeu para experimentar a vida. Então, embora a aparência possa parecer muito importante, ela não é tudo. Você provavelmente percebe a verdade das três últimas frases em algum nível, mas pode se esquecer ou rejeitar sua validade quando está sob o domínio de um momento patinho feio. Se sua meta é melhorar seu relacionamento com seu corpo e sua aparência em geral, você realmente precisa começar a apreciar e valorizar de forma equivalente outros componentes de si mesmo.

Aproveitando uma visão holística

Ver-se de modo verdadeiramente holístico pode ser difícil se você tem focado quase inteiramente um aspecto, como a aparência física, por muito tempo. O processo não é só sobre redescobrir (ou descobrir pela primeira vez) o que é positivo" e "atraente" em você — é sobre realmente se conhecer como uma pessoa completa.

LEMBRE-SE Não existe nenhum mal em usar das armas de que dispõe. As pequenas coisas importam. Pense muito sobre as coisas que você reconhece e gosta sobre si mesmo que não têm nada a ver com sua aparência. Por menores que pareçam, elas têm significado.

EXEMPLO Gwynne é uma mulher atlética de 29 anos, com cerca de 1,65m de altura. Ela é membro de um clube de corrida, do qual realmente gosta. Apesar de estar obviamente em forma, Gwynne se preocupa com seu peso. Ela acha que deveria ser mais alta e mais magra, como algumas das corredoras de longa distância com quem treina. Em particular, Gwynne foca suas coxas. Ela acha que são grossas e "grandes demais", embora saiba que, na verdade, são realmente só muito musculosas. Gwynne também se preocupa que seus seios sejam pequenos demais e que sua metade superior seja grosseiramente fora de proporções em relação a sua metade inferior. Ela também se preocupa que seu cabelo seja fino demais. Gwynne se lembra de nutrir essa insatisfação com sua aparência em geral desde sua adolescência.

Eis como Gwynne preencheu a Planilha 11-4.

PLANILHA 11-4   **Visão Geral Holística Saudável de Gwynne**

1. Quais são meus valores e filosofias pessoais para viver?	Tratar os outros como gostaria de ser tratada. Trabalho árduo compensa. Um sorriso não custa nada e proporciona muito. Eu acredito em perdão, generosidade e compartilhamento da felicidade. Eu valorizo a autoeducação e a sede por conhecimento. Eu valorizo tentar coisas novas e abraçar a experiência que os outros têm a oferecer. Eu acredito na caridade e em contribuir com o tipo de sociedade em que quero viver.

2. Quais são meus hobbies e interesses?	Amo atividades externas, como caminhar e acampar.
	Amo animais, andar a cavalo, ir para fazendas urbanas ou zoológicos e observar pássaros.
	Amo ler romances de ficção científica e assistir a suspenses policiais.
	Eu amo correr.
	Tenho interesse em política e economia mundial.
	Gosto de cozinhar.
3. Quais são meus talentos, competências e habilidades idiossincráticas?	Sou uma boa corredora.
	Tenho um vocabulário amplo.
	Tenho facilidade com a maioria dos esportes.
	Sei assar bolos e pudins muito bem.
	Eu tenho jeito com animais e crianças, o que faz com que fiquem confortáveis perto de mim.
	Sei imitar sotaques bem e imitar pessoas precisamente.
	Sei fazer malabarismo, patinar no gelo e andar a cavalo.
	Normalmente sou uma boa mediadora entre outros que estão em conflito.
	Sei trocar o pneu do meu carro.
4. Quais são meus gostos de decoração e escolhas pessoais de moda?	Gosto de ambientes aconchegantes, com muitos tecidos estampados, piso em madeira e cores vivas.
	Eu gosto de decorar com objetos coletados em minhas viagens ou herdados da minha família.
	Adoro velas e luz suave de abajures e luminárias interessantes em minha sala de estar e quarto.
	Eu gosto de me vestir com roupas elegantes, mas confortáveis, para trabalhar e socializar. Em casa eu gosto de usar moletons e coisas casuais, como jeans e camisetas.
	Adoro designs delicados e incomuns de joias de ouro ou banhadas.
	Eu prefiro estilos de moda clássicos, em vez de tendências.

(continua)

(continuação)

5. Quais traços de personalidade eu possuo?	Sou muito confiável e pontual.
	Tenho um pavio curto, mas também perdoo rápido.
	Eu tenho um senso de humor seco, mas também gosto de comédia.
	Sou bem calma e meus amigos me dizem que me encaixo na maioria das situações sociais rapidamente.
	Eu me preocupo muito com o bem-estar dos outros.
	Sei guardar segredos.
	Sou melhor em artes e humanidades do que em ciências.
	Tento aceitar os outros sem julgamentos.
	Sou mente aberta e não fico chocada com facilidade.
	Eu não guardo rancor.
6. Qual é minha identidade cultural e quais são minhas crenças espirituais atuais?	Minha mãe é galesa e meu pai é italiano; eu me identifico com ambas as culturas.
	Eu fui criada como católica, mas sou atraída por filosofias budistas.
7. Quais são meus planos e metas futuros?	Quero correr uma maratona.
	Gostaria de viver no interior um dia e ter meu próprio cavalo.
	Vou para a faculdade para estudar osteopatia no outono.
	Quero ter filhos um dia.
	Planejo fazer uma qualificação em primeiros socorros no ano que vem ou no próximo.
8. Qual é a minha atitude em relação à responsabilidade social e o tratamento dos outros?	Tento dar aos outros o benefício da dúvida.
	Acredito que a maioria das pessoas é boa.
	Eu acredito na promoção da coesão comunitária, especialmente em cidades maiores.
	Não jogo lixo no chão ou vandalizo propriedade pública e acho que é socialmente irresponsável fazer isso.
	Acredito na importância de exercer meu direito de votar.

9. Quais características eu valorizo mais nas pessoas próximas a mim?	Receptividade e humor.
	Prazer de viver.
	Honestidade e lealdade.
	Bondade.
	Inteligência e pensamento crítico.
	Apreciação por outras culturas e ideologias.
10. Que tipos de coisas realmente me fazem rir?	Minha irmã e seu marido, quando eles fazem graça.
	Comédias de situação.
	Palhaçadas de animais (como meu gato subindo nas cortinas).

Ao completar a Planilha 11-4, Gwynne percebeu que ela é muito mais do que um par de coxas. Complete a Planilha 11-5 para se ver mais holisticamente. Pense bem nas respostas que fornecerá. Coloque seu corpo temporariamente em segundo plano, a fim de aprender a viver mais alegremente dentro dele.

PLANILHA 11-5   Minha Visão Geral Holística Saudável

1. Quais são meus valores e filosofias pessoais para viver?	
2. Quais são meus hobbies e interesses?	
3. Quais são meus talentos, competências e habilidades idiossincráticas?	
4. Quais são meus gostos de decoração e escolhas pessoais de moda?	
5. Quais traços de personalidade eu possuo?	
6. Qual é minha identidade cultural e quais são minhas crenças espirituais atuais?	
7. Quais são meus planos e metas futuros?	
8. Qual é a minha atitude em relação à responsabilidade social e o tratamento dos outros?	

(continua)

(continuação)

9. Quais características eu valorizo mais nas pessoas próximas a mim?	
10. Que tipos de coisas realmente me fazem rir?	

Mostrando um pouco de valorização

Aquelas coxas que Gwynne menospreza por serem "grandes" também a permitem correr, saltar, pular e subir escadas. Ela certamente sentiria falta delas se parassem de funcionar por alguma razão. Seu corpo serve a mais do que a uma função estética. Ele permite que você aproveite a vida: experiencie sensações através de seus cinco sentidos, faça atividades divertidas, interessantes, tediosas e essenciais, abrace outras pessoas, grite com outras pessoas, veja a paisagem a sua volta, chore, ria, escute e aprenda, ande e fale. Você não é um trabalho de arte estático para ser julgado e avaliado puramente pelo que os olhos podem ver. Em vez disso, você é uma criatura complexa, multifacetada e em constante mudança (profundo, né?). Não só acredite na gente; pense nisso.

Dando um pouco de gratidão para seu corpo

Em vez de ser severo com seu corpo por ser menos do que lindo de morrer, tente ser grato por tudo o que ele faz por você. Tente cuidar melhor dele simplesmente porque é o único que tem, e sem ele você definitivamente perderia muito. A beleza física não é uma realização; é sorte. Claro que faz sentido aproveitar ao máximo o que você tem no departamento de aparência — as pessoas realmente parecem melhores quando estão em forma e saudáveis — mas, no fim, você precisa se aceitar com a aparência com a qual nasceu.

Seu corpo e rosto fazem muitas coisas que você pode não valorizar ou diminuir a importância em sua própria mente. Nós queremos que você saia da armadilha de "a aparência é tudo" e comece a honrar seu corpo por mais do que sua apresentação. Leia abaixo a história de Ray.

EXEMPLO

Ray é um universitário de 22 anos. Ele tem 1,85m de altura e é bem largo, ou "robusto". Ray ganha peso com facilidade se não faz uma quantidade razoável de exercícios. Durante seu último ano do ensino médio, ele ficou levemente acima do peso, porque priorizou os estudos para os níveis avançados sobre seus hobbies ativos. Daí em diante, Ray ficou muito autoconsciente sobre ser "um bolo fofo", mesmo embora seus amigos e familiares não tenham comentado muito sobre seu ganho de peso. Ray também acha agora que suas feições são muito grandes e que ele "parece um bandido". Seus novos colegas da universidade se referem a ele com carinho como "Ray grandão". Ray frequentemente se sente estranho, embora não se considere gordo. Ele se sente muito grande e desajeitado para ser considerado atraente por qualquer pessoa.

Ray completou a Planilha 11-6 para se ajudar a apreciar seu corpo e mudar a percepção negativa de sua aparência física.

PLANILHA 11-6   **O Formulário de Reconhecimento de Função Física de Ray**

O que meu corpo me permite fazer:	Realizar as tarefas básicas que fazem parte da vida cotidiana, como escovar meus dentes, caminhar, ver o mundo, e assim por diante.
	Fazer meu trabalho e, assim, ganhar dinheiro para pagar as contas e meus gastos pessoais.
	Caminhar pelo interior e tirar fotos.
	Dirigir meu carro.
	Falar com pessoas ao telefone, pela internet e pessoalmente.
	Conhecer outras pessoas, fazer amigos e criar relacionamentos.
	Aprender e me desenvolver em minha carreira e na vida pessoal.
O que meu corpo me permite sentir:	Todas as emoções, tanto boas quanto ruins.
	O calor do sol na minha pele.
	O prazer de um banho quente, uma massagem, comida e vinho bons, sexo, e assim por diante.
	A dor do luto pessoal e empatia/compaixão por outros em conflito.
	Animação e esperança.
	Amor dos outros.
	Dor (física e emocional) e alívio quando ela passa.
O que meu corpo me permite expressar:	Amor e cuidado para com os outros.
	Meus valores, interesses e opiniões.
	Meus gostos pessoais, desejos e objetivos.
	Minhas emoções.

O exemplo de Ray é meramente uma amostra para ajudá-lo a começar. Suas próprias respostas podem ser muito mais detalhadas e específicas que as de Ray. Veja suas respostas como um ponto de partida. Seja profundo e honesto consigo mesmo enquanto completa a Planilha 11-7.

DICA Não seja relutante em mostrar interesse neste formulário. Entre no espírito do exercício ao deixar sua imaginação fluir.

PLANILHA 11-7	**Meu Formulário de Reconhecimento de Função Física**
O que meu corpo me permite fazer:	
O que meu corpo me permite sentir:	
O que meu corpo me permite expressar:	

LEMBRE-SE: Seu corpo é realmente apenas a casca ou recipiente externo de sua existência. Valorize, ame, aproveite e cuide dele, mas — acima de tudo — aceite-o.

Implementando Melhorias Saudáveis em Casa

Se seu corpo é sua casa, então tentar mantê-lo em ordem é bom para sua saúde física e mental. Uma boa manutenção envolve todas as coisas normais: comer sensatamente, exercitar-se regularmente, reduzir o estresse, tirar um tempo para relaxar e evitar hábitos ruins, como fumar ou beber álcool demais.

Decorar e renovar (para ampliar a metáfora) também são considerações no caminho de uma imagem corporal saudável. Parte de aceitar sua aparência é ter uma quantia módica de orgulho de suas vestimentas e cuidados pessoais. Você não precisa viver em uma mansão para ter orgulho de sua casa. Cuide de seu corpo, rosto e cabelo; mime-se um pouco. Você tem todo o direito de fazê-lo, mesmo não sendo uma garota ou um garoto de capa de revista.

DICA: Se você esteve repleto de dúvidas sobre imagem corporal por muito tempo, você pode ter parado de comprar roupas e acessórios, usar perfume ou colônia ou até de pensar sobre estilo e moda. Fazer uma mudança externa pode ajudá-lo a sair da rotina psicológica da imagem corporal ruim. Tente vestir algo que você não veste há muito tempo. Use acessórios de cores diferentes, compre sapatos novos, tente um penteado diferente ou compre um terno novo. Como rearrumar os móveis em uma sala ou pintá-la de uma cor nova, fazer mudanças na maneira de ser vestir pode ser revigorante e melhorar seu humor.

Embarcar em regimes de exercícios, planos alimentares saudáveis e dietas são excelentes opções. Entretanto, se sua meta é ter um relacionamento melhor com seu corpo em longo prazo, então faça essas coisas por razões racionais ou "justas":

» Melhorar sua energia e forma no geral.
» Alcançar e manter um peso saudável.

- » Ser capaz de brincar ativamente com seus filhos e sobrinhos ou qualquer outra pessoinha energética em sua vida (ou seus animais de estimação!).
- » Melhorar a flexibilidade e combater dores (como nas costas ou nas articulações).
- » Aumentar a longevidade.
- » Corrigir problemas de saúde como pressão alta, colesterol alto, danos no fígado, problemas nas costas, problemas no sono, e assim por diante.
- » Combater/neutralizar os efeitos de estressores da vida.
- » Aproveitar melhor os hobbies.
- » Aumentar o apetite sexual e a confiança.
- » Ajudar a vencer os distúrbios da depressão e/ou ansiedade.

Todas as razões listadas para comer bem e fazer exercícios também terão o efeito bônus de ajudar você a realmente ter o seu melhor. É possível ter uma atitude saudável em relação a seu corpo, e sobre a aparência em geral, e ainda assim fazer melhorias onde você puder. O princípio-chave de que deve se lembrar é que você tem valor, independente do quão bonito é. Então tenha cuidado ao fazer melhorias baseadas na aparência com o único propósito de melhorar sua autoestima. Em vez disso, vise melhorar a confiança física e a sensação de bem-estar geral.

Ray usou a Planilha 11-8 para identificar coisas sobre sua aparência física e saúde que ele quer mudar e razões racionais para fazer as melhorias.

PLANILHA 11-8 ## Planilha Básica para Melhorar o Corpo Avantajado de Ray

Áreas destinadas a melhorar:	Meu peso.
	Meus músculos abdominais.
	Meu cabelo.
Melhorias específicas a fazer:	Perder seis quilos.
	Ganhar tônus muscular no meu abdômen.
	Deixar meu cabelo crescer um pouco.
Como atingir essas melhorias identificadas:	Comer mais frutas e vegetais.
	Pedir comida apenas uma vez por mês.
	Começar a jogar tênis.
	Entrar para a academia e ir três vezes por semana.
	Parar de beber cerveja.

(continua)

(continuação)

Razões para fazer isso:	Eu me sentirei menos desajeitado e mais energizado se perder seis quilos.
	Melhorar meus músculos do abdômen me ajudará com as dores nas costas e melhorará minha postura.
	Ter mais cabelo suavizará minhas feições e me ajudará a superar a ideia de que eu pareço um bandido.

Use a Planilha 11-9 para planejar seus próprios ajustes e melhorias físicas.

PLANILHA 11-9 Minha Planilha Básica para Melhorar Meu Corpo Avantajado

Áreas destinadas a melhorar:	
Melhorias específicas a fazer:	
Como atingir essas melhorias identificadas:	
Razões para fazer isso:	

> **NESTE CAPÍTULO**
>
> » Verificando os sinais de depressão
>
> » Entendendo como a evitação e o bloqueio mantêm a depressão
>
> » Percebendo o pior sobre a ruminação
>
> » Ativando-se para um viver mais gratificante

Capítulo 12
Dando um Golpe na Depressão

A depressão é um problema emocional comum e doloroso. Pode variar de se sentir para baixo durante algumas semanas e frequentemente melhorar a seu próprio tempo, a ser severa o suficiente para requerer tratamento hospitalar. Felizmente, a TCC é um tratamento cientificamente comprovado para a depressão, apoiado por dezenas de experimentos e pesquisa. A TCC pode funcionar com ou sem medicação antidepressiva e é comprovada pela redução de taxas de recaída.

Quase por definição, uma mente depressiva dirá que "tentar qualquer coisa é inútil, nada pode ser feito para me ajudar". Como esperamos que você descubra, essa crença está longe da verdade e é uma dos pensamentos insidiosos que a depressão tentará colocar na cabeça de uma pessoa para mantê-la deprimida.

Este capítulo foca a parte comportamental da TCC e mostra a você que encarar gradualmente as coisas que está evitando, envolver-se cada vez mais em atividades que acha recompensadoras e lidar construtivamente com quaisquer dificuldades que você tenha pode ter um efeito profundo em seu mau humor. Junto a isso, nós esboçamos como a *ruminação* (ficar pensando repetidamente nas coisas) pode, às vezes, parecer ser uma maneira de resolver os problemas, mas, na verdade, pode muito bem estar piorando seu humor. Identificar e interromper a ruminação é outra ferramenta poderosa para superar a depressão.

Decidindo se Você Está Deprimido

Identificar sintomas comuns da depressão tem várias vantagens. Pode lhe dar uma ideia clara de se você está sofrendo de "altos e baixos" ou "tristeza" ou se você tem sintomas de uma doença reconhecida. Use a Planilha 12-1 para identificar quaisquer sintomas de depressão que experiencie. Você pode, então, escolher mostrar esse checklist para seu médico e discutir possíveis opções de tratamento. Você também pode usar o checklist como ponto de referência enquanto trabalha para superar sua depressão, para ver como seus sintomas estão melhorando.

PLANILHA 12-1   Meu Checklist de Sintomas de Depressão

1. ❏	Eu me sinto triste, para baixo, deprimido ou vazio constantemente.
2. ❏	Tenho uma falta de interesse geral no que acontece a meu redor.
3. ❏	Notei um bom aumento ou diminuição do meu apetite e peso.
4. ❏	Tenho dificuldades para dormir. Sou incapaz de dormir e/ou acordar cedo e sou incapaz de voltar a dormir.
5. ❏	Eu me sinto lento e desmotivado.
6. ❏	Eu me sinto culpado ou inútil.
7. ❏	Acho difícil me concentrar e tomar decisões.
8. ❏	Sinto que estaria melhor morto.

CUIDADO Se você marcou os itens 1 ou 2 e quatro outros e se sente desse jeito por, pelo menos, duas semanas, há uma boa chance de que esteja sofrendo de depressão. Os princípios esboçados neste livro provavelmente o ajudarão, mas talvez queira considerar buscar ajuda profissional de um médico, conselheiro ou terapeuta. Veja o Capítulo 21 para mais sobre trabalhar com um profissional da saúde.

Avaliando Sua Evitação

Como apontamos com mais profundidade no Capítulo 7, as estratégias que o ser humano usa para tentar se sentir melhor muitas vezes pioram os problemas emocionais. Evitar tarefas cotidianas e interação social é parte da depressão. Pode ser muito tentador ceder a seus sentimentos depressivos e se esconder de outras pessoas e de suas responsabilidades. Entretanto, tal evitação pode levar, com frequência, a uma vida menos gratificante, o deixar com menos controle sobre sua vida, levar à acumulação de problemas financeiros, reduzir sua habilidade de resolver problemas e diminuir o apoio que você recebe dos outros.

Considere o que você pode estar evitando fazer (incluindo prazeres e tarefas) e o que pode estar fazendo para tentar bloquear seus pensamentos e sentimentos dolorosos. O efeito de algumas atividades varia de acordo com a função que servem. Apreciar seu programa de TV favorito, por exemplo, pode ser recompensador e ser parte de um plano para melhorar o humor, mas assistir TV por horas sem fim para bloquear o mundo manterá sua depressão.

Comportamentos de bloqueio tendem a ser coisas que você faz, em vez de seguir com as tarefas que são de seu melhor interesse. Então assistir TV em vez de abrir a correspondência ou atender ao telefone pode ser um exemplo de um comportamento de bloqueio e de evitação. Com frequência, você se envolverá em comportamentos de bloqueio, porque seu humor está tão ruim, que tudo parece sem sentido e opressivo. Infelizmente, quanto mais você deixa as coisas amontoarem, mais deprimido provavelmente se sentirá.

Comportamentos de bloqueio também podem incluir coisas como usar drogas, álcool ou comida para ajudar a anestesiar seus sentimentos depressivos. Essas coisas podem funcionar em curto prazo, mas normalmente levam a uma piora na depressão no dia seguinte.

A Tabela 12-1 mostra tipos comuns de comportamentos de evitação e bloqueio que aparecem na depressão. Use a tabela para ajudar a identificar seus próprios comportamentos mantenedores da depressão. Você pode, então, tê-los como alvo de mudança e substituí-los por comportamentos mais construtivos.

TABELA 12-1 Comportamentos de Evitação e Bloqueio

Atividades que Você Evita	Comportamentos de Bloqueio
Ver amigos em situações sociais	Tentar não pensar nos problemas
Atender ao telefone/responder aos e-mails	Assistir TV ou filmes
Abrir ou lidar com a correspondência	Beber álcool ou usar outras substâncias como fuga
Cuidar da sua casa — pagar as contas, fazer tarefas da casa	Ficar na cama ou voltar para a cama durante o dia
Cuidar de si mesmo — tomar banho e lavar a roupa, comer direito	Usar sexo ou pornografia excessivamente
Sair da cama pela manhã	Jogar jogos no computador
Falar com as pessoas sobre seus problemas	Comer para se sentir feliz
Comunicar-se com pessoas próximas de você	Navegar na internet e usar salas de bate-papo
Praticar seus hobbies e interesses	Exercitar-se excessivamente

EXEMPLO — Rhashid tem se sentido deprimido desde que não ganhou uma promoção no trabalho. Ele mora sozinho, não vai ao trabalho há seis semanas, e está muito isolado. Ele usou a Planilha 12-2 para avaliar seus comportamentos de evitação e bloqueio.

PLANILHA 12-2   Avaliação de Evitação e Bloqueio de Rhashid

O que você está evitando?	Atender ao telefone e responder aos e-mails. Fico arranjando desculpas para não ver meus amigos. Não estou realmente limpando nada.
Quais são os efeitos indesejados e inúteis dessa evitação?	Eu me sinto sozinho na maior parte do dia e realmente preso em uma rotina. O apartamento está ficando vergonhosamente bagunçado.
O que você está fazendo para tentar bloquear pensamentos ou sentimentos dolorosos?	Assistindo TV e DVDs velhos durante a maior parte do dia. Bebendo vinho e comendo porcarias à noite.
Quais são os efeitos indesejados ou inúteis dessas estratégias?	Sentir-me gordo e doente. Não estou realmente lidando com nada, então eu só acabo me sentindo perdido.

PRATIQUE — Agora use a Planilha 12-3 para identificar coisas que você está evitando e estratégias que você usa para tentar bloquear as coisas.

PLANILHA 12-3   Minha Avaliação de Evitação e Bloqueio

O que você está evitando?	
Quais são os efeitos indesejados e inúteis dessa evitação?	
O que você está fazendo para tentar bloquear pensamentos ou sentimentos dolorosos?	
Quais são os efeitos indesejados ou inúteis dessas estratégias?	

DICA — Use o que você aprendeu ao analisar sua evitação e bloqueio para ajudá-lo a orientar seu cronograma de atividades na seção "Atacando Ativamente Sua Depressão", mais adiante neste capítulo.

Quando você está deprimido, manter o foco de sua atenção em praticamente qualquer outra coisa que não seus pensamentos internos provavelmente o levará a se sentir, pelo menos, um pouco melhor. Aceitar a presença de pensamentos e imagens angustiantes como parte da depressão, mas então escolher mudar sua atenção para outras coisas provavelmente ajudará sua depressão a se estabilizar, em vez de piorar.

Estimando com a Ruminação

A palavra *ruminação* tem suas origens na maneira pela qual as vacas mastigam repetidamente o capim ("mascando a regurgitação") como parte de seu processo digestivo. Humanos também passam tempo ruminando, repassando coisas em suas mentes, mas com resultados mais prejudiciais. Geralmente, quando se sentem deprimidas, as pessoas ruminam eventos passados que não podem ser mudados ou questões que não podem ser respondidas, como:

» E se...?
» Se apenas... (eu tivesse feito as coisas de outro jeito).
» Por que me sinto desse jeito?
» Por que eu não fiz as coisas de outro jeito/escolhas diferentes?

Identificar onde e quando você rumina é metade da batalha, já que esse conhecimento o ajudará a evitar ficar preso nisso. Reconhecer sobre o que tende a ruminar também o ajudará a se esquivar dessa armadilha tóxica.

EXEMPLO

Rachael está deprimida desde que se separou de seu marido. Uma característica de sua depressão é que ela rumina com frequência a maneira que seu relacionamento acabou. Ela usou a Planilha 12-4 para identificar padrões de ruminação.

PLANILHA 12-4 **Registro de Reconhecimento de Ruminação de Rachael**

A que hora(s) do dia eu sou mais propenso a ruminar?	Pela manhã e à noite, se eu acordar.
Onde você está quando tende a ruminar?	Deitada na cama, em meu quarto ou no banheiro.
Que tipos de atividades você está fazendo quando rumina?	Tentando voltar a dormir ou me arrumando para ir trabalhar.
Sobre o que você normalmente rumina?	Eu tento entender por que as coisas acabaram com meu marido.
	Tento entender por que não consigo sair dessa depressão.

PRATIQUE Agora faça sua própria análise da sua ruminação na Planilha 12-5.

PLANILHA 12-5   Meu Registro de Reconhecimento de Ruminação

A que hora(s) do dia eu sou mais propenso a ruminar?	
Onde estou quando tendo a ruminar?	
Que tipos de atividades estou fazendo quando rumino?	
Sobre o que eu normalmente rumino?	

Atacando Ativamente Sua Depressão

Um cronograma de atividades é uma das ferramentas psicológicas mais eficazes (se não for a mais eficaz) que você pode usar para combater a depressão. Essa ferramenta normalmente é subestimada ou pouco usada por terapeutas e vítimas da condição porque parece simples demais, mas pesquisas mostram que ela funciona.

Um *cronograma de atividades* é uma planilha diária com horas do dia claramente marcadas em blocos de duas horas. Voltar à ativa é um passo vital para vencer a depressão. Como a depressão mina a motivação e promove a letargia, seu cronograma de atividades pode realmente ajudá-lo a realizar as tarefas cotidianas que você tem evitado. Pesquisas mostram que a simples ação de planejar suas atividades diárias e alocar horas específicas para tarefas específicas aumenta muito a probabilidade de realizá-las. Uma vez que você comece a usar um cronograma de atividades, sua motivação para fazer as coisas de que costumava gostar e achava gratificantes começará a retornar.

Você pode usar seu cronograma de atividades para vários trabalhos:

» Registrar uma atividade semanal para fornecer uma linha base para retornar em semanas futuras para comparar seu progresso.

» Começar a encarar continuamente as coisas que você tem evitado e ficar mais ativo.

» Reduzir comportamentos de bloqueio e substituí-los por atividades mais gratificantes e produtivas.

» Estruturar suas rotinas diárias para dar a melhor chance possível para que seus padrões de apetite e de sono voltem ao normal. Por normal nós queremos dizer fazer refeições regulares três vezes ao dia e ter aproximadamente oito horas de sono por noite.

> » Planejar seu dia ou semana para realizar suas tarefas domésticas, manter compromissos sociais e reservar um tempo para hobbies e interesses.
>
> » Monitorar que você aumente *gradualmente* suas atividades de maneira contínua e realista, em vez de se sobrecarregar com todas as coisas que você acha que deveria fazer.

A Planilha 12-6 é um exemplo de cronograma de atividades:

PLANILHA 12-6 Cronograma de Atividades

	Segunda	Terça	Quarta	Quinta	Sexta	Sábado	Domingo
6h–8h							
8h–10h							
10h–12h							
12h–14h							
14h–16h							
16h–18h							
18h–20h							
20h–22h							

PRATIQUE Agora complete seu próprio cronograma de atividades para registrar sua semana típica como linha de base. Use formulários subsequentes para aumentar gradualmente seus níveis de atividade. Use a avaliação na Planilha 12-3 para orientá-lo a visar deliberadamente a mudança desses comportamentos de evitação e bloqueio que você identificou como sendo parte da manutenção de sua depressão.

	Segunda	Terça	Quarta	Quinta	Sexta	Sábado	Domingo
6h–8h							
8h–10h							
10h–12h							
12h–14h							
14h–16h							

(continua)

(continuação)

16h–18h							
18h–20h							
20h–22h							

	Segunda	Terça	Quarta	Quinta	Sexta	Sábado	Domingo
6h–8h							
8h–10h							
10h–12h							
12h–14h							
14h–16h							
16h–18h							
18h–20h							
20h–22h							

	Segunda	Terça	Quarta	Quinta	Sexta	Sábado	Domingo
6h–8h							
8h–10h							
10h–12h							
12h–14h							
14h–16h							
16h–18h							
18h–20h							
20h–22h							

NESTE CAPÍTULO

» Identificando problemas obsessivos

» Reavaliando responsabilidades

» Encarando medos e interrompendo rituais

Capítulo **13**

Superando Obsessões e Eliminando Compulsões

O Transtorno Obsessivo-compulsivo (TOC), a hipocondria e o Transtorno Dismórfico Corporal (TDC) são exemplos de problemas obsessivos, que podem ser extremamente perturbadores e interferir muito na vida daqueles que os enfrentam. Este capítulo mostra a você como esses problemas são mantidos e oferece algumas técnicas-chave para superá-los. Felizmente, a TCC tem se mostrado bem-sucedida em ajudar pessoas a superar cada um dos problemas obsessivos que discutimos aqui.

Observando o Comportamento Obsessivo

Apenas um médico pode diagnosticar se você sofre de um problema obsessivo. Esta seção tem checklists de características comuns de três dos problemas obsessivos mais comuns, que lhe darão uma pista sobre se você está sofrendo com esse tipo de problema. Como mostramos, entender qual é seu problema é um passo crítico para se livrar da ansiedade excessiva e debilitante, obsessões e preocupações.

DICA

Se você conseguir identificar obsessões e/ou compulsões nas listas nas seções seguintes, e elas lhe causam sofrimento e/ou interferem em sua vida, mostre as listas para seu médico e discuta possíveis diagnósticos e tratamento para TOC.

LEMBRE-SE

A maneira que você enfrenta suas obsessões pode ser parte da manutenção delas — em outras palavras, sua solução pode ser o problema. Entender esse conceito é uma parte muito importante da recuperação. Use o Capítulo 7 para ajudá-lo a construir um perfil das estratégias que está usando atualmente que estão alimentando o problema.

Verificando o TOC

O Transtorno Obsessivo-compulsivo (TOC) está entre as dez principais doenças mais incapacitantes, de acordo com a Organização Mundial da Saúde das Nações Unidas. Essa doença é caracterizada por *obsessões*, que são pensamentos, imagens, impulsos ou dúvidas, e compulsões perturbadoras, que são rituais e comportamentos organizados que uma pessoa se sente forçada a realizar.

PRATIQUE

Trabalhe com a Planilha 13-1 para verificar se você tem qualquer característica do TOC.

PLANILHA 13-1 Checklist de Obsessões

- ❏ Pensamentos ou imagens religiosas, profanas, insultantes, indesejadas e perturbadoras invadem minha mente.
- ❏ Sou muito perturbado por pensamentos ou imagens intrusivas de atos violentos como esfaquear, empurrar, bater e queimar.
- ❏ Pensamentos ou imagens sexuais inaceitáveis ou inadequadas entram repetidamente na minha cabeça contra minha vontade e me causam sofrimento.
- ❏ Eu me preocupo frequentemente com contaminação por sujeira, germes, fluidos corporais, excrementos, produtos químicos, substâncias pegajosas ou outros materiais.
- ❏ Eu me preocupo frequentemente que possa perder algo importante ou me arrepender de jogar algo fora.

❏	Eu me preocupo com frequência que possa ser responsável por um evento ruim, como um incêndio, alagamento, acidente de carro ou roubo, por não ser cuidadoso o suficiente.
❏	Minhas obsessões me causam níveis significativos de sofrimento.
❏	Minhas obsessões estão em minha cabeça por, pelo menos, uma hora por dia.
❏	Minhas obsessões interferem em minha capacidade de funcionar em áreas importantes da minha vida, como minha vida social, profissional, em família e em relacionamentos.

Os seis primeiros itens na Planilha 13-1 podem ajudá-lo a identificar os tipos de obsessões que o perturbam. Esses são tipos bem comuns de TOC. Marcar mesmo um deles é o suficiente para indicar que você sofre de TOC. Muitas pessoas têm mais de uma forma de transtorno, então não fique preocupado se marcar mais de um dos seis primeiros itens. Os três últimos itens na planilha o ajudam a determinar o quão severo é o seu problema e quanto ele está atrapalhando sua vida. O TOC é o que chamamos de *transtorno do espectro*, o que significa que pode variar em severidade. Pessoas com TOC leve podem achar suas obsessões irritantes, mas não são incomodadas por elas por mais de uma hora por dia, e seu TOC não as impede de viver uma vida normal. Se você tem um TOC mais severo, provavelmente acha suas obsessões muito perturbadoras e distrativas. Suas obsessões estão em sua mente por, pelo menos, uma hora e, possivelmente, várias horas por dia. Quanto mais severo o seu TOC, mas ele impede sua capacidade de funcionar. Tarefas cotidianas como trancar portas, ir ao trabalho, interagir com amigos e familiares, vestir-se e tomar conta das tarefas domésticas podem se tornar extremamente demoradas quando você tem TOC moderado a severo. Felizmente, não importa o quão severo seja seu TOC, a TCC pode ajudar a superá-lo.

O TOC é um tópico amplo. Há muitas formas diferentes de TOC, e discutir cada uma em profundidade infelizmente está além do escopo deste capítulo. O tratamento de TCC provou-se eficaz com todos os tipos de problemas de TOC, e os princípios esboçados neste capítulo (bem como os exercícios nos Capítulos 4 e 9) podem realmente ajudá-lo. Você também pode querer consultar outros livros que lidam exclusivamente com TOC. Nós recomendamos um livro de Rob Wilson e David Veale chamado *Overcoming Obsessive Compulsive Disorder* ["Superando o Transtorno Obsessivo-compulsivo", em tradução livre], publicado pela Robinson & Constable.

Descobrindo o transtorno dismórfico corporal (TDC)

A Associação Americana de Psiquiatria informa que o TDC é caracterizado por uma preocupação com um defeito imaginado na aparência ou uma atenção nitidamente excessiva a um defeito físico pequeno. O TDC é um problema profundamente perturbador e incapacitante que vai além da feiura imaginada. Pessoas que sofrem com esse tipo de problema tendem a ficar muito preocupadas com sua aparência e com muito medo de serem humilhadas por causa do que percebem como uma aparência "repulsiva" ou "bizarra".

Use a Planilha 13-2 para verificar qualquer sintoma de TDC.

PLANILHA 13-2   Checklist de Sintomas de TDC

- ❏ Eu passo mais de uma hora por dia me preocupando com a minha aparência.
- ❏ Eu acredito que sou feio ou inaceitável, apesar de outros me garantirem que esse não é o caso.
- ❏ Eu me preocupo se serei envergonhado ou humilhado por causa da minha aparência, especialmente se não esconder ou camuflar meu(s) defeito(s).
- ❏ Eu tendo a comparar minha aparência à de outras pessoas, incluindo pessoas que encontro em minha vida e aquelas nas revistas e na televisão.
- ❏ Eu passo muito tempo pensando em como posso melhorar ou camuflar minha aparência através de procedimentos cosméticos ou dermatológicos, roupas, suplementos dietéticos, exercícios, maquiagem e assim por diante.

Se você marcar três ou mais itens, provavelmente está sofrendo de TDC. Os mesmos tipos de técnicas da TCC que funcionam para o TOC podem ajudá-lo a superar o TDC. Você pode usar as planilhas neste capítulo para ajudá-lo a entender e vencer o TDC.

Destacando a hipocondria

Hipocondria é o termo usado para a ansiedade com a saúde, que pode ser severamente perturbadora. Ela envolve estar constantemente preocupado sobre ter ou desenvolver doenças sérias.

Use a Planilha 13-3 para ajudar a reconhecer as características da hipocondria.

PLANILHA 13-3   Checklist de Hipocondria

- ❏ Eu passo pelo menos uma hora por dia preocupado, com medo de estar doente ou por uma ideia de que estou com câncer, doença cardíaca, esclerose múltipla, AIDS ou algo similar, apesar de ter garantia médica de que tudo está bem.
- ❏ Eu tenho uma sensação forte de que estou vulnerável a doenças.
- ❏ Eu me preocupo de que não esteja alerta para sinais de doenças e possa perder algo importante.
- ❏ Eu me preocupo muito de que a ansiedade em si possa me prejudicar.

Se você marcou o primeiro item, só isso provavelmente indica que tem hipocondria. Se marcou o primeiro item e um ou mais itens além dele, a probabilidade de que você sofra de hipocondria aumenta.

O transtorno obsessivo-compulsivo, o transtorno dismórfico corporal e a hipocondria respondem muito bem ao tratamento com TCC. Os mesmos exercícios de TCC são eficazes para superar todos os três transtornos, e é por isso que incluímos todos eles no mesmo capítulo. Nós insistimos que você leia os Capítulos 4 e 9 para mais técnicas para ajudá-lo a vencer esses transtornos.

Verificando comportamentos compulsivos

Compulsões são ações que você se sente obrigado a realizar repetidamente ou de uma maneira exata e precisa. A hipocondria, o TOC e o TDC envolvem ações compulsivas e rituais. Rituais e compulsões são muito similares no que tange à parte de se sentir obrigado a executá-los e muito desconfortável e ansioso se for impedido, de alguma forma, de fazê-los. Rituais, no entanto, são muitas vezes mais elaborados do que as compulsões diretas. Por exemplo, você pode se sentir atraído a se vestir em uma ordem precisa e passar por um ritual muito específico para colocar os itens de vestuário. Ou você pode ter um ritual sobre como escovar seus dentes. Pode ser muito particular sobre quanta pasta de dente você usa, quantas vezes você escova cada fileira de dentes, e assim por diante. Um exemplo de uma compulsão pode ser sentir que precisa verificar se trancou a porta dez ou mais vezes.

O problema com compulsões e rituais é que quanto mais você os realiza, mais reforça a ideia de que precisa continuar os realizando. A Planilha 13-4 o ajuda a identificar rituais e compulsões comuns associadas com a hipocondria, o TOC e o TDC.

PRATIQUE Agora use a Planilha 13-4 para passar pela lista de compulsões comuns. Se você realiza qualquer uma das ações listadas na planilha mais de três vezes, você as está realizando excessivamente e mais do que é considerado necessário pela maioria das pessoas sem problemas obsessivos. Da mesma forma, se o tempo que você dedica às tarefas listadas na planilha significa que você negligencia outros deveres ou chega atrasado em compromissos, é porque está as realizando em excesso.

PLANILHA 13-4 **Checklist de Compulsões**

❏	Eu verifico as coisas com frequência, como fechaduras, torneiras de água, registros de gás e itens elétricos, com mais frequência do que é necessário.
❏	Eu passo uma quantidade excessiva de tempo no banho.
❏	Eu frequentemente busco segurança com meu parceiro, amigos ou família. (Pedindo repetidamente por garantias de que nada ruim acontecerá, que não tenho uma doença ou que pareço "normal" ou "aceitável".)
❏	Eu frequentemente repito palavras e frases na minha cabeça, ou repasso imagens.
❏	Eu passo uma quantia excessiva de tempo colocando as coisas em ordem, limpando ou fazendo coisas "só por precaução".
❏	Eu tenho uma quantidade excessiva de coisas acumuladas em minha casa.
❏	Tento muito tirar pensamentos perturbadores de minha cabeça.
❏	Fico significativamente angustiado se sou impedido ou interrompido ao realizar meus rituais.
❏	Minhas compulsões interferem com a minha capacidade de funcionar em áreas importantes da minha vida social, profissional, em família e em relacionamentos.

Os tipos de comportamentos excessivos destacados nesta planilha corroboram e mantêm seu problema obsessivo. Uma vez que estiver ciente de seus rituais e compulsões individuais, sabe o que precisa diminuir.

DICA: Pode ser útil monitorar e registrar quantas vezes você verifica coisas, repete palavras ou frases, pede garantia ou se envolve em outros rituais. Também pode registrar exatamente quanto tempo passa em certas tarefas. Fazer isso pode ajudá-lo a perceber completamente o grau em que as compulsões estão interferindo com sua vida.

LEMBRE-SE: Realizar ações compulsivas e ritualísticas é um sintoma dos transtornos mencionados anteriormente. Lembre-se de que reduzir e parar essas ações é um elemento importante para superar seus problemas obsessivos.

Avaliando e Agindo contra Atitudes Obsessivas

Pesquisas restringiram as bases comuns dos problemas obsessivos. A intolerância da dúvida e da incerteza, a responsabilidade excessiva, uma necessidade de controle sobre sua mente, saúde ou atratividade são características comuns do pensamento obsessivo. Veja se alguns dos exemplos são familiares:

» Se um pensamento ou imagem de dano acontecendo a mim mesmo ou a outros me ocorre, significa que eu sou responsável por prevenir esse dano.

» Eu preciso ter certeza de que meu medo não se tornará realidade.

» Eu deveria ser capaz de controlar os pensamentos, dúvidas, imagens ou sensações que tenho.

» Porque um pensamento ou imagem perturbadora vem a minha mente, ele deve querer dizer algo sobre mim — que eu sou mau, ruim, perigoso ou perturbado de outra forma.

» Se algo ruim acontece e eu não executei todos os passos possíveis para evitar, eu sou o culpado por isso ter acontecido.

Os exercícios nas próximas seções visam ajudá-lo a lutar contra as atitudes que guiam seu comportamento obsessivo.

Colocando a Teoria A contra a Teoria B

Se você leu qualquer um dos capítulos neste livro antes deste, está familiarizado com a ideia de que quanto mais extremo é o significado que dá a um evento, mais extrema provavelmente será sua resposta emocional.

A Teoria A é a definição negativa e catastrófica que você dá a seu problema. Por exemplo, "um pensamento intrusivo sobre abusar de uma criança significa que eu devo querer fazer isso e que isso prova que sou um pedófilo", ou "uma imperfeição na minha aparência significa que sou horrendo e que serei totalmente humilhado se me aproximar de alguém que acho atraente", ou "esse caroço na minha pele significa que eu tenho um câncer que não foi detectado, eu morrerei em alguns meses, e meus filhos ficarão arrasados".

A Teoria B é uma definição mais realista e provável que você escolhe dar a seu problema. Então, "pensamentos intrusivos sobre abusar de uma criança significa que eu tenho TOC e que estou me preocupando obsessivamente sobre ser um pedófilo", ou "uma imperfeição na minha aparência é algo em que eu foco demais porque tenho TDC" ou "estou preocupado com esse caroço porque tenho hipocondria, e não câncer".

A Planilha 13-6 lhe dá uma estrutura para desenvolver uma teoria menos ameaçadora e mais precisa para seu problema obsessivo. Então você decide adotar a teoria que melhor se encaixa com os fatos — a Teoria B! Em seguida, esforce-se para se comportar como se realmente acreditasse que a Teoria B está correta. Quando age de acordo com os Autores da Teoria, você se envolve em todos os tipos de rituais e compulsões como aquelas descritas na Planilha 13-4, que só pioram sua obsessão. Agir de acordo com a Teoria A o leva a resistir às compulsões e rituais e se envolver em outras atividades que o ajudam a superar suas obsessões.

EXEMPLO Por muitos anos, Sharon experienciou pensamentos obsessivos sobre machucar sua filha. Ela usou a Planilha 13-5 para criar uma teoria que a ajudasse a lidar com seu problema.

PLANILHA 13-5 **Planilha de Construção de Teoria Trabalhável de Sharon**

Pensamento, dúvida, imagem, impulso, desejo sensação física intrusiva ou área de preocupação:	
Sempre que estou perto de um objeto que poderia fazer potencialmente mal a alguém, como facas ou tesouras, eu tenho uma imagem de machucar minha filha com aquele objeto.	
Teoria A (teoria perturbadora/negativa)	**Teoria B (teoria alternativa)**
Isso significa que eu sou uma pessoa má e perigosa que deveria ser trancada e nunca ver sua filha de novo.	Isso significa que estou extremamente preocupada em ser perigosa para minha filha e estou com medo de ela se machucar.
O que posso tentar fazer para tratar meu problema como se a Teoria B fosse a certa?	
Eu preciso tentar me preocupar menos sobre ser perigosa e interpretar imagens intrusivas como um reflexo do que naturalmente eu não quero que aconteça. Isso significa que me treinar para ficar mais confortável com objetos potencialmente perigosos/afiados, como eu costumava ficar há alguns anos e a maioria das pessoas é. Eu também preciso deixar minhas imagens intrusivas e dúvidas passarem pela minha cabeça sem torná-las tão significativas e sem lutar contra elas ou buscar garantias.	

PRATIQUE Agora considere uma Teoria A e uma Teoria B menos perturbadora para sua própria obsessão, usando a Planilha 13-6.

PLANILHA 13-6   Minha Planilha de Construção de Teoria Trabalhável

Pensamento, dúvida, imagem, impulso, desejo sensação física intrusiva ou área de preocupação:	
Teoria A (teoria perturbadora/negativa)	Teoria B (teoria alternativa)
O que posso tentar fazer para tratar meu problema como se a Teoria B fosse a certa?	

Avaliando realisticamente a responsabilidade

A responsabilidade excessiva leva a preocupação e culpa excessivas, e a tentar demais evitar que coisas ruins que estão fora de seu controle aconteçam. Ela está no centro dos problemas obsessivos. Reduzir sua tendência de assumir responsabilidade excessiva por causar ou evitar prejuízos, monitorar sua saúde ou ser humilhado com base em sua aparência é uma grande ajuda para reduzir suas próprias obsessões.

EXEMPLO Clive se preocupa excessivamente em passar substâncias tóxicas e fluidos corporais para outras pessoas e elas ficarem doentes ou morrerem por isso. A Planilha 13-7 mostra como ele atribuiu responsabilidade por seu problema.

PLANILHA 13-7 O Gráfico de Pizza de Responsabilidade Realista de Clive

Fatias do gráfico:
- Clive
- Pessoas e empresas que usam produtos químicos tóxicos são responsáveis por descartá-los adequadamente e com segurança.
- O governo é responsável por regular produtos químicos e informar o público sobre os riscos.
- Empresas químicas que produzem produtos químicos tóxicos são responsáveis por lidar e descartá-los com segurança.
- Outras pessoas têm responsabilidade por cuidar de suas próprias saúdes.

Para fazer seu gráfico de pizza de responsabilidade, primeiro preencha a Planilha 13-8. A primeira classificação é importante porque ela representa a quantidade de responsabilidade que você assume antes de realmente analisar outros fatores contribuintes. Geralmente você dá a si mesmo uma quantidade irracional e exagerada de responsabilidade pessoal por seu evento temido. Certifique-se também de listar todos os fatores contribuintes a sua frente e se coloque por último no gráfico. Caso contrário, você arrisca deixar passar fatores além de si mesmo e dar a si mesmo uma fatia generosa demais do gráfico.

PLANILHA 13-8 Minha Planilha de Atribuição de Responsabilidade

Defina seu evento temido:	
Classifique quanta responsabilidade (de 0 a 100%) você daria a si mesmo se esse evento temido ocorresse:	
Liste todos os fatores que você considera que contribuiriam para seu evento temido, colocando-se por último na lista.	
Agora distribua uma porção de responsabilidade para cada um dos fatores que você listou, colocando-se por último.	

Use as porcentagens da Planilha 13-8 para preencher seu próprio gráfico de pizza na Planilha 13-9.

PLANILHA 13-9 ## Seu Gráfico de Pizza de Responsabilidade Realista

Seguindo na direção certa

"Como você pode realmente saber disso?" é a pergunta que nossos clientes com problemas obsessivos *sempre* nos fazem. "Como você pode ter certeza de que não causarei mal a ninguém?", "Como você pode ter certeza de que não estou doente?", "Como você pode ter certeza de que não ficarei doente?", "Como você pode saber que não serei rejeitado e humilhado?", "Como você pode ter certeza de que não sou perigoso para crianças?". A resposta, obviamente, é que não podemos ter certeza de nenhuma dessas coisas. Mas podemos ter muita certeza de que se você continuar buscando respostas a essas dúvidas e incertezas, estará propenso a manter seu problema obsessivo.

Se você identificou um problema obsessivo em si mesmo e está preocupado com algo, não pode ter certeza de que seu medo não se tornará realidade. Entretanto, pode ter muita certeza de que está propenso a superestimar as chances de desastres. Esse conhecimento tem uma implicação muito importante: em vez de se preocupar, você pode escolher assumir seguramente que as coisas estão bem, e então agir de acordo.

Pense em sua mente como um barco viajando ao longo de um rio amplo. À medida que você navega, o lado esquerdo do rio representa "presumir o pior", e o lado direito, "presumir que as coisas ficarão bem". Agora, enquanto você navega pelo rio que está navegando o mundo, você nota que o vento (ansiedade) e a corrente (obsessões) movem o barco em direção à margem que presume o pior. Então, para evitar colidir com a margem, você precisa mudar a direção do seu barco para a margem que presume que as coisas ficarão bem, pelo menos até a corrente e o vento se acalmarem.

EXEMPLO

Mike se preocupa com danos que poderá causar às pessoas inadvertidamente. Por exemplo, se ele está andando pela rua, tem medo de empurrar alguém acidentalmente na frente dos carros. A Planilha 13-10 mostra como ele começou a combater seu viés.

PLANILHA 13-10   **Planilha de Assumir o Controle de Mike**

Gatilho:	Passar por uma mulher na rua.
O que eu tendo a presumir:	Que a machucarei.
Como eu ajo como consequência:	Eu dou um amplo espaço para as pessoas, o máximo que puder, e olho para trás repetidamente ou retraço meus passos para verificar sinais de um acidente.
Os resultados de pensar e agir dessa maneira:	Isso me atrasa, e percebo que estou agindo muito estranhamente. Isso também só me reconforta por um momento, e eu me preocupo frequentemente que devo ter machucado outra pessoa enquanto estava distraído verificando a pessoa original.
Presunção alternativa (presumir que as coisas estão bem):	Continuar me movendo sem cuidado excessivo e sem buscar ou tentar ouvir sinais de um acidente.

PRATIQUE

Agora, usando a Planilha 13-11, identifique os tipos de presunções catastróficas inúteis das quais você se beneficiaria ao se afastar.

PLANILHA 13-11	Minha Planilha de Assumir o Controle

Gatilho:

O que eu tendo a presumir:

Como eu ajo como consequência:

Os resultados de pensar e agir dessa maneira:

Presunção alternativa (presumir que as coisas estão bem):

DICA Use este exercício com moderação para ajudar a estabelecer o curso contra seu problema obsessivo. Evite usá-lo se sentir que está fazendo isso para ganhar segurança de que definitivamente não agirá sobre suas obsessões e está absolutamente seguro de fazer isso. Caso contrário, você pode acabar transformando essa planilha em outro ritual! Em vez disso, use-a para reconhecer os benefícios de agir de acordo com sua presunção alternativa de que as coisas ficarão bem.

Pessoas com problemas obsessivos como TOC, TDC e hipocondria normalmente exigem garantias sólidas de que certas coisas ruins não acontecerão. Exigências por certeza raramente podem ser satisfeitas e, portanto, produzem ansiedade. Então, quando estiver trabalhando para superar seus problemas obsessivos, é importante aprender a tolerar a dúvida e a incerteza.

Controlando os Rituais

Junto a confrontar deliberadamente os gatilhos de seus medos, dúvidas e pensamentos intrusivos, você precisa reduzir e parar os rituais e compulsões que usa em resposta. Esta seção oferece algumas sugestões para controlar rituais. (Para mais conselhos sobre confrontar deliberadamente seus medos, veja o Capítulo 9.)

Verificando e mudando seu critério de término

Uma das chaves para remover rituais é ficar ciente da razão de terminar uma sessão de banho, verificação, buscar garantias ou realizar outro comportamento ritualístico. Essa razão é conhecida como seus *critérios de término*. Pessoas que lavam suas mãos excessivamente, por exemplo, tendem a terminar de lavar quando *acham certo*, enquanto a pessoa comum termine de lavas as mãos quando suas mãos parecem limpas o suficiente se estavam visivelmente sujas, ou só ligam o piloto automático para fazer uma lavagem rápida depois de usar o banheiro, já que não acham isso tão importante. A Tabela 13-1 lista razões úteis e problemáticas para encerrar um comportamento.

TABELA 13-1 Razões Boas e Não Tão Boas para Encerrar Comportamentos Compulsivos

Razões problemáticas	Razões comuns e aceitáveis
Parece certo	Foi o bastante; mais um pouco seria muito esforço
Estou confortável	É conveniente fazer assim
É "só por precaução"	Eu posso ver que acabou e posso viver com a dúvida de que não acabou
Eu tenho certeza	Eu já me importei o suficiente, não preciso ter certeza
	É a quantidade de importância que a maioria das pessoas dá
	Vamos seguir para a próxima tarefa/o próximo compromisso

EXEMPLO Harold lava suas mãos pelo menos 30 vezes por dia por vários minutos, usando água muito quente e sabão antibacteriano. A Planilha 13-12 mostra como mudar seu critério de término o ajudou a reduzir isso.

PLANILHA 13-12 Planilha de Mudança de Critério de Harold

O ritual ou compulsão que quero reduzir ou parar:	Lavar as mãos excessivamente.
O critério inútil que tendo a usar para encerrar esse ritual ou compulsão:	Quando tenho certeza de que removi qualquer traço de germes e tenho uma sensação de alívio.
O critério alternativo que vou treinar a usar para encerrar minha ação:	Fazer da lavagem de mãos algo rápido e funcional. Parar uma vez que tenha ensaboado brevemente as mãos e enxaguado. Eu só preciso lavar por mais de alguns segundos se puder ver sujeira nas mãos sem examiná-las cuidadosamente.

PRATIQUE — Use a Planilha 13-13 para descobrir um ponto no qual parar seus rituais.

PLANILHA 13-13   Minha Planilha de Mudança de Critério

O ritual ou compulsão que quero reduzir ou parar:	
O critério inútil que tendo a usar para encerrar esse ritual ou compulsão:	
O critério alternativo que vou treinar a usar para encerrar minha ação:	

Registrando e resistindo a rituais

Manter um registro dos rituais ou compulsões que você executa é um passo simples e, ainda, surpreendentemente útil para reduzi-los. Uma planilha que registre a frequência de seus rituais o ajuda a:

» Ver com que frequência você os utiliza e melhorar sua consciência.

» Registrar seu progresso.

» Aumentar sua motivação a resistir.

EXEMPLO — Mark é perturbado por um medo de causar danos a pessoas na rua através de sua negligência. Isso o leva a verificar constantemente quando passa por pessoas para garantir que não bateu ou tropeçou nelas. Mark olha constantemente para trás para garantir que as pessoas que estiveram perto dele não estão machucadas. Quando ele anda pela rua, mantém seus braços próximos do corpo e não carrega objetos afiados ou sacolas grandes, para não machucar alguém. Quando chega em casa, Mark busca cuidadosamente em toda sua roupa qualquer traço de sangue, o que pode significar que ele, sem notar, machucou outra pessoa. A Planilha 13-14 mostra sua folha de registro de ritual.

PLANILHA 13-14   Registro de Ritual de Mark

Ritual/Compulsão	DOM	SEG	TER	QUA	QUI	SEX	SÁB
Olhar para trás quando passo por pessoas na rua para ter certeza de que não bati ou tropecei nelas.	5×	3×	1×	0	11×	13×	2×
Buscar traços de sangue em minhas roupas quando volto para casa.	2×	2×	1×	0	6×	6×	2×
Segurar os braços com força perto do corpo e conferir que continuem nessa posição.	10×	12×	4×	0	6×	6×	2×

LEMBRE-SE   Você pode estar executando rituais em sua cabeça, bem como no comportamento, então registre os rituais mentais também.

PRATIQUE   Use a Planilha 13-15 para identificar rituais que você quer reduzir. Pare suas compulsões e comece o registro!

PLANILHA 13-15   Meu Registro de Ritual

Ritual/Compulsão	DOM	SEG	TER	QUA	QUI	SEX	SÁB

> **NESTE CAPÍTULO**
>
> » Entendendo a baixa autoestima
>
> » Admitindo a autoaceitação como uma alternativa para a baixa autoestima
>
> » Agindo de acordo com atitudes de aceitação
>
> » Fazendo melhorias pessoais

Capítulo **14**

Aumentando a Baixa Autoestima

Classificar-se como "bom" ou "ruim", um "sucesso" ou um "fracasso", "merecedor" ou "imprestável" com base em suas realizações ou circunstâncias é extremamente comum. No entanto, ser uma prática comum não a torna boa. Na verdade, ligar sua opinião própria a condições externas está na raiz dos problemas de autoestima. Sua opinião sobre si mesmo fica vulnerável a despencar se sua situação atual não for mantida. A vida é imprevisível e propensa a mudar, por isso seu humor e visão de si mesmo podem mudar muito se você ancorar consistentemente seu valor a seu trabalho, relacionamentos, situação financeira, e assim por diante.

Mesmo o termo *autoestima* é problemático, pois implica que uma pessoa pode receber uma classificação geral precisa ou "estimativa", mesmo se a pessoa fazendo essa classificação for você! Avaliar uma joia ou um diamante e estimar seu valor geral no mercado é fácil. Pessoas, no entanto, são criaturas vivas em constante mudança, e muito mais complexas do que objetos inanimados. Uma alternativa para a autoestima é o conceito de *autoaceitação*.

A TCC o encoraja a parar de se classificar. Em vez disso, aceite a si mesmo como uma pessoa basicamente digna e só classifique aspectos individuais de si mesmo, de seu estilo de vida, comportamento, e assim por diante. Neste capítulo nós falamos mais sobre o conceito de autoaceitação e oferecemos alguns exercícios práticos para aplicar uma atitude de aceitação em relação a si mesmo e aos outros.

Você pode usar a maioria dos exercícios neste capítulo para aumentar sua tolerância a outras pessoas também. As mesmas regras da autoaceitação se aplicam à aceitação dos outros. Praticar uma atitude de aceitação dos outros pode ajudá-lo a parar com a raiva, a inveja e a mágoa não saudável.

Adquirindo Autoaceitação

Todos os seres humanos têm valor igual. Pare por um momento e considere o quanto você concorda com essa afirmação. Todas as vidas humanas não são sagradas? Não é por isso que o assassinato é um crime, independente de quem for morto? Basicamente, a maioria de nós aprende que seres humanos têm uma dignidade e um valor *intrínseco* (significando que somos valiosos e dignos só porque existimos). Mas frequentemente nos comportamos como se algumas pessoas fossem mais valiosas do que outras.

Comumente damos importância demais (ou sobrevalorizamos) certas coisas estimadas na sociedade ocidental, como riqueza e status social. Você pode supor erroneamente que as pessoas que possuem essas condições apreciadas ou traços são superiores a você mesmo ou a outros que não as têm. Ao mesmo tempo, você pode dar pouquíssima importância (ou subvalorizar) aspectos de sua própria pessoa, como generosidade, responsabilidade social e bondade.

Comparar-se aos outros com base em condições externas o leva a se sentir superior ou inferior. Ambas as posições não são saudáveis porque ou você está se colocando para baixo ou está colocando os outros.

Adquirir autoaceitação (e aceitação dos outros também) significa que você é capaz de reconhecer que somos todos iguais em valor, mas diferentes em aspectos específicos. Então você pode ser um excelente cozinheiro e um motorista ruim, enquanto seu vizinho pode ser o exato oposto. Vocês dois ainda são indivíduos dignos, mas têm pontos fortes e limitações diferentes. Um dos primeiros passos em direção à autoaceitação é notar condições particulares às quais você normalmente associa seu próprio valor.

A Planilha 14-1 é um checklist das áreas ou domínios gerais em que as pessoas frequentemente julgam seu valor geral. Marque aquelas que combinam com você, então adicione as próprias que não estão na lista.

PLANILHA 14-1   Checklist de Condições Externas

- ❏ Qualificações acadêmicas/educacionais
- ❏ Sucesso na carreira ou trabalho
- ❏ Criatividade/talentos artísticos
- ❏ Etnia
- ❏ Fama/status de celebridade
- ❏ Passado familiar
- ❏ Inteligência
- ❏ Saúde mental
- ❏ Habilidades parentais
- ❏ Atratividade física/boa forma
- ❏ Deficiências físicas
- ❏ Saúde física
- ❏ Qualidade dos relacionamentos
- ❏ Observância religiosa
- ❏ Popularidade social/facilidade social
- ❏ Status socioeconômico
- ❏ Riqueza/posses materiais
- ❏ _____
- ❏ _____

Agora que você identificou as áreas em que tende a se atribuir classificações gerais, pode usar esse conhecimento para ajudar a superar a baixa autoestima e adotar a autoaceitação. As técnicas oferecidas nas próximas seções podem ajudá-lo a fazer isso.

Percebendo as razões para não odiar a si mesmo

Seres humanos são complexos demais para receber classificações gerais. Somos um conjunto de traços bons, ruins e neutros misturados. Claro, há coisas sobre você mesmo ou sobre suas circunstâncias de vida que você pode querer melhorar, mas isso não melhora seu valor. Fazer mudanças positivas onde for possível pode ajudá-lo a aproveitar mais a vida, mas seu valor humano permanece constante.

Você provavelmente tem áreas com as quais não está satisfeito, mas que é incapaz de melhorar ou alterar. Por exemplo, você pode não ser artístico ou muito sociável, e esse é só o jeito que você é. Às vezes é preciso apenas aceitar a realidade e focar outras habilidades e talentos. Classificar-se negativamente por causa de suas limitações pode levar a problemas emocionais como ansiedade, depressão e vergonha.

LEMBRE-SE

Seus problemas emocionais não são resolvidos ao classificar a si mesmo como "ruim" ou "inútil" justamente por ter esses problemas. Chutar-se quando está caído não é a maneira mais eficaz de levantar. Se você classifica todo seu valor com base em apenas um aspecto de si mesmo, está cometendo o erro "parte--todo": julgando (e, provavelmente, condenando) você por inteiro com base em uma ou duas partes de si mesmo. Não faça isso. Julgar-se dessa maneira não é bom.

Como um ser humano, você está sempre mudando e crescendo, do dia em que nasce até o dia de sua morte. Cada pessoa é única e individual — ninguém mais no planeta é exatamente como você. Sua complexidade humana envolve todas as suas experiências, ações e aventuras passadas, presentes e futuras.

PRATIQUE

Use a Planilha 14-2 para listar as razões para *não* se dar uma classificação geral.

PLANILHA 14-2   Razões para Não Me Classificar

Dar uma classificação geral a mim mesmo é impreciso porque estou sempre mudando. Essas são algumas maneiras que estou mudando e me desenvolvendo como ser humano:	
Sou complexo demais para ser capaz de classificar ou julgar a mim mesmo precisamente com base em um ou mais traços ou ações individuais. Minhas complexidades como ser humano incluem:	
Como ser humano eu sou único. Alguns de meus traços, habilidades, limitações, gostos e desgostos incluem:	

Deixando para trás os rótulos repulsivos

Além de inutilmente dar a si mesmo classificações gerais, você provavelmente xinga a si mesmo, e alguns xingamentos devem ser bem ruins. Pode ser que você se xingue em pensamento ou pode até falar em voz alta às vezes.

CUIDADO

Mesmo que não ache que sempre *seja sincero* ao dizer as coisas ruins que diz para si mesmo, elas podem ter um efeito negativo em sua opinião de si mesmo. Então, se não está sendo sincero, não as fale para si mesmo! E mesmo que pareçam verdadeiras naquele momento, pare!

Os xingamentos que usa para si mesmo podem corroer ainda mais seu senso de valor e reforçar crenças centrais negativas (veja o Capítulo 16 para mais informações sobre crenças centrais e como mudar as negativas). Outro termo para o xingamento é *rotulação* (veja o Capítulo 2 para mais sobre rotulação). Alguns exemplos típicos de rotulação repulsiva incluem expressões como:

Sou inadequado	Sou imprestável
Sou fraco	Não sou bom
Sou um fracasso	Eu não importo
Sou defeituoso	Sou idiota
Não sou amável	Sou patético
Sou inútil	Sou um perdedor
Sou mau	Sou nojento
Sou inferior	Sou louco

O principal método para retirar os rótulos repulsivos de sua vida é resistir em usá-los. É como abandonar um hábito. Pegue-se no ato e se recuse a xingar-se com rótulos horrendos — tanto dentro de sua cabeça quanto em voz alta.

DICA

Uma das táticas que às vezes usamos com pacientes é fazê-los colocar 50 centavos dentro de um pote sempre que eles se xingam. Fazer isso o ajuda a ver com que frequência você recorre ao xingamento e pode ajudá-lo a se lembrar de parar. Você pode, então, doar o dinheiro em seu pote para sua instituição de caridade favorita ou outra causa justa.

Em vez de se xingar com rótulos negativos gerais como aqueles listados, tente rotular apenas suas ações e seja muito específico sobre com qual aspecto de suas ações você está insatisfeito. Então, em vez de dizer "Sou um perdedor completo", especifique o que você perdeu ao dizer algo como "Eu perdi meu emprego", "Eu perdi a partida de golfe" ou "Eu perdi a promoção". Ser específico o ajuda a aceitar que você às vezes é capaz de perder, mas às vezes reconhece que também é capaz de ganhar. Por isso ninguém nunca é um "perdedor completo".

Também substitua nomes e rótulos precisos pelos gerais negativos que normalmente usa. Você não precisa divagar por autoafirmações radicalmente positivas como "Eu sou fantástico" ou "Eu me amo", e, na verdade, nós não o encorajamos que faça isso, por duas razões. Primeiro, provavelmente não acreditará em coisas tão gerais e positivas sobre si mesmo, especialmente se tem lutado contra a baixa autoestima por algum tempo. Segundo, essas afirmações, embora positivas, ainda não são saudáveis, porque são gerais e irreais. Ninguém nunca é totalmente ruim e, portanto, ninguém nunca é totalmente bom. Em vez disso, tente usar autoafirmações alternativas que sejam equilibradas e realistas. A Tabela 14-1 mostra algumas alternativas adequadas.

TABELA 14-1 Alternativas Saudáveis aos Rótulos

Rótulo Repulsivo	Autoafirmação Alternativa Saudável
Sou inadequado	Eu tenho habilidades e talentos
Sou imprestável	Sou uma pessoa digna
Sou fraco	Tenho pontos fortes e fracos
Não sou bom	Eu tenho muitas qualidades boas
Sou um fracasso	Sou um ser humano falível, capaz de sucessos e fracassos
Eu não importo	Tenho importância
Sou defeituoso	Eu posso ter certos defeitos (como qualquer pessoa), mas não sou defeituoso
Sou idiota	Eu posso fazer coisas idiotas às vezes, mas isso não significa que eu seja um idiota
Não sou amável	As pessoas podem me amar, e eu sou digno de ser amado
Sou patético	Eu tenho capacidades
Sou inútil	Eu faço muitas coisas úteis
Sou um perdedor	Eu sou uma pessoa normal que pode ganhar ou perder
Sou mau	Eu sou uma pessoa com traços bons e ruins
Sou nojento	Eu sou aceitável
Sou inferior	Eu tenho valor igual aos outros
Sou louco	Mesmo que, às vezes, eu faça coisas loucas, eu não sou totalmente louco

EXEMPLO

Rajesh ancora seu autovalor no sucesso de sua carreira e sua popularidade social. Ele frequentemente diz a si mesmo que é inadequado e é um fracasso total se dá uma mancada no trabalho ou se envergonha mesmo que levemente em uma situação social. Com frequência Rajesh se sente ansioso antes de ir a eventos sociais e antes de reuniões de trabalho. Por causa de suas crenças de que ele deve ter sucesso em sua carreira e ser popular, Rajesh experiencia com frequência emoções negativas não saudáveis, como vergonha e depressão, quando suas regras pessoais não são totalmente satisfeitas. Ele não se permite cometer erros perfeitamente humanos. Rajesh usou a Planilha 14-3 para reajustar sua autorrotulação e avaliar os efeitos de fazê-lo.

PLANILHA 14-3   Lista de Rótulos Repulsivos e Alternativos de Rajesh

Áreas em que baseio toda a classificação do meu eu:	Meu sucesso de carreira e no trabalho.
	Meu sucesso social/popularidade e habilidade social.
Quais rótulos negativos eu uso com mais frequência sobre mim mesmo?	Eu sou um fracasso. Eu sou inútil. Eu sou antipático.
Quais são três boas razões para parar com esses rótulos?	1. Eu me sinto muito mal em relação a mim mesmo e deprimido quando me xingo assim.
	2. Eu tendo a evitar saídas sociais e coisas do trabalho quando penso em mim mesmo alinhado a esses rótulos.
	3. Eu decido que não posso melhorar e desisto de tentar alcançar metas quando estou preso no comportamento de xingamento.
Quais são as alternativas úteis de autoaceitação para esses rótulos?	Todo mundo comete erros no trabalho e gafes sociais de vez em quando, não só eu. Eu sou um ser humano capaz de sucesso e fracasso, como todas as outras pessoas no planeta.
	Só porque eu cometo erros, isso não me torna totalmente inútil. Eu faço muitas coisas úteis.
	Várias pessoas parecem gostar da minha companhia, e eu tenho vários amigos. Só porque eu meto os pés pelas mãos de vez em quando ou me sinto um pouco esquisito socialmente, isso não significa que sou antipático. Ninguém pode ser ideal para todo mundo.

Depois de gerar algumas afirmações alternativas saudáveis para substituir seus rótulos repulsivos, você precisa reforçar sua crença nelas. Pratique dizendo suas alternativas saudáveis para si mesmo várias vezes ao dia — especialmente em situações em que normalmente recorreria à autorrotulação repulsiva. Também aja como se realmente acreditasse em sua alternativa saudável. Por exemplo, se você realmente acredita que é "digno de valor", então você cuida de sua saúde, participa de atividades sociais, dá seus pontos de vista e opiniões e faz contato visual com os outros. Quanto mais você age de acordo com a nova maneira que quer pensar de si mesmo, mais acreditará que é a verdade.

Para mudar um hábito com sucesso, você precisa mantê-lo por um mínimo de três semanas. Você notará mudanças depois de uma semana, ou mesmo depois de alguns dias, mas precisa continuar praticando as maneiras saudáveis alternativas de pensar sobre si mesmo por várias semanas. Com o tempo, esforço e prática deliberados, pensar de maneira positiva e equilibrada sobre si mesmo se tornará mais automático. Em outras palavras, você terá desenvolvido um novo e construtivo hábito de pensamento.

A Planilha 14-4 mostra como Rajesh monitorou seu progresso.

PLANILHA 14-4 **Relatório de Progresso de Três Semanas de Rajesh**

Depois de 1 semana:	Eu preciso lembrar muito e me esforçar a resistir a me xingar. Obviamente faço isso muito mais do que pensava antes de seguir este exercício.
Depois de 2 semanas:	Eu me sinto melhor sobre mim mesmo no geral e mais capaz de seguir com situações desconfortáveis quando estou resistindo a me xingar e rotular negativamente.
Depois de 3 semanas:	Está ficando mais fácil resistir a me xingar. Eu acho que estou pensando de maneira mais equilibrada e útil sobre o trabalho e situações sociais quase automaticamente. Eu me sinto menos deprimido e envergonhado. Além disso, gosto muito mais de mim do que há três semanas.

PRATIQUE

Na Planilha 14-5 e na 14-6, liste seus próprios hábitos de autoxingamento e registre os resultados de se recusar a se xingar!

PLANILHA 14-5 **Minha Lista de Rótulos Repulsivos e Alternativos**

Áreas em que baseio toda a classificação do meu eu:	
Quais rótulos negativos eu uso com mais frequência sobre mim mesmo?	
Quais são três boas razões para parar com esses rótulos?	
Quais são alternativas úteis de autoaceitação para esses rótulos?	

Note as mudanças positivas, os benefícios e os efeitos gerais que você experimenta enquanto se livra de rótulos repulsivos na Planilha 14-6.

PLANILHA 14-6 **Seu Relatório de Progresso de Três Semanas**

Depois de 1 semana:	
Depois de 2 semanas:	
Depois de 3 semanas:	

Agindo sobre a Aceitação

Crenças e atitudes de autoaceitação têm as três seguintes características:

» Fazem sentido lógico. Por exemplo, só porque você *prefere* não cometer erros, isso não significa que você não *deva* cometê-los.

» São consistentes com a realidade. Por exemplo, você é capaz de cometer erros. Assim, dar-se permissão de errar reflete a realidade de sua capacidade de errar de vez em quando.

» São úteis. Por exemplo, se você se permitir errar, não ficará desnecessariamente deprimido quando cometer um erro. Você será mais capaz de fazer as pazes ou resolver problemas se não ficar absorvido em se condenar por seus erros.

Correndo o risco de nos repetir (mas alguns pontos devem ser repetidos), classificar-se por inteiro sobre um componente do seu comportamento não é útil. A Figura 14-1 lhe dá um exemplo mais visual de sua complexidade humana. Além disso, destaca a besteira de dar a si mesmo um rótulo geral.

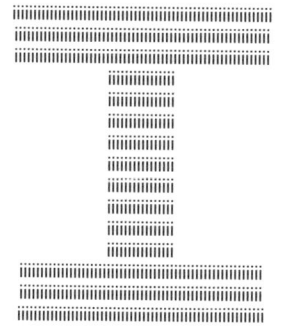

FIGURA 14-1: O que você vê primeiro, o I maiúsculo ou os minúsculos?

O *I* maiúsculo desenhado na Figura 14-1 representa você como um *todo* — passado, presente e futuro; bom, mau e neutro. Absolutamente cada pequena parte de você. Os *is* minúsculos representam seus vários comportamentos, traços, habilidades, atributos, talentos, experiências, sonhos, limitações, erros, chateações, e assim por diante.

Somando as Evidências

A autoaceitação pode parecer um conceito bem direto, mas como muitos princípios da TCC, é consideravelmente mais difícil de colocar em prática. Como não é fácil, a autoaceitação precisa ser ensaiada e revista repetidamente antes de você começar a sentir os efeitos positivos. Quanto mais provas ou evidências consegue reunir para apoiar sua atitude de autoaceitação, mais a reforçará como verdadeira.

Siga estes passos para completar a Planilha 14-8:

1. **Descreva um evento ou situação negativa na qual você se xingou.**
2. **Registre o rótulo não saudável que você deu a si mesmo em suas próprias palavras.**
3. **Registre sua autodeclaração saudável alternativa.**
4. **Busque e registre evidências na situação que apoiem sua atitude de autoaceitação saudável e contradiga seu rótulo negativo não saudável.**

A Planilha 14-7 fornece um exemplo de como Rajesh trabalhou para reforçar suas atitudes de autoaceitação.

PLANILHA 14-7   Epístola de Evidências de Rajesh

Situação:	Derrubar minha bebida e enrolar minhas palavras quando chego em uma noite social depois do trabalho.
Rótulo negativo:	Sou um perdedor completo e antipático.
Atitude alternativa de autoaceitação:	Tudo bem que eu tenha ficado um pouco confuso. Eu não sou um perdedor, mas sou uma pessoa falível e ainda sou agradável, apesar do meu pequeno escorregão social!
Evidências apoiando minha atitude de autoaceitação:	Todo mundo riu e brincou sobre eu ter derramado minha bebida. Um colega foi, na mesma hora, até o bar e comprou outra para mim. Todo mundo falou comigo e me fez perguntas, embora nada sério tenha acontecido. Meu colega de mesa me arrastou até a pista de dança. Ninguém ficou me olhando engraçado ou com indiferença por causa da minha esquisitice.

Agora reforce suas atitudes de autoaceitação usando a Planilha 14-8.

PLANILHA 14-8   Minha Carta de Evidências

Situação:	
Rótulo negativo:	
Atitude alternativa de autoaceitação:	
Evidências apoiando minha atitude de autoaceitação:	

Agora veja a Planilha 14-7 novamente e inclua qualquer evidência extra que possa ter deixado passar ou descartado da primeira vez.

Sentindo-se bem sobre a falibilidade humana

Você é humano, logo, é falível — você comete erros. Aceite. Sua falibilidade é inevitável. Pessoas perfeitas não existem. Então, em vez de se colocar para baixo, ficar envergonhado ou deprimido com seus erros, insistir que *deve* fazer melhor ou desistir totalmente, encare sua falibilidade essencial.

A Planilha 14-9 o ajuda a aceitar sua habilidade de cometer gafes, escorregões, pequenos erros ou grandes besteiras e ainda pensar em si mesmo como uma pessoa basicamente boa. Tente uma vez.

PLANILHA 14-9   **Meu Formulário para Me Sentir Bem com a Falibilidade**

Eventos recentes pelos quais estou me colocando para baixo:	
Como me colocar para baixo está afetando meu humor?	
Como me colocar para baixo está afetando meu comportamento?	
Reveja o evento/os eventos novamente. Eu fiz algo ruim ou me comportei mal?	
Eu cometi um erro ou falhei em alguma coisa?	
Considerando minha falibilidade humana, eu posso ter uma visão mais compassiva ou complacente de mim mesmo à luz desses eventos recentes?	
Como eu posso fazer as pazes pelo comportamento ruim, se for o caso?	
Como posso retificar um erro ou falha, se for o caso?	

(continua)

(continuação)

À luz desses eventos, existem condições que posso lutar para melhorar/mudar?	
À luz desses eventos, existem elementos deles que posso lutar para aceitar como são?	
Como aceitar a mim mesmo como falível me motivará a continuar a resolver meus problemas?	
Como aceitar a mim mesmo como falível beneficiará meu humor e opinião de mim mesmo?	

Sendo muito específico

Um antídoto para a classificação geral é ser *muito específico* ao julgar ações, atos ou intenções. Então, em vez de dizer a si mesmo o fracasso total que você é, pergunte-se de que maneira *específica* você falhou nessa ocasião. Em vez de se rotular como um incompetente completo, pergunte-se em que área *específica* você se comportou de maneira incompetente. Admita os pormenores, em vez de simplesmente jogar o todo fora.

A Planilha 14-10 mostra como Rajesh foi específico.

EXEMPLO

PLANILHA 14-10   **Planilha da Sinopse Específica de Rajesh**

O que aconteceu exatamente?	Eu fiquei um pouco nervoso e bobo quando cheguei a um evento social depois do trabalho.
Com que aspecto específico do meu (ou dos outros) desempenho, comportamento ou resposta emocional eu fiquei insatisfeito?	Eu derrubei minha bebida e falei incoerentemente.
Como posso colocar meu descontentamento em perspectiva, dada minha compreensão sobre mim mesmo e sobre os outros como seres humanos que cometem erros?	Tudo bem, então eu derrubei minha bebida e gaguejei. Não é o fim do mundo. O resto da noite correu bem, e mesmo que não tivesse, não significaria que eu sou inútil ou antipático. Simplesmente significaria que eu fico ansioso em situações sociais. Não é um grande crime, mas uma inconveniência pessoal que estou tentando superar. Minha ansiedade social tem mais impacto negativo em mim do que naqueles a meu redor. Então eu realmente não preciso me preocupar tanto com o que outras pessoas pensam de mim.

PRATIQUE — Quando você julga a si mesmo cruelmente e é rancoroso, você provavelmente está fazendo o mesmo com os outros. Julgar é uma faca de dois gumes que pode, no fim, afetar seus relacionamentos pessoais negativamente. Então use a Planilha 14-11 para você mesmo e para os outros! Ao usar a planilha para outra pessoa, lembre-se de resistir a classificá-la globalmente com base em suas ações. Seja específico sobre o que fizeram ou deixaram de fazer que o deixou insatisfeito. Finalmente, lembre-se de que os outros também são falíveis — assim como você. Aplicar esses princípios básicos de aceitação tanto com os outros quanto consigo mesmo pode reduzir muito a desarmonia nos relacionamentos.

PLANILHA 14-11   Minha Planilha da Sinopse Específica

O que aconteceu exatamente?	
Com que aspecto específico do meu (ou dos outros) desempenho, comportamento ou resposta emocional eu fiquei insatisfeito?	
Como posso colocar meu descontentamento em perspectiva, dada minha compreensão sobre mim mesmo e sobre os outros como seres humanos que cometem erros?	

Usando a técnica do melhor amigo

Frequentemente é mais fácil ser compreensivo e compassivo com as pessoas que ama do que consigo mesmo. Você pode perceber que pode perdoar e deixar passar falhas de pessoas de que gosta, mas acha difícil dar a mesma folga para si mesmo. Aprender a ser mais compreensivo e compassivo consigo mesmo é uma parte importante da autoaceitação e promove uma boa saúde emocional. Já ouviu falar em dois pesos e duas medidas? Uma regra para você e outra para mim? Hmmm. Pense em um evento recente sobre o qual está se torturando. Agora imagine que seu melhor amigo ou alguém de que gosta muito veio até você censurando a si mesmo sobre o mesmo evento. O que você diria para essa pessoa querida? Use a Planilha 14-2 para destacar o que diria a seu melhor amigo se ele estivesse na sua situação. Em seguida, faça um esforço real para aplicar o mesmo conselho para si mesmo.

PLANILHA 14-12   Formulário do Seu Melhor Amigo

O que aconteceu exatamente?	
O que estou dizendo a mim mesmo sobre o que aconteceu? O que isso quer dizer sobre mim?	

(continua)

(continuação)

Eu aconselharia meu melhor amigo ou outra pessoa querida para ter esse ponto de vista de si mesmo sobre esse evento?	
Se não, por que não?	
O que eu diria a meu melhor amigo ou outra pessoa querida nas mesmas circunstâncias?	
Como posso aplicar a mim mesmo o mesmo conselho que eu daria a um amigo ou pessoa querida?	

Aceitando e Melhorando a Si Mesmo ao Mesmo Tempo

Talvez você ache que aceitar a si mesmo significa que deva desistir do autoaperfeiçoamento e deixar passar qualquer ação ruim que possa fazer ou ações boas que negligencia em executar. Esperamos que não, porque essa realmente não é a nossa mensagem. No equilíbrio, se você aceita a si mesmo como fundamentalmente digno em vista de suas falhas ou maus comportamentos, você está em uma posição melhor para trabalhar neles do que se condenar. Nós sugerimos que você, simultaneamente, dê a si mesmo espaço para ser menos do que perfeito e ainda lutar para fazer mudanças pessoais importantes. Fazer isso realmente é uma receita para o sucesso do autoaperfeiçoamento.

Selecionando áreas específicas de autoaperfeiçoamento

Se quer fazer melhorias a seu comportamento pessoal e a sua vida em geral, é melhor ser extremamente específico. Dizer "eu quero ser uma pessoa melhor" pode ser verdadeiro, mas não dá informação suficiente para continuar. O detalhe é o que importa. Veja o Capítulo 8 para mais sobre estabelecimento de metas.

PRATIQUE Tente a Planilha 14-3. Faça agora, e faça de novo mais tarde, depois de ler ou reler o Capítulo 8.

PLANILHA 14-13   Minhas Áreas Específicas de Autoaperfeiçoamento

Que problemas emocionais eu quero superar?	
Como eu gostaria de me sentir diferente? (Veja o Capítulo 6 sobre descobrir seus sentimentos.)	
Quais aspectos de meu comportamento eu quero mudar?	
Como eu gostaria de me comportar de maneira diferente?	
Em quais situações específicas eu gostaria de me comportar e me sentir diferente?	
Como mudar a maneira que eu me sinto e me comporto nessas situações será benéfico para mim (pense em curto, médio e longo prazo)?	
Quais aspectos das circunstâncias da minha vida eu quero melhorar?	
Qual ação eu preciso executar para iniciar essas melhorias?	
Quais passos posso dar — e quando — para me ajudar a fazer mudanças básicas a minhas circunstâncias?	

Aceitando a responsabilidade pessoal

Outras pessoas ou eventos do mundo/da vida não nos estragam completamente. Os significados que damos a esses eventos fazem um trabalho muito mais completo e abrangente.

PRATIQUE

O pobre Rajesh está cansado. Ele está trabalhando tanto em seus próprios problemas! Tente a Planilha 14-14 sozinho para descobrir seus significados pessoais. Nós achamos que você sobreviverá.

PLANILHA 14-14   Meu Registro de Reconhecimento de Responsabilidade Pessoal

O que aconteceu? (Seja claro e preciso!)	
Quais significados pessoais estou atribuindo à situação/ao evento?	
Estou cometendo alguma distorção cognitiva que me leve a sentir emoções não saudáveis?	
O que eu fiz (se fiz alguma coisa) que tenha sido ruim no contexto da situação?	
Como posso tentar fazer as pazes, se adequado ou necessário?	
Como posso ter uma visão compassiva de mim mesmo à luz dessas circunstâncias? (Pense no que você diria a um amigo próximo ou pessoa querida.)	
Eu sou completamente responsável pelo evento?	
Quem mais tem algum grau de responsabilidade pelo evento?	

LEMBRE-SE   Quando você assume a responsabilidade *adequada* pelo seu comportamento e suas emoções, é muito mais capaz de fazer mudanças eficazes. Quando você culpa outras pessoas ou condições/eventos de vida por suas emoções perturbadas ou comportamento autodestrutivo, está desistindo de seu poder de melhorar as coisas.

Revendo Regularmente as Razões para a Autoaceitação

A autoaceitação requer prática. Às vezes você pode achar que acreditar e agir de acordo com suas novas atitudes é fácil, e que outras vezes é mais difícil. A Planilha 14-15 pode ajudá-lo a ver o sentido de atitudes de autoaceitação quando sua convicção está diminuindo.

PRATIQUE

Reveja o trabalho que você fez neste capítulo e registre quaisquer respostas que achar mais persuasivas nesta planilha final.

PLANILHA 14-15   Suas Razões para a Aceitação de Si Mesmo e dos Outros

Minha atitude de aceitação de mim mesmo/dos outros:	
Por que faz total sentido ter essa atitude?	
Por que essa atitude é verdadeira? (Como essa atitude se encaixa na realidade?)	
De que maneiras específicas é útil para mim ter essa atitude?	
Como ter essa atitude beneficia positivamente o meu humor?	

DICA

Você pode usar a Planilha 14-15 como uma folha de cola. Carregue-a consigo e consulte-a de vez em quando (ou quando sentir uma autoagressão chegando), para manter os conceitos frescos em sua cabeça.

> **NESTE CAPÍTULO**
>
> » Sabendo a diferença entre raiva saudável e não saudável
>
> » Adquirindo atitudes de aceitação
>
> » Praticando a afirmação saudável
>
> » Gostando de si mesmo como você é

Capítulo 15
Conservando Relacionamentos

Sua habilidade de se dar bem com os outros depende de sua habilidade de aceitá-los e experienciar emoções negativas saudáveis, em vez de não saudáveis, como raiva, ódio e fúria. (Dê uma olhada no Capítulo 6 para uma explicação sobre emoções negativas saudáveis e não saudáveis.) A raiva não saudável é uma razão comum para problemas de relacionamentos. Outra causa comum de dificuldades interpessoais é a baixa autoestima. Neste capítulo ajudamos você a entender que tipo de raiva experiencia com mais frequência e a se aperfeiçoar em sentir raiva saudável. Nós também lhe damos alguns exercícios para fortalecer sua aceitação de si mesmo e dos outros — aumentando, assim, suas chances de desenvolver relacionamentos satisfatórios e funcionais.

Superando a Fúria

Todo mundo faz isso de vez em quando — perde a cabeça, explode, tem um chilique, perde as estribeiras. No entanto, alguns se comportam dessa maneira mais do que outros. Perder a cabeça pode causar problemas em sua vida romântica, em relacionamentos familiares, amizades e na vida profissional.

Reconhecer se a fúria não saudável é ou não o tipo de emoção que você está experienciando é o primeiro passo para superá-la. Esta seção o ajuda a discernir entre raiva irracional e incômodo adequado.

Reconhecendo a raiva saudável

Vamos dar uma olhada nos aspectos da raiva saudável. Quando está saudavelmente com raiva, você tende a pensar de modo equilibrado e com aceitação sobre os outros. Reconhece que alguém pisou no seu calo ou violou uma de suas regras pessoais sem decidir que essa pessoa não *deveria* ter feito isso. Você ainda se sente no controle de si mesmo e se comporta de maneira assertiva, mas não ameaçadora.

PRATIQUE Escolha um exemplo recente ou típico de quando você fica com raiva e use o checklist na Planilha 15-1 para identificar aspectos da raiva saudável que se aplicam a seus pensamentos, comportamentos e reações físicas.

PLANILHA 15-1 Checklist de Aspectos da Raiva Saudável

Aspectos de Pensamento
❑ Ter fortes preferências sobre como os outros/o mundo se comporta
❑ Permitir que os outros vivam de acordo com suas próprias regras pessoais
❑ Preferir fortemente que outros o tratem bem e não desrespeitem ou ridicularizem você
❑ Desejar que outras pessoas e condições de vida não atrapalhem a busca de suas metas
❑ Pensar realisticamente sobre se outras pessoas agiram deliberadamente mal em relação a você ou não
❑ Considerar que você e a outra pessoa podem estar certos e errados em algum grau
❑ Fazer um esforço para entender o ponto de vista da outra pessoa

Aspectos de Ação
❑ Afirmar-se respeitosamente
❑ Ficar na situação e tentar resolver o desentendimento
❑ Pedir para a outra pessoa modificar seu comportamento enquanto respeita seu direito de discordar de você
❑ Buscar evidências de que a outra pessoa pode não ter se comportado com má intenção

Aspectos Físicos
❑ Algum grau de tensão muscular
❑ Leve tremor
❑ Sentir-se um pouco quente ou vermelho
❑ Frequência cardíaca levemente aumentada

Vendo aspectos da raiva não saudável

A raiva da variedade não saudável é tipificada por certas maneiras de pensar e agir, além de certas sensações físicas. Geralmente a raiva não saudável significa que você está pensando de maneiras muito severas sobre alguém e se comportando de maneira intimidadora (da qual você *pode* se arrepender mais tarde). A sensação normalmente parece bem desconfortável e desgastante.

LEMBRE-SE

Como regra, a *raiva não saudável* dura mais e é mais intensamente desconfortável do que sua versão mais saudável.

PRATIQUE

Pense em um exemplo recente ou típico de quando ficou com raiva. Use o checklist na Planilha 15-2 para marcar os aspectos da raiva não saudável que se aplicam a você.

PLANILHA 15-2 Checklist de Aspectos da Raiva Não Saudável

Aspectos de Pensamento

- ❏ Exigências ou regras rígidas sobre como as outras pessoas/o mundo deve ou não se comportar
- ❏ Insistir que os outros não devem desrespeitar ou ridicularizar você
- ❏ Exigir que os outros e as condições de vida não atrapalhem você de conseguir o que quer e quando quer
- ❏ Assumir que outras pessoas agiram deliberadamente de maneira indesejável ou desagradável em relação a você
- ❏ Tomar a postura de que você está totalmente certo e os outros estão totalmente errados
- ❏ Recusar-se a considerar o ponto de vista ou opinião da outra pessoa

Aspectos de Ação

- ❏ Atacar ou querer atacar outra pessoa verbal e/ou fisicamente
- ❏ Vingar-se da outra pessoa de maneiras sutis, como sabotando seu trabalho ou relacionamento (o que é conhecido como agressão passiva, em termos psicológicos)
- ❏ Descarregar sua raiva em pessoas inocentes, como outras pessoas em sua vida, animais ou objetos
- ❏ Fantasiar e planejar uma vingança
- ❏ Ficar emburrado ou ignorar a outra pessoa
- ❏ Buscar evidências de que a ofensa foi maliciosa e provavelmente será repetida

Aspectos Físicos

- ❏ Tensão muscular
- ❏ Tremores
- ❏ Mandíbula cerrada
- ❏ Sentir-se quente e vermelho
- ❏ Frequência cardíaca aumentada

Tendo visto a diferença entre raiva saudável e não saudável usando os checklists, você pode agora estar em uma posição melhor para decidir que tipo de raiva experiencia com mais frequência.

Calculando o Custo de Perder Sua Calma

Ficar com raiva não saudável pode gerar consequências negativas em seus relacionamentos e em sua vida em geral. Às vezes você pode pensar que sua raiva tem benefícios positivos que o incômodo saudável não traria. Provavelmente está errado. Normalmente você fica mais articulado e é mais eficaz em emitir sua opinião se não está exalando hostilidade.

EXEMPLO

Paul odeia que outras pessoas lhe digam o que fazer. Ele diz a si mesmo que não consegue suportar quando outras pessoas tentam controlá-lo. Mesmo se sua namorada faz um pequeno pedido, ele vê isso como uma imposição e fica muito na defensiva. Paul também tem problemas no trabalho porque acha que seu chefe o está desvalorizando se ele fizer qualquer coisa além de elogios a seu trabalho. Ele perdeu muitos empregos como resultado de seus ataques de raiva. Recentemente Paul teve uma briga séria com sua namorada porque ela discordou dele sobre os planos das férias. Ele gritou com ela e a acusou de "tratá-lo como um idiota" por questionar sua escolha de destino. Durante a briga, ele a empurrou contra um móvel, causando um hematoma feio em suas costas. Como resultado, a namorada de Paul se recusou a sair de férias com ele e está repensando o futuro de seu relacionamento. Paul agora se sente culpado por machucar sua namorada e está se torturando por seu comportamento. Paul usou a Planilha 15-3 para calcular o custo de sua raiva não saudável.

PLANILHA 15-3   Planilha de Contagem de Custo de Paul por Perder a Cabeça

Relembre uma situação recente ou típica na qual você ficou com raiva não saudável:	Minha namorada discordou de mim sobre aonde ir nas férias de verão.
De quem ou de que você ficou com raiva?	Da minha namorada, por desafiar minha opinião e meus planos.
O que sua raiva não saudável levou você a fazer?	Eu gritei com ela e a xinguei. Ameacei-a e a empurrei contra a estante de livros.
Que efeito sua raiva não saudável teve na outra pessoa envolvida e/ou no seu relacionamento com ela? (Pense sobre o curto e o longo prazo.)	Ela chorou, pareceu magoada e assustada, e saiu correndo do meu apartamento. Agora ela não irá mais comigo nas férias e está pensando seriamente em terminar comigo.

Que efeito sua raiva não saudável teve na situação/no problema? (Pense sobre o curto e o longo prazo.)	Deixou meu problema muito mais sério do que precisava ser e criou uma situação muito perturbadora e dolorosa entre mim e minha namorada. As férias foram totalmente canceladas.
Que efeito sua raiva não saudável teve em você? (Pense sobre o curto e o longo prazo.)	Eu me senti muito fora de controle na hora da briga. Agora me sinto culpado por machucar minha namorada e estou muito preocupado de ela terminar comigo por ser tão violento.

PRATIQUE Use a Planilha 15-4 para ajudá-lo a calcular o custo de perder a sua cabeça.

PLANILHA 15-4   **Minha Planilha de Cálculo de Custo por Perder a Cabeça**

Relembre uma situação recente ou típica na qual você ficou com raiva não saudável:	
De quem ou de que você ficou com raiva?	
O que sua raiva não saudável levou você a fazer?	
Que efeito sua raiva não saudável teve na outra pessoa envolvida e/ou no seu relacionamento com ela? (Pense sobre o curto e o longo prazo.)	
Que efeito sua raiva não saudável teve na situação/no problema? (Pense sobre o curto e o longo prazo.)	
Que efeito sua raiva não saudável teve em você? (Pense sobre o curto e o longo prazo.)	

DICA O Capítulo 8 contém um formulário de Análise de Custo-Benefício (ACB) que você pode achar útil para pesar ainda mais os custos e benefícios de sua raiva saudável e não saudável.

Aumentando Seu Pavio

Tudo bem, talvez você esteja percebendo que sente raiva não saudável com frequência e que ela tem alguns resultados bem negativos. Qual é o próximo passo? Lidar com sua raiva pode ser desafiador, mas se estiver disposto a mudar e preparado para um trabalho árduo, você conseguirá.

Se tem regras rígidas que exige que os outros e o mundo sigam o tempo todo, então você está propenso a sentir raiva não saudável se essas regras forem quebradas. Dar aos outros o direito de ter e dar suas próprias opiniões é um bom primeiro passo em direção a experienciar a raiva saudável. Além disso, ter preferências sobre como os outros se comportam, mas não insistir que todo mundo faça como você quer, ajuda a evitar a fúria não saudável.

Paul usou as perguntas na Planilha 15-5 para trabalhar em busca de uma versão de raiva mais saudável.

PLANILHA 15-5   **Fórmula de Aumento de Pavio de Paul**

Situação recente ou típica na qual fiquei com raiva não saudável:	Minha namorada discordou de mim sobre aonde ir nas férias de verão.
O que eu estava exigindo da outra pessoa/situação?	Ela deve concordar comigo e não deve me desafiar sobre aonde ir.
Eu estava insistindo que estava certo e a outra pessoa estava errada? Sobre o quê?	Eu estava insistindo que estava certo sobre aonde ir nas férias e que ela estava errada sobre questionar minha escolha.
Eu estava me recusando a permitir que a outra pessoa discordasse de mim ou tivesse uma opinião ou conjunto de valores diferentes dos meus?	Sim, eu desconsiderei completamente as opiniões e ideias dela. Eu gritei com ela e fiquei muito agressivo.
Que atitude mais flexível e tolerante posso ter sobre a outra pessoa/situação?	Eu preferiria que minha namorada concordasse comigo sobre os planos de férias, mas não há razão para ela precisar fazer isso. Eu posso suportar que ela discorde, e isso não significa que eu seja fraco ou inútil.
Como ter essa nova atitude me ajuda a resolver o problema?	Eu provavelmente a escutaria e não gritaria ou seria desagradável. Ela pode ter um ponto válido, e eu posso ser esperto se escutar seu ponto de vista. Além disso, se eu não tivesse explodido, talvez estivéssemos saindo de férias juntos e ela não estivesse pensando em terminar comigo.
Como ter essa nova atitude pode beneficiar a outra pessoa envolvida?	Minha namorada não estaria com medo, ofendida e fisicamente machucada. Ela poderia se sentir valorizada e compreendida, em vez de maltratada e abusada.

LEMBRE-SE Ao completar as planilhas do restante deste capítulo, certas questões podem não se aplicar a você. Sua relevância depende de se você está com raiva não saudável de uma outra pessoa ou com o mundo/situações da vida.

PRATIQUE Seguindo o exemplo de Paul, use as perguntas na Planilha 15-6 para ajudá-lo a transformar sua raiva não saudável criadora de exigências em preferências flexíveis que levam à raiva saudável.

PLANILHA 15-6   Minha Fórmula de Aumento de Pavio

Situação recente ou típica na qual fiquei com raiva não saudável:	
O que eu estava exigindo da outra pessoa/situação?	
Eu estava insistindo que estava certo e a outra pessoa estava errada? Sobre o quê?	
Eu estava me recusando a permitir que a outra pessoa discordasse de mim ou tivesse uma opinião ou conjunto de valores diferentes dos meus?	
Que atitude mais flexível e tolerante posso ter sobre a outra pessoa/situação?	
Como ter essa nova atitude me ajuda a resolver o problema?	
Como ter essa nova atitude pode beneficiar a outra pessoa envolvida?	

Aceitando a Afirmação Eficaz

Aprender a ser assertivo exige muita prática, então dê permissão a si mesmo para errar algumas vezes antes de acertar. A melhor receita para a afirmação é aceitar a si mesmo e à outra pessoa como seres humanos falhos que cometem erros. Então escute a outra pessoa e pense de verdade sobre o que você quer responder. Esse processo é especialmente relevante se você estiver no meio de uma briga ou recebendo comentários críticos.

A afirmação saudável trata de transmitir o seu ponto de vista e defender seus direitos quando outros o estão ameaçando injustamente. Diferente da agressão, a asserção não significa provar ao outro que você está certo e ele errado. A asserção tem a intenção de ser uma troca civilizada com o fim de resolver uma diferença e/ou alcançar um acordo. Quando você está sendo assertivo, tende a fazer as seguintes coisas:

- » Falar respeitosamente com a outra pessoa, sem xingar ou usar linguagem abusiva ou ofensiva
- » Evitar intimidar, chatear desnecessariamente ou diminuir a outra pessoa
- » Dar à outra pessoa a chance de lhe contar seus pontos de vista
- » Evitar qualquer violência ou ameaça de violência
- » Envolver-se em uma discussão com a outra pessoa, em vez de tentar ganhar pontos ou uma briga
- » Lutar para resolver diferenças, se possível, ou concordar em discordar em um ponto

LEMBRE-SE Ao resolver um desentendimento, você precisa encontrar um ambiente privado o suficiente para conversar quando ambos tiverem tempo. Lembre-se de que as condições não precisam ser perfeitas para que se discuta problemas com outra pessoa, mas ajuda a minimizar possíveis distrações. Se for um problema de trabalho, experimente agendar um horário para falar com seu colega ou chefe.

PRATIQUE Você pode usar a Planilha 15-7 para ajudá-lo a trabalhar o desentendimento com outra pessoa e rever os benefícios de usar os princípios da asserção discutidos nesta seção.

PLANILHA 15-7 Meu Plano de Ação de Asserção

Antes do Encontro	
Que horas e lugar eu estabeleci para a discussão?	
De que pontos específicos eu quero falar? Como posso manter meu ponto de vista e ser respeitoso ao fazê-lo?	
Posso me lembrar de assumir a responsabilidade por meus sentimentos, em vez de culpar ou condenar a outra pessoa/situação?	
Depois do Encontro	
De que maneiras posso aprender com o uso de qualquer crítica construtiva ou feedback da outra pessoa?	

Há alguma verdade no que a outra pessoa está dizendo sobre mim, meu comportamento ou sobre a situação?
Como seguir esses passos pode beneficiar a mim e à outra pessoa envolvida?

Colocando-se em Pé de Igualdade com Seus Colegas

Uma opinião ruim sobre si mesmo pode levar a todos os tipos de dificuldades sociais. Ver-se dessa maneira pode levar à raiva não saudável, como descrito nas seções anteriores. Também pode levar a que você se compare negativamente e duramente com os outros. Você pode se sentir socialmente ansioso porque acredita fundamentalmente que os outros não gostarão ou não o aceitarão como é.

Uma das melhores maneiras (se não a *única* maneira) de realmente aproveitar a interação social, fazer amigos e manter relacionamentos é se considerar igual em valor humano aos outros. Ter essa opinião parece bem fácil, mas como muitos princípios de TCC, colocar em prática é consideravelmente mais difícil. Seu sentido de igualdade envolve desistir de sua necessidade de ser *superior* para não *se sentir inferior*. Também envolve ser você *mesmo* e permitir que os outros gostem ou não de você com base nisso — e vice-versa. Considerar-se igual também envolve ser capaz de aceitar, adotar e até se alegra com sua própria normalidade. A *maioria* de nós é, em *grande parte do tempo*, mediano em *muitos* assuntos. E essa situação é normal e não tem problema. Contanto que você deixe ser como é.

EXEMPLO

Simone acredita que ela deve ser apreciada e aprovada pelos outros o tempo todo. Se ela sente que alguém não gosta dela completamente, fica deprimida ou magoada. Simone diz a si mesma que não ser apreciada ou ser rejeitada prova que ela é uma pessoa totalmente antipática. Por causa de suas exigências de ser apreciada e aprovada, Simone desvia de seu caminho para agradar outras pessoas. Às vezes ela finge estar interessada em coisas de que ela sabe muito pouco em uma tentativa de impressionar os outros. Simone deseja contato social, mas como tem muito medo de não ser apreciada, ela frequentemente se sente muito ansiosa em situações sociais. Recentemente Simone foi convidada para o casamento de uma amiga. Antes do casamento, ela ficou muito ansiosa por sua aparição e se ela conheceria outros convidados. Durante o jantar de casamento,

Simone foi colocada em uma mesa com outros cinco convidados, nenhum dos quais ela conhecia muito bem. Os outros convidados conversaram e se conheceram durante a refeição. Simone focou tanto o que poderiam pensar dela, que ela perdeu muito da conversa e tropeçou nas palavras um pouco. Finalmente ela se retirou totalmente da conversa e se censurou por ser uma "esquisita social". Um homem na mesa de Simone era muito extrovertido e fez várias piadas. Ele fez algumas observações agradáveis sobre o quanto Simone estava quieta durante a refeição. Simone se sentiu magoada por suas observações e se ofendeu com ele por ter chamado a atenção para ela. "Que estranho insensível", pensou ela, "como ele se *atreve* a chamar a atenção para mim?". Simone se sentiu mal por alguns dias depois do casamento e continuou a se colocar para baixo por ser esquisita. Ela também culpou sua amiga por colocá-la naquela mesa com aquele "homem horrível" que tinha "arruinado" sua noite. Simone usou a Planilha 15-8 para lidar com a cruz de seu problema de auto-opinião e sua tendência a culpar os outros por seus sentimentos ruins.

DICA Veja o Capítulo 14 para mais sobre autoaceitação e como desenvolvê-la!

PLANILHA 15-8   Página de Simone para Se Colocar em Pé de Igualdade

Quando eu normalmente me coloco para baixo (ou cite um exemplo recente)?	No casamento da minha amiga, quando fiquei ansiosa e esquisita durante o jantar.
Quais são algumas boas razões para acreditar no meu valor humano inerente?	Eu sou um ser humano falível, complexo e sempre em mudança. Eu posso cometer erros como qualquer um. Minha inquietação social é apenas parte do meu todo. Ser rejeitada ou não apreciada não é bom, mas também não é um sinal de que eu seja totalmente antipática. Eu não posso ser um sucesso com todos, e tentar demais para agradar os outros acaba me custando muita energia. Eu posso gostar de mim mesmo que eu não obtenha sempre aprovação óbvia dos outros dentro de um grupo social.
Estou permitindo a mim mesma ser um indivíduo sem tentar impressionar ou agradar demais as outras pessoas?	Não. Nessa situação do casamento eu estava totalmente mantendo o foco em causar uma boa impressão e evitar quaisquer julgamentos negativos dos outros convidados. Minha personalidade ficou de escanteio.
Estou aceitando os outros como indivíduos e permitindo que eles tenham suas próprias personalidades, gostos e idiossincrasias, queira eu concorde com eles ou não?	Não. Eu culpei totalmente o homem extrovertido na mesa por me fazer sentir ansiosa. Eu também o chamei de homem esquisito e horrível (na minha cabeça) porque eu não gostei do seu jeito de socializar.

Eu estou desvalorizando ou colocando os outros para baixo para me sentir melhor comigo mesmo?	Na verdade, não, mas eu suponho que ao colocar aquele homem barulhento para baixo, eu me fiz sentir menos responsável por minha própria ansiedade social.
Eu estou me levando muito a sério?	Definitivamente! Que importância tem um jantar de casamento no esquema geral das coisas, afinal? Eu estava tão ansiosa, e foi visível. Por que estou fazendo tanto alarde sobre isso dias depois do evento?
Estou levando as opiniões/ações dos outros muito a sério?	Definitivamente! Eu ainda estou preocupada e obsessiva sobre o que os outros cinco convidados estão pensando sobre mim dias depois do evento. Eles provavelmente já esqueceram de mim ou certamente estão focando mais suas próprias vidas do que a minha esquisitice social.
Estou levando a situação muito a sério?	Sim. Não era um caso de vida ou morte, pelo amor de Deus! Eu era uma entre centenas de convidados.
Como posso me acalmar e deixar o riso escapar?	Eu poderia rir da maneira ridícula que pensei na hora e por alguns dias depois. Eu poderia apreciar que o homem barulhento estava apenas sendo amigável e tentando me fazer relaxar. É meio engraçado pensar nisso agora, no quanto meu pensamento foi maluco na hora. É engraçado supor que aquelas cinco pessoas passaram a maioria do jantar (ou os dias depois) se concentrando nos meus problemas sociais. Certamente elas têm suas próprias vidas!

PRATIQUE Agora faça o mesmo exercício que Simone na Planilha 15-9 e veja se isso o ajuda a reajustar sua auto-opinião para melhor. Também veja se consegue reconhecer onde pode estar perdendo a oportunidade de rir de si mesmo ou da situação.

CUIDADO Você pode dar respostas "sim" ou "não" para as perguntas nesta planilha. Embora dar exemplos específicos para si mesmo sobre cada questão seja mais útil para você.

PLANILHA 15-9   Minha Página para Me Colocar em Pé de Igualdade

Quando eu normalmente me coloco para baixo (ou cite um exemplo recente)?	
Quais são algumas boas razões para acreditar no meu valor humano inerente?	
Estou permitindo a mim mesmo ser um indivíduo sem tentar impressionar ou agradar demais as outras pessoas?	
Estou aceitando os outros como indivíduos e permitindo que eles tenham suas próprias personalidades, gostos e idiossincrasias, queira eu concorde com eles ou não?	
Eu estou desvalorizando ou colocando os outros para baixo para me sentir melhor comigo mesmo?	
Eu estou me levando muito a sério?	
Estou levando as opiniões/ações dos outros muito a sério?	
Estou levando a situação muito a sério?	
Como posso me acalmar e deixar o riso escapar?	

Com sorte, você estará mais equipado agora para nutrir seus relacionamentos com os outros e privar suas atitudes de raiva não saudável de mais combustível.

4 Avançando para o Futuro

NESTA PARTE...

Esta parte ajuda a observar crenças duradouras e maneiras de pensar que possam afetá-lo no presente. Nós ajudamos você a desafiar crenças velhas e inúteis sobre si mesmo, sobre os outros e sobre o mundo em geral. Nós lhe damos as ferramentas para tornar as novas crenças mais permanentes e para focar mais desenvolvimento pessoal.

Não podemos ignorar a possibilidade da recaída, então lhe damos uma chance de planejar a solução de uma possível recorrência de problemas. Nós finalizamos ajudando-o a viver de maneira positiva, mesmo depois de ter derrotado seus problemas iniciais.

NESTE CAPÍTULO

» Ligando as experiências anteriores com as crenças atuais

» Conhecendo suas crenças principais

» Criando novas crenças saudáveis

Capítulo **16**

Examinando e Mudando Crenças de Longa Data

As experiências passadas e situações da primeira infância podem influenciar a maneira que você pensa sobre si mesmo e sobre os outros e como dá sentido para o mundo em sua vida atual. Você aprende certas mensagens de seus pais, de outros parentes, professores e amigos. Às vezes essas mensagens são úteis, e outras vezes não. À medida que envelhece, você frequentemente reavalia a validade e utilidade de algumas de suas crenças e ideias anteriores. Outras vezes, não reavalia ideias que tomou como verdade no início da vida e continua a viver de acordo com essas filosofias e crenças. Neste capítulo, nós apresentamos a você algumas técnicas para ajudá-lo a desenraizar suas crenças principais e substituir as crenças imprecisas e inúteis por maneiras novas e úteis de pensar.

Descobrindo Suas Crenças Centrais

Em TCC, crenças duradouras sobre si mesmo, pessoas e o mundo são chamadas de *crenças centrais*. As crenças centrais são geralmente globais e absolutas em natureza. Então você normalmente considera que suas crenças centrais são 100% verdadeiras o tempo todo e pode, assim, ignorar ou interpretar mal as evidências que as contradigam. Se você pensa em crenças centrais como estando no *centro* de seu sistema de crenças — e a maneira que entende a si mesmo e todas as coisas a seu redor —, você pode começar a ver o quão importante elas são para sua saúde mental e emocional.

Crenças adotadas no início da vida tendem a ser muito tenazes e difíceis de mudar. Mesmo que você saiba que tem uma crença inútil sobre si mesmo, como "eu sou feio", "eu sou antipático" ou "eu sou fraco", evitar pensar e agir de acordo com essa autocrença prejudicial pode ser muito difícil. Identificar e entender as maneiras pelas quais suas experiências passadas influenciaram as crenças que você *ainda* tem é um primeiro passo útil para superar crenças centrais negativas.

Separando os três tipos de crenças centrais

Crenças centrais são maneiras de pensar e dar sentido ao mundo a seu redor e às pessoas nele — incluindo você. Crenças centrais positivas saudáveis ajudam você a se ajustar a circunstâncias negativas, promovem a opinião positiva sobre si mesmo e contribuem para formar relacionamentos gratificantes. Muitas pessoas desenvolvem crenças centrais razoavelmente racionais e saudáveis na infância ou atualizam e mudam sua maneira de pensar enquanto crescem.

Crenças centrais geralmente são formadas na infância e no início da vida. São frequentemente influenciadas por mensagens repetidas que você recebe dos outros e/ou do ambiente. Experiências similares e repetidas são chamadas de *temas*. Experiências negativas antigas, como criação ruim, morte de pessoas queridas, abuso, doença, machucados e acidentes, bullying na escola ou em casa, rejeição de amigos ou familiares, ou crescer em uma área com muita pobreza e crime contribuem muito para o desenvolvimento de crenças centrais não saudáveis. Crenças centrais negativas não saudáveis impedem a sua habilidade de resolver problemas e se ajustar a circunstâncias negativas, minam sua autoestima e podem causar problemas de relacionamentos.

Suas crenças centrais determinam como você conduz a si mesmo em relacionamentos e em sua vida geral. Elas informam o que espera que o mundo seja e como você espera que os outros o tratem. Suas crenças centrais influenciam suas *regras pessoais* (exigências que você coloca em si mesmo para seu comportamento) e seus *pensamentos automáticos* (pensamentos que só parecem aparecer na sua cabeça em certas situações).

As crenças centrais caem em três campos principais:

» Crenças sobre *si mesmo* informam a maneira como você entende seu próprio valor.

Se você experienciou críticas severas, negligência ou abuso quando criança, pode ter aprendido a pensar em si mesmo como fraco ou inadequado, por exemplo.

» Suas crenças sobre *outras pessoas* frequentemente também têm suas raízes no início da vida.

Novamente, se sofreu traumas ou tratamento muito negativo de outros, você pode adotar a crença de que as pessoas são perigosas ou não confiáveis.

» Suas crenças sobre a vida em geral e como o mundo opera ajudam a determinar suas atitudes gerais. Se você cresce em um ambiente desprivilegiado ou imprevisível, pode desenvolver crenças negativas sobre o mundo e a vida. Crenças de que o mundo/a vida é perigoso/a, cruel ou injusto/a são exemplos dos tipos de crenças negativas às quais as condições de vida podem dar origem.

Crenças centrais saudáveis sobre o mundo, sobre si mesmo e sobre outras pessoas podem incluir "o mundo é um lugar principalmente bom" ou "a maioria das pessoas é decente" e "eu sou uma pessoa digna". Experiências positivas quanto as condições de vida, pais e outros familiares provavelmente darão origem a crenças centrais saudáveis.

EXEMPLO

A mãe de Mary era alcoólatra e com humor muito imprevisível. Às vezes ela era violenta com Mary. Ela frequentemente a deixava sozinha à noite em casa. Como resultado, Mary formou a crença central sobre si mesma "eu não sou amável", porque parecia fazer sentido com a negligência e abuso de sua mãe. Mary também desenvolveu uma crença central de que "outras pessoas não são confiáveis" e que "o mundo é um lugar assustador e solitário". Como suas crenças centrais são tão profundamente consolidadas, elas têm um impacto enorme em como Mary dá sentido a suas experiências atuais.

Recentemente o namorado de Mary, de um namoro de seis meses, terminou com ela. Ele explicou a Mary que ele não achava que eles combinavam muito e que ele não estava pronto para um relacionamento longo com ela. Mary usou a Planilha 16-1 para examinar como suas crenças centrais determinam sua compreensão do término.

PLANILHA 16-1   Análise Detalhada de Crença Central de Mary

Minhas crenças centrais sobre mim mesmo:	Não sou amável.
Minhas crenças centrais sobre os outros:	Outras pessoas não são confiáveis.

(continua)

(continuação)

Minhas crenças centrais sobre o mundo/a vida:	O mundo é assustador e solitário.
Situação/evento recente:	Meu namorado terminou nosso relacionamento de seis meses.
Meus pensamentos automáticos negativos sobre o evento: (Como minhas crenças centrais determinam o que o evento significa para mim.)	Ele estava certo em terminar comigo. Eu não sou boa o bastante para manter um namorado interessado em mim por muito tempo. Eu mereço ficar sozinha. Outras pessoas me abandonarão e me deixarão sozinha.
Minhas regras pessoais e exigências: (Como minhas crenças centrais me levam a agir no futuro com base neste evento/nesta experiência?)	Eu não deveria confiar que as outras pessoas fiquem comigo. Eu não devo me permitir ser abandonada novamente. Eu devo tentar ser mais amável ou sempre ficarei sozinha. Eu não devo dar aos outros qualquer razão para ficarem insatisfeitos comigo.

Você pode ver que as crenças centrais negativas não saudáveis de Mary a levam a chegar a algumas conclusões extremas sobre si mesma, sobre outras pessoas e sobre o futuro com base no término recente.

PRATIQUE Use a Planilha 16-2 do mesmo jeito que Mary fez para ver se você consegue identificar suas crenças centrais e como elas podem estar influenciando sua compreensão de um evento recente em sua vida. Familiarizar-se com suas crenças e seus efeitos é o primeiro passo para mudá-las para alternativas saudáveis mais positivas.

PLANILHA 16-2 Minha Análise Detalhada de Crença Central

Minhas crenças centrais sobre mim mesmo:	
Minhas crenças centrais sobre os outros:	
Minhas crenças centrais sobre o mundo/a vida:	
Situação/evento recente:	
Meus pensamentos automáticos negativos sobre o evento: (Como minhas crenças centrais determinam o que o evento significa para mim.)	
Minhas regras pessoais e exigências: (Como minhas crenças centrais me levam a agir no futuro com base neste evento/nesta experiência?)	

Trazendo os relacionamentos passados à luz do presente

Seus relacionamentos com membros da família, e em particular com seus pais, têm muita influência sobre as ideias que você desenvolve sobre si mesmo. Outras pessoas importantes no início de sua vida, como vizinhos, o restante da família, irmãos, amigos, primeiros amores, professores ou líderes religiosos, também podem ter um impacto significativo nas crenças que você forma.

EXEMPLO

Lester é o filho do meio. Seus pais eram amáveis, mas frequentemente não percebiam Lester, porque seu irmão mais velho era muito inteligente e charmoso e sua irmã mais nova tinha dificuldades de aprendizado. Lester era uma criança mediana, mas muito responsável e capaz, então seus pais podiam confiar que ele seguisse com as coisas sozinho. Lester com frequência se sentia como um estranho em sua própria família. Na escola, Lester se saía bem, mas seus professores frequentemente o comparavam a seu irmão mais velho inteligente ou diziam o quanto ele era sortudo por não ter dificuldades como sua irmã mais nova. Ele tinha amigos, mas Lester tinha problemas para manter relacionamentos duradouros. Quando adolescente, a primeira namorada de verdade de Lester finalmente terminou com ele para sair com um menino mais popular. Outra menina saiu com Lester por um tempo, mas acabou que ela estava mais interessada em seu irmão mais velho, e por fim eles terminaram. Em sua vida adulta, Lester tem problemas de asserção no trabalho e episódios ocasionais de depressão. Ele frequentemente tem ciúmes e suspeitas em seus relacionamentos românticos.

Lester usou a Planilha 16-3 para ajudá-lo a entender melhor o papel que eventos e indivíduos tiveram no desenvolvimento inicial de suas crenças centrais.

PLANILHA 16-3   Planilha de Experiências Iniciais de Lester

Quem eram as pessoas mais significativas em minha vida durante minha infância, adolescência e início da vida adulta?	Meus pais, irmão e irmã. Minha professora de matemática, de quem eu gostava muito. Minha primeira e segunda namorada. Meus colegas de classe.
Existiam temas recorrentes em algumas das minhas experiências iniciais?	Meus pais frequentemente me davam menos atenção do que para meu irmão e irmã. As professoras me comparavam ao meu irmão e irmã, até a professora de matemática, que me disse que eu deveria estudar mais para ser tão bom em matemática quanto meu irmão. Minha primeira namorada me deixou por um menino que eu achava mais popular e mais amável do que eu. Minha segunda namorada preferia meu irmão a mim.

(continua)

(continuação)

Que crenças eu aprendi com essas experiências?	Que eu sou facilmente deixado de lado e menos importante do que outras pessoas, como meu irmão e minha irmã. Eu aprendi que tenho sorte em receber qualquer atenção positiva dos outros. Eu suponho que também acredito que as mulheres só fiquem comigo até que encontrem alguém melhor.

Por meio da planilha, Lester está começando a ter uma ideia de como seu passado influenciou sua maneira de pensar atual e como ele contribui com alguns de seus problemas emocionais atuais.

CUIDADO

Embora você possa ser capaz de atribuir precisamente certas crenças centrais a eventos e/ou ações de pessoas do seu passado, este *não* é um exercício para atribuir culpa. Se você culpa seu passado ou seus pais por seus problemas atuais como adulto, provavelmente impedirá a si mesmo de seguir em frente e melhorar. Aspectos passados da sua vida podem ter *contribuído* com as maneiras inúteis de pensar e agir no presente. Entretanto, você é quem agora tem a escolha de renovar suas ideias e viver de uma nova maneira mais frutífera. Não se deixe ficar preso na areia movediça do seu passado. Em vez disso, reveja seu passado com o propósito de compreender melhor e melhorar sua vida presente.

PRATIQUE

A Planilha 16-4 pode ajudá-lo a entender que pessoas significativas em sua vida têm contribuído com suas crenças centrais. Também registre experiências recorrentes em sua vida (ou temas) que podem ajudá-lo a reconhecer como eventos específicos podem contribuir ainda mais para suas crenças centrais.

Use a Planilha 16-4 para registrar algumas de suas experiências formativas iniciais.

PLANILHA 16-4 Minha Planilha de Experiências Iniciais

Quem eram as pessoas mais significativas em minha vida durante minha infância, adolescência e início da vida adulta?	
Existiam temas recorrentes em algumas das minhas experiências iniciais?	
Que crenças eu aprendi com essas experiências?	

EXEMPLO

A análise de Lester de seus relacionamentos anteriores o ajudou a preencher o Registro dos Três Campos de Crença na Planilha 16-5 para entender melhor quais crenças fundamentais ele tem nessas três áreas.

PLANILHA 16-5   Registro dos Três Campos de Crença de Lester

Quais são minhas crenças centrais sobre mim mesmo?	Eu não sou importante. Eu sou inadequado.
Quais são minhas crenças centrais sobre outras pessoas?	Outros são superiores a mim. As pessoas me deixarão, no fim das contas.
Quais são minhas crenças centrais sobre o mundo/a vida?	A vida é difícil. O mundo está contra mim.

Pensar bem sobre a maneira que enxerga a si mesmo, aos outros e ao mundo é útil. Considere os tipos de crenças centrais que você pode ter nessas três áreas. Ao compreender suas crenças centrais, estará em uma posição melhor para desafiar algumas delas.

PRATIQUE

Use a Planilha 16-6 para registrar suas considerações. Mostre seu registro para seu terapeuta TCC, se estiver trabalhando com um.

PLANILHA 16-6   Meu Registro dos Três Campos de Crença

Quais são minhas crenças centrais sobre mim mesmo?	
Quais são minhas crenças centrais sobre outras pessoas?	
Quais são minhas crenças centrais sobre o mundo/a vida?	

Entendendo a interação de suas crenças centrais

Suas crenças centrais não existem isoladamente. Elas tendem a interagir e reforçar umas às outras. Se você tem uma crença central sobre si mesmo de "eu sou fraco" e que "os outros são fortes e perigosos" e acredita que "a vida é árdua e difícil", você pode ver que é fácil ficar deprimido e se sentir impotente para resolver problemas. Olhar mais de perto sobre como suas crenças centrais interagem pode ajudá-lo a ver por que você continua tendo os mesmos tipos de problemas.

EXEMPLO

Lester chama uma garota do trabalho para sair, mas ela recusa, porque já está em um relacionamento. Lester entende essa rejeição de acordo com seus três campos de crenças centrais. A Planilha 16-7 fornece uma visão de como as crenças centrais de Lester interagem entre si.

PLANILHA 16-7 Planilha de Interação de Crenças de Lester

Crença Central	Efeito no Significado Atribuído à Situação
Si mesmo: Eu não sou importante e sou inadequado.	Molly é boa demais para mim. Seu namorado é mais importante do que eu como pessoa. Se eu fosse uma pessoa mais adequada, ela poderia concordar em sair comigo.
Outros: Os outros são superiores a mim. As pessoas me deixarão, no fim das contas.	Molly é melhor do que eu, e o namorado dela também. Eu nunca poderia manter o interesse de uma garota como Molly. Outra pessoa a tiraria de mim.
Mundo/vida: A vida é difícil. O mundo está contra mim.	Chamar a Molly para sair exigiu muita coragem e foi tudo em vão. O romance nunca funciona para mim.

Com sorte, você pode ver com o exemplo de Lester que suas crenças em todas as três áreas influenciam os significados que ele atribui a ser rejeitado por Molly. Você também provavelmente pode ver que as crenças dele sobre si mesmo, sobre os outros e sobre o mundo são reforçadas uma pela outra. Observando essa Planilha 16-7 fica fácil entender como Lester ficou tão deprimido por essa pequena rejeição.

PRATIQUE

Agora tente descobrir, na Planilha 16-8, como suas próprias crenças interagem umas com as outras. Pense em uma situação recente na qual você ficou emocionalmente perturbado. Preencha suas crenças na planilha (recorra à Planilha 16-6) e então pense sobre como elas podem ter contribuído para o significado que você atribuiu ao evento.

PLANILHA 16-8 Minha Planilha de Interação de Crenças

Crença Central	Efeito no Significado Atribuído à Situação
Si mesmo:	
Outros:	
Mundo/vida:	

Desenterrando Suas Crenças Centrais

Às vezes, desenterrar suas crenças centrais precisas pode ser complicado. Com frequência você pode não ouvir suas crenças centrais em sua forma absoluta. Normalmente está mais ciente de seus pensamentos automáticos negativos (ou NATs, sobre os quais falamos no Capítulo 3). Por exemplo, se você tem uma crença central de ser um fracasso, nem sempre realmente diz isso para si mesmo com frequência. Provavelmente talvez diga coisas como "lá vou eu estragar tudo de novo" ou "eu nunca faço nada certo". Essas seções oferecem mais exercícios que podem ajudá-lo a realmente identificar a natureza de suas crenças centrais com as quais você tem problemas.

Conhecendo a flecha descendente

A técnica da flecha descendente é realmente muito simples. Comece identificando uma situação ou evento no qual você sentiu uma emoção negativa não saudável — como culpa, vergonha ou depressão (o Capítulo 6 fala sobre emoções negativas saudáveis e não saudáveis). O que aconteceu e quem mais estava envolvido? As emoções que você sente em resposta aos eventos adversos são mais provavelmente não saudáveis (como depressão profunda, em vez de tristeza intensa saudável) quando suas crenças centrais são negativas não saudáveis. Em seguida, pergunte-se o que a situação *significa* sobre você, sobre os outros ou sobre o mundo. Sua resposta provavelmente será um pensamento automático negativo. Continue se perguntando o que suas respostas *significam* para você até que acabe com um rótulo geral ou uma declaração. A declaração que sobra é sua crença central. Você também pode fazer uma flecha descendente para todos os três tipos de crenças centrais separadamente.

EXEMPLO

A Planilha 16-9 mostra como Lester fez uma flecha descendente sobre sua situação de ser rejeitado por Molly quando ele a chamou para sair. Ele usou a técnica para chegar a sua crença central sobre si mesmo.

PLANILHA 16-9   **Flecha Descendente de Lester**

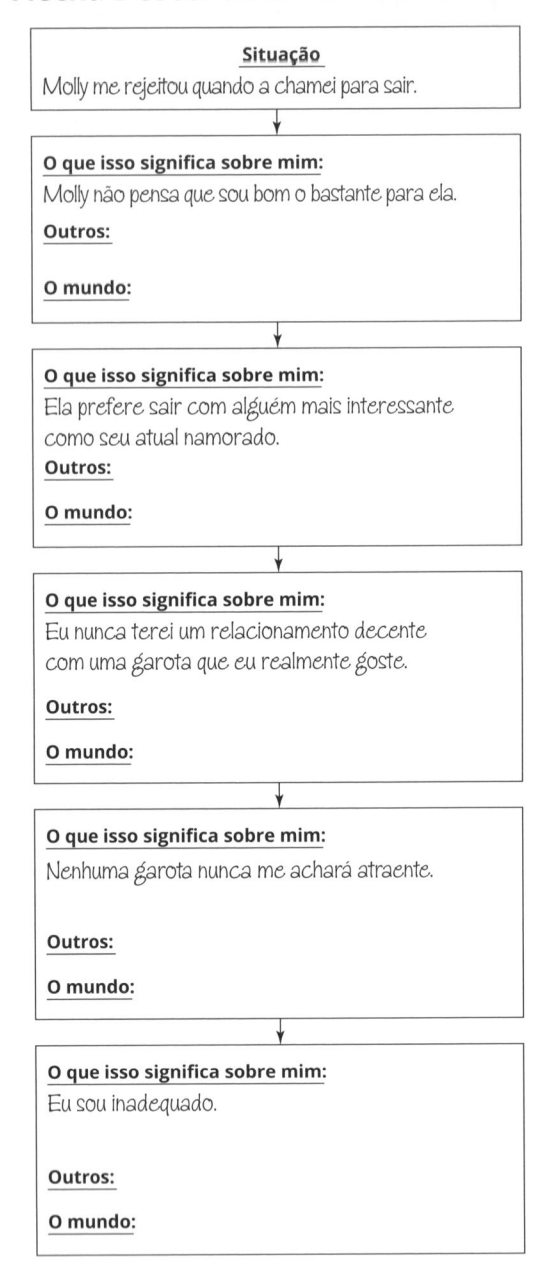

Situação
Molly me rejeitou quando a chamei para sair.

↓

O que isso significa sobre mim:
Molly não pensa que sou bom o bastante para ela.

Outros:

O mundo:

↓

O que isso significa sobre mim:
Ela prefere sair com alguém mais interessante como seu atual namorado.

Outros:

O mundo:

↓

O que isso significa sobre mim:
Eu nunca terei um relacionamento decente com uma garota que eu realmente goste.

Outros:

O mundo:

↓

O que isso significa sobre mim:
Nenhuma garota nunca me achará atraente.

Outros:

O mundo:

↓

O que isso significa sobre mim:
Eu sou inadequado.

Outros:

O mundo:

LEMBRE-SE   Você pode querer completar a flecha descendente algumas vezes até chegar em uma crença central. Tente usar a técnica da flecha descendente para reduzir seu pensamento sobre qualquer tipo de situação, passada ou presente, até chegar em uma crença central.

PRATIQUE Use a Planilha 16-10 para começar.

PLANILHA 16-10 Minha Flecha Descendente

```
┌─────────────────────────────────┐
│           Situação              │
└─────────────────────────────────┘
                │
                ▼
┌─────────────────────────────────┐
│ O que isso significa sobre mim: │
│                                 │
│ Outros:                         │
│                                 │
│ O mundo:                        │
└─────────────────────────────────┘
                │
                ▼
┌─────────────────────────────────┐
│ O que isso significa sobre mim: │
│                                 │
│ Outros:                         │
│                                 │
│ O mundo:                        │
└─────────────────────────────────┘
                │
                ▼
┌─────────────────────────────────┐
│ O que isso significa sobre mim: │
│                                 │
│ Outros:                         │
│                                 │
│ O mundo:                        │
└─────────────────────────────────┘
                │
                ▼
┌─────────────────────────────────┐
│ O que isso significa sobre mim: │
│                                 │
│ Outros:                         │
│                                 │
│ O mundo:                        │
└─────────────────────────────────┘
                │
                ▼
┌─────────────────────────────────┐
│ O que isso significa sobre mim: │
│                                 │
│ Outros:                         │
│                                 │
│ O mundo:                        │
└─────────────────────────────────┘
```

Anotando temas

Outra maneira de viajar para o centro de suas crenças envolve rastrear temas familiares no seu pensamento. Você pode rever seus Formulários A–B–C no Capítulo 3 para encontrar temas recorrentes que apontam a crenças centrais. Os temas incluem maneiras de pensar sobre si mesmo, sobre os outros e sobre o mundo que você tende a revisitar repetidamente. Então, se tem pensamentos frequentes sobre si mesmo que parecem se reduzir ao mesmo *tema*, como inadequação, fracasso ou insignificância, isso lhe dá uma pista forte sobre qual é sua crença central sobre si mesmo.

EXEMPLO

Lester nota que ele pensa frequentemente coisas tematicamente consistentes sobre si mesmo, sobre os outros e sobre o mundo em várias situações negativas diferentes. Dê uma olhada na lista de temas de pensamento de Lester na Planilha 16-11.

PLANILHA 16-11   Temas de Pensamento de Lester

Sobre mim mesmo:	Minhas opiniões realmente não contam.
	Outras pessoas são mais capazes no trabalho do que eu.
	Eu não tenho sucesso socialmente.
	Tenho sorte de receber qualquer atenção positiva dos outros.
Sobre outras pessoas:	As pessoas são melhores nas coisas do que eu.
	Eu não deveria incomodar outras pessoas ao dar minha opinião ou discordar delas.
	As pessoas sempre me deixam por alguém melhor.
Sobre o mundo/a vida:	Eu nunca pareço conseguir as coisas boas na vida que outras pessoas conseguem.
	Outras pessoas parecem negociar a vida com mais facilidade do que eu.

Ao olhar essa lista de temas de pensamento, Lester pode começar a ter uma suposição precisa sobre quais crenças centrais ele tem.

PRATIQUE

Use a Planilha 16-12 para ver se você consegue reconhecer temas em seu pensamento.

PLANILHA 16-12   Meus Temas de Pensamento

Sobre mim mesmo:
Sobre outras pessoas:
Sobre o mundo/a vida:

Criando uma Formulação

Nesta seção você reúne todo o seu trabalho em um formulário acessível. Reunir toda essa informação lembra você de onde suas crenças centrais podem surgir, como elas o levam a pensar em situações cotidianas e quais comportamentos elas promovem. Sua formulação também pode servir para lembrá-lo das crenças que quer mudar e por quais razões.

PRATIQUE

Siga estes passos para completar seu formulário de formulação na Planilha 16-13.

1. **Na primeira caixa, registre os primeiros eventos ou experiências passadas que você acha que contribuíram para o desenvolvimento de suas crenças centrais.**

2. **Na segunda caixa, escreva suas crenças centrais inúteis sobre si mesmo, sobre os outros e sobre o mundo/a vida.**

3. **Na terceira caixa, registre as regras, exigências ou códigos com os quais espera que você mesmo, ou outras pessoas e o mundo, viva de acordo.**

   Essas suposições são formadas *devido* a suas crenças centrais. Por exemplo, as regras de Lester incluem: "eu não devo me afirmar" e "as outras pessoas não devem me rejeitar".

4. **Na quarta caixa, liste as coisas que você faz para evitar disparar suas crenças centrais ou coisas inúteis que faz para lidar com elas.**

PLANILHA 16-13 Meu Formulário de Formulação

FORMULAÇÃO DE MINHAS CRENÇAS E REGRAS

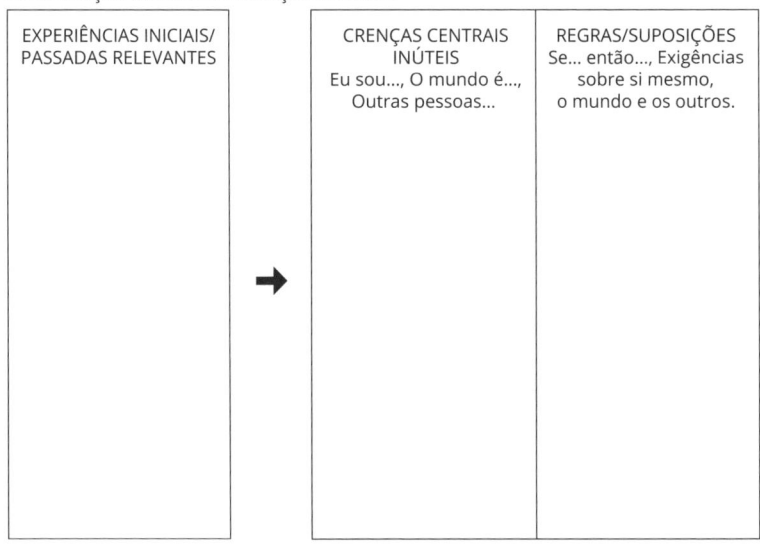

EXPERIÊNCIAS INICIAIS/ PASSADAS RELEVANTES	CRENÇAS CENTRAIS INÚTEIS Eu sou..., O mundo é..., Outras pessoas...	REGRAS/SUPOSIÇÕES Se... então..., Exigências sobre si mesmo, o mundo e os outros.

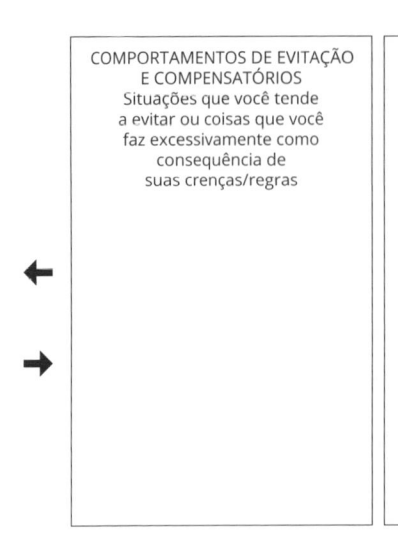

COMPORTAMENTOS DE EVITAÇÃO E COMPENSATÓRIOS Situações que você tende a evitar ou coisas que você faz excessivamente como consequência de suas crenças/regras	O QUE TENHO DE FAVORÁVEL Liste seus pontos fortes e vantagens pessoais

←

→

Criando Crenças Centrais Construtivas

Bem, identificar suas crenças centrais tem sido um pouco triste, não? Felizmente agora você está pronto para mudar essas crenças e adotar novas. Considere ideias boas (e mais equilibradas) que contradigam suas crenças negativas e pense sobre como pode usar essa informação para construir novas maneiras de ver a si mesmo, os outros e o mundo. Lembre-se especialmente de experiências positivas que teve com outras pessoas, traços e características de que gosta em si mesmo e qualquer coisa que tenha experienciado que sugira que o mundo tem muitas coisas a oferecer. Então escreva algumas dessas crenças melhores e mais precisas.

DICA Você pode achar útil fazer uma lista de experiências de vida e atributos pessoais que contradigam suas crenças centrais inúteis. Lembre-se de incluir experiências positivas com os outros. Então use sua lista para desenvolver crenças centrais mais equilibradas e precisas.

EXEMPLO Lester listou suas crenças mais construtivas na Planilha 16-14.

PLANILHA 16-14 Crenças Centrais Construtivas de Lester

Informações que Contradigam Minhas Crenças Centrais Negativas	Crenças Mais Úteis/Construtivas que Posso Adotar
Meus colegas de trabalho muitas vezes pedem minha opinião sobre procedimentos e buscam minhas ideias durante reuniões.	Sobre mim: Eu sou basicamente bom e em pé de igualdade com outras pessoas.

Eu tenho dois amigos que ficaram comigo mesmo quando fiquei deprimido.	Outros: As pessoas são tão dignas quanto eu, nem mais nem menos. Algumas pessoas são minhas amigas há muito tempo.
Uma garota que trabalha na cafeteria perto do trabalho flerta comigo com frequência.	Mundo/vida: A vida pode ser difícil, mas também pode ser boa. Coisas boas acontecem comigo.
Eu tenho um trabalho decente e uma casa confortável que obtive por meio de meus próprios esforços.	
Eu geralmente sou educado e bondoso com os outros.	
Outras pessoas frequentemente são amigáveis em relação a mim.	
Meu chefe me deu um aumento no ano passado.	

PRATIQUE

Agora organize suas ideias centrais usando a Planilha 16-15. Lembrando que suas crenças centrais construtivas devem ser declarações sobre você, sobre os outros e sobre o mundo em que você pode imaginar *genuinamente*, e por fim acreditar *verdadeiramente*.

PLANILHA 16-15 **Suas Crenças Centrais Construtivas**

Informações que Contradigam Minhas Crenças Centrais Negativas	Crenças Mais Úteis/Construtivas que Posso Adotar
	Sobre mim:
	Outros:
	Mundo/vida:

CUIDADO

Mudar suas crenças centrais negativas não é equivalente a um pensamento positivo maquiado. Então tenha cuidado ao substituir uma crença negativa como "eu sou inadequado" com algo exagerado como "eu sou fantástico!". Primeiro, ninguém é totalmente fantástico. E ninguém é totalmente inadequado. Ambas são afirmações gerais. Segundo, se você passou anos pensando em si mesmo de maneira negativa, existe uma alta probabilidade de que não acredite em uma visão superpositiva de si mesmo. Em vez disso, tente criar razões por que suas crenças centrais negativas não são 100% verdadeiras. Trabalhe para gerar visões alternativas *equilibradas*, *otimistas* e *realistas*.

Atribuindo Novos Significados a Velhos Eventos

Quando criança, jovem ou até mais tarde na vida, você pode ter dado significados idiossincráticos a certos eventos de vida e experiências. Esses significados são, muitas vezes, a base das crenças centrais negativas. Felizmente, agora você pode reavaliar os significados que atribuiu a esses eventos e atribuir significados novos e mais precisos a eles. Ao fazer isso, pode continuar seu trabalho em direção a gerar crenças mais saudáveis.

EXEMPLO

Lester atribuiu o significado "eu não sou importante e sou inadequado" para a experiência de seus pais não o percebendo e cuidando de seu irmão e irmã. Ele atribuiu o mesmo significado ao evento de seus professores comparando-o a seus irmãos. Lester usou a Folha de Significado na Planilha 16-16 para desafiar e mudar esses significados e, assim, criar crenças centrais mais saudáveis.

PLANILHA 16-16   Folha de Significado sobre Si Mesmo de Lester

Evento: Pais me ignorando e dando mais atenção aos meus irmãos.	
Significado Antigo	**Significado Novo**
Eu não devo ser tão importante para meus pais quanto meu irmão e irmã.	Meus pais podem não estar cientes de que estão me ignorando. Meu irmão foi muito sociável e exigia muita atenção. Minha irmã tinha problemas, e é muito compreensível que meus pais dedicassem muito de sua atenção a ela. Pode ter sido mais um caso de circunstâncias que eu acabei deixando passar, em vez de uma reflexão verdadeira de minha importância para meus pais.
Crença Central Antiga	**Crença Central Nova**
Eu não sou importante e sou inadequado.	Eu tenho importância como todo mundo. Eu sou adequado como todo mundo.

PRATIQUE

Quando Lester foi rejeitado por duas namoradas, ele deu o significado "outras pessoas são superiores a mim" e "pessoas me deixarão" aos eventos. Ele usou a Planilha 16-17 para confrontar e renovar suas crenças sobre outras pessoas.

PLANILHA 16-17   Folha de Significado sobre os Outros de Lester

Evento: Minha primeira namorada terminou comigo para namorar um garoto popular. Minha segunda namorada tinha uma queda pelo meu irmão mais velho.

Significado Antigo	Significado Novo
Meu irmão e outros meninos são melhores do que eu. Deve haver algo neles que fazem minhas namoradas preferi-los a mim. As pessoas de quem me aproximo me deixarão, no fim, por outra pessoa.	Tudo bem, eu tive azar com minhas primeiras namoradas. Elas podem ter me deixado por outras pessoas ou preferido meu irmão mais velho, mas isso não significa que outras pessoas sejam melhores do que eu. Só significa que aquelas duas garotas preferiram outras pessoas. Isso pode acontecer com qualquer um, não só comigo. Só porque eu perdi meus relacionamentos com duas namoradas não significa que todo mundo de quem eu me aproximar me deixará. Algumas podem, outras não. Eu já sobrevivi à rejeição e posso sobreviver novamente, se acontecer.
Crença Central Antiga	**Crença Central Nova**
Outras pessoas são superiores a mim. As pessoas me deixarão no fim.	Eu tenho valor igual às outras pessoas. Nem todo mundo de quem eu me aproximar me deixará.

Você também pode usar essa planilha para formar novas crenças sobre o mundo/a vida. Não fornecemos um exemplo aqui, mas você a completa exatamente do mesmo jeito.

PRATIQUE Dê o seu melhor na Folha de Significados e derrube aquelas crenças horrendas usando as Planilhas 16-18, 16-19 e 16-20, em branco.

PLANILHA 16-18   Minha Folha de Significado sobre Mim Mesmo

Evento:	
Significado Antigo	Significado Novo
Crença Central Antiga	Crença Central Nova

PLANILHA 16-19 Minha Folha de Significado sobre os Outros

Evento:	
Significado Antigo	Significado Novo
Crença Central Antiga	Crença Central Nova

PLANILHA 16-20 Minha Folha de Significado sobre o Mundo/a Vida

Evento:	
Significado Antigo	Significado Novo
Crença Central Antiga	Crença Central Nova

Muito bem! Agora você está no caminho para mudar (para melhor) a maneira que se sente e age ao mudar suas crenças centrais.

LEMBRE-SE

Quanto mais negativas são suas experiências de vida, mais extremas provavelmente são as crenças que desenvolveu. Você pode usar as técnicas descritas ao longo deste capítulo para confrontar e lidar com qualquer evento de vida, mesmo os muito traumáticos ou duradouros. Nós não esperamos que suas experiências sejam iguais às de Lester. Só o usamos como exemplo para mostrar como usar as planilhas. Todo mundo é diferente e tem um passado diferente, incluindo você.

> **NESTE CAPÍTULO**
>
> » Movendo crenças da sua mente para o seu coração
>
> » Praticando novas crenças
>
> » Testando novas crenças
>
> » Vivendo de acordo com novas crenças

Capítulo **17**

Consolidando Convicções em Novas Crenças Centrais

Então você trabalhou muito até aqui e agora tem para si um conjunto de crenças saudáveis que quer fortalecer (os Capítulos 1, 2, 3 e 16 tratam de crenças saudáveis com detalhes). Aprender a viver com um novo conjunto de crenças exige ainda mais trabalho. Você precisa reprogramar seu cérebro para dar sentido a situações de uma nova maneira. Crenças centrais inúteis tendem a ser muito rígidas e duradouras. Assim, uma quantidade razoável de retreinamento é necessária para que suas novas crenças saudáveis se tornem sua segunda natureza. Também é necessário persistência e paciência. A maioria das pessoas que vemos em TCC consegue reconhecer razoavelmente a natureza autodestruidora de suas crenças não saudáveis, cria maneiras melhores de pensar e entende que suas novas crenças fazem sentido. Mas com frequência ouvimos os pacientes dizendo: "Eu sei que essas crenças me ajudarão, mas eu não *acredito de verdade* nelas ainda." Em linguagem de TCC, chamamos essa divisão entre o que você sabe ser verdade e útil e o que realmente *acredita* de questão "mente-coração" ou "mente-estômago". Este capítulo é dedicado a ajudá-lo a resolver o conflito "mente-coração".

LEMBRE-SE

Você provavelmente tem vivido de acordo com suas crenças centrais não saudáveis por muitos anos — talvez a maior parte de sua vida. É compreensível que seu pensamento desvie para esse lado quando você encontra um evento de vida negativo. Mas hábitos *podem* ser quebrados — mesmo que fazer isso seja difícil e pareça esquisito em um primeiro momento. Imagine que você quebre muito feio seu braço dominante — aquele que usa para escrever e fazer a maioria das tarefas. Como o médico colocou um gesso do seu punho a seu ombro, você percebe que terá que depender de seu outro braço por várias semanas. No começo, parece estranho e desconfortável, tudo é difícil, e você duvida que será capaz de escovar os dentes e o cabelo até que seu braço volte ao normal. Mas com o tempo seu cérebro se ajusta às circunstâncias alteradas, e antes que você perceba, está fazendo as coisas com relativa facilidade. Mudar seu sistema de crenças é um pouco parecido com isso.

Destacando Crenças que Você Quer Fortalecer

Crenças saudáveis têm as seguintes características:

» **Elas são** *flexíveis e baseadas em preferências*. Em vez de insistir que deve satisfazer certos critérios, você prefere um resultado específico ou deseja alcançar uma meta específica, mas também aceita a possibilidade de falhar em fazê-lo. Você deixa espaço para o erro humano comum e para eventos de vida aleatórios. Então, em vez de "eu não *devo* falhar!", experimente construir a crença saudável "eu *prefiro* não falhar, mas não há razão para que eu não *deva* fazê-lo".

» **Elas incluem uma declaração sensível** *se-então*. Em vez de concluir coisas extremamente negativas sobre si mesmo, os outros ou o mundo com base em um único evento, coloque o evento sob uma perspectiva saudável. Então, em vez de "*se* eu falhar em algo, *então* isso prova que sou um fracasso total", você pode acreditar que "*se* eu falhar, *então* é ruim, mas não terrível, e isso só significa que eu sou uma pessoa normal e falível".

» **Elas incluem uma verdade geral positiva e realista.** Em vez de atribuir classificações gerais negativas a si mesmo, aos outros e ao mundo, você permite a coexistência de elementos bons, menos bons, neutros e ruins. Então, no lugar de uma crença como "eu sou imprestável" e "o mundo é terrível", opte por "eu sou basicamente bom" ou "o mundo é complexo e tem partes boas e ruins".

O primeiro passo é anotar as crenças que você quer levar em conta em cada uma dessas três categorias principais:

- **Si mesmo:** Sua opinião sobre si mesmo e conceitos sobre seu valor.
- **Outras pessoas:** Sua visão dos outros e como você espera que se comportem no geral ou especificamente em relação a você.
- **O mundo/a vida:** Suas expectativas de como o mundo o tratará, como a vida provavelmente se desdobrará para você e/ou os outros.

O Capítulo 16 discute esses três tipos de crenças centrais em profundidade.

Preparando um Portfólio de Argumentos Persuasivos

Uma boa maneira de gerar vários argumentos sólidos para apoiar suas novas crenças é criar um portfólio de boas razões sólidas em que eles façam sentido. Tudo o que precisa fazer é registrar suas ideias sobre por que suas novas crenças saudáveis fazem sentido, refletem a realidade e o ajudam a funcionar.

DICA

Faça com que suas crenças sigam estas orientações básicas:

- **Verdade e consistência com a realidade:** Garanta que suas novas crenças ou filosofias não distorçam os fatos de nenhuma situação ou evento, ou neguem a situação ou evento em si.
- **Flexível e baseada em preferência:** Elas deixam uma margem para o erro. Elas reconhecem que você e outros humanos são falíveis e capazes do sucesso e do fracasso em qualquer tarefa ou empreendimento. Elas reconhecem que a vida é cheia de eventos aleatórios e que a certeza raramente é possível.
- **Equilibrada e não extrema:** Você resiste a usar rótulos de julgamento, absolutos e duros para descrever a si mesmo, os outros e o mundo. Em vez disso, lute para usar termos descritivos que incluam a complexidade e a inconstância suas, das outras pessoas e da vida em si.
- **Sensível e lógica:** Construa novas crenças que façam sentido e sejam logicamente sólidas.
- **Úteis para você:** Suas novas crenças devem ser maneiras de pensar que possam ajudá-lo a alcançar suas metas e levar à saúde mental/emocional.

EXEMPLO

Agatha tem uma crença central de que é um fracasso. Ela é muito dura consigo mesma e fica deprimida com o menor sinal de fracasso. Agatha trabalha muito para evitar fracassar em qualquer coisa que faça, pois, para ela, qualquer falha ou erro significa que ela é um fracasso total como pessoa. Com frequência ela evita experiências como fazer o exame de direção e ir para novos empregos porque fica muito aterrorizada com a possibilidade de fracassar. Agatha tem trabalhado duro para mudar sua crença de que é um fracasso. Ela usou a Planilha 17-1 para ajudar a aumentar sua convicção para uma crença alternativa saudável sobre si mesma.

PLANILHA 17-1   Portfólio de Argumentos Persuasivos de Agatha

Crença central saudável sobre mim mesma:	Eu prefiro não falhar, mas não há razão para não fazê-lo. Falhar significa que eu sou uma pessoa normal, capaz de sucessos e fracassos.
Que razões mostram que minha crença é verdadeira?	Qualquer pessoa pode falhar às vezes, mesmo em coisas importantes, e eu também posso. Se falhar em uma ou mais coisas significasse que eu fui um fracasso total, então eu nunca seria capaz de ter sucesso em nada. A verdade é que eu tive sucesso em muitas coisas na minha vida. É verdade que eu prefiro não falhar, mas também é verdade que não existem razões para que eu não deva falhar de vez em quando. Mesmo pessoas que eu respeito falharam. Por exemplo, minha melhor amiga foi reprovada em seu teste de direção três vezes, e eu não acho que ela seja um fracasso total.
Como minha crença reflete a realidade?	A realidade mostra que eu posso cometer (e cometo) erros e falho às vezes. Então, se eu insistir que não devo falhar, estou negando a realidade. Minha nova crença reflete a realidade, porque ela aceita a possibilidade de que eu posso potencialmente falhar e ter sucesso em tarefas. É normal que as pessoas falhem, e minha nova crença reconhece esse ponto.
De que maneiras minha crença é flexível?	Minha nova crença me permite preferir ter sucesso e lutar para alcançar minhas metas, mas também me permite aceitar a possibilidade do fracasso. Afinal de contas, errar é humano, e eu sou humana. Minha nova crença possibilita que eu falhe em coisas importantes (ou menos importantes) sem decidir que sou um fracasso total e fique deprimida.
De que maneiras minha crença é equilibrada e não extrema?	Minha nova crença é equilibrada porque é realista e desejável pela não falha, mas não é o fim do mundo se eu falhar. Eu também não preciso me colocar para baixo de maneiras extremas e horríveis se falhar em algo.
Que razões me mostram que minha crença é sensível e lógica?	Faz sentido preferir não falhar, mas é ilógico insistir que eu, assim, não devo falhar. Só porque eu quero ter sucesso não há lógica de que eu deva ter sucesso. Quando eu falho em algo, faz sentido me sentir decepcionada, porque é um evento negativo. Mas também faz sentido rever as possíveis razões para o meu fracasso e tentar novamente, se for adequado. Faz sentido lógico de que uma falha não me torne um fracasso total como pessoa.

Como ter essa nova crença é útil para mim?	Eu me sentirei decepcionada ou triste quando falhar, mas não deprimida e cheia de autoaversão. Eu provavelmente aproveitarei mais a vida, porque não verei tudo como um teste do meu valor em geral. Eu provavelmente correrei mais riscos e tentarei coisas novas, porque não ficarei tão preocupada em não errar.

Agatha agora tem um portfólio abrangente de argumentos que apoiam sua nova crença central. Ela pode usar esse portfólio para ajudá-la ao lutar com o ressurgimento de seu velho sistema de crenças não saudáveis. Agatha também pode rever seu portfólio regularmente para ajudar a resolver a questão "mente-coração".

PRATIQUE

Você pode usar a Planilha 17-2 para gerar argumentos em defesa de suas novas crenças centrais sobre os outros e sobre o mundo em geral, bem como sobre si mesmo, como Agatha fez.

PLANILHA 17-2   Seu Portfólio de Argumentos Persuasivos

Crença central saudável sobre mim mesmo:	
Que razões mostram que minha crença é verdadeira?	
Como minha crença reflete a realidade?	
De que maneiras minha crença é flexível?	
De que maneiras minha crença é equilibrada e não extrema?	
Que razões me mostram que minha crença é sensível e lógica?	
Como ter essa nova crença é útil para mim?	

Você pode repetir este exercício se estiver se sentindo emocionalmente perturbado em resposta a um evento de vida específico. A perturbação emocional (veja o Capítulo 6) é um indicador confiável de que você está pensando de maneira rígida e não saudável. Experimente fazer um Formulário A–B–C (veja o Capítulo 3) sobre o evento e então repetir esta planilha para renovar sua convicção em suas crenças saudáveis.

Se Não Tiver Sucesso, Tente Novamente

Ver-se pensando e agindo de acordo com suas crenças centrais negativas, mesmo depois de tanto esforço de sua parte para aceitar as novas, pode ser bem desencorajador.

Lembre-se de que fazer isso é uma parte normal da mudança e volte a se esforçar. Nesta seção oferecemos um arsenal adicional para direcionar suas armas contra suas crenças inúteis.

PRATIQUE Se estiver hesitante em suas tentativas de mudar suas crenças, reflita por um momento sobre o que descobriu sobre si mesmo até agora. Pense também nas mudanças positivas (não importa o tamanho) que fez. Registre-as para referência futura na Planilha 17-3.

PLANILHA 17-3 Minha Lista de Mudanças Positivas

_____
_____
_____

Agindo de acordo

Uma das melhores maneiras de realmente aceitar novas crenças e maneiras de pensar é se comportar como se *realmente* já acreditasse nelas. A forma como você age ou se comporta tem um grande impacto sobre seu pensamento. Então, se age deliberadamente *contra* suas crenças centrais negativas, está simultaneamente desgastando-as e construindo suas novas crenças. Nós chamamos esse processo de exercício *agindo como se*. Esse exercício é extremamente útil, então pratique com frequência. Aqui estão alguns passos para ajudá-lo a começar a agir "como se":

1. Registre sua nova crença saudável em um pedaço de papel.
2. Considere o que as pessoas em sua vida notariam se pudessem ver mudanças positivas em você. Pense como seu comportamento seria diferente se realmente acreditasse em sua nova maneira de pensar sobre si mesmo, os outros e/ou o mundo.

   Pense nas pessoas que conhece que parecem ter a crença central saudável que você quer fortalecer, como elas se comportam de maneiras que refletem essa maneira de pensar.

3. **Identifique horários que possa dedicar a testar comportamentos que combinem com sua nova crença central.**

EXEMPLO Vamos dar uma olhada em Agatha novamente. Sua crença central (antiga) é a de que ela é um fracasso.

Agora veja como Agatha começou o exercício de agir "como se" usando a Planilha 17-4

PLANILHA 17-4 Ações "Como Se" de Agatha

Nova crença central:	Eu prefiro não falhar, mas não há razão para não fazê-lo. Falhar nas coisas significa que eu sou uma pessoa normal, capaz de sucessos e fracassos.
Se eu realmente acreditasse nisso, como agiria/me comportaria?	Eu começaria a fazer aulas de direção. Assumiria novas tarefas no trabalho. Falaria com meu chefe sobre uma promoção. Eu me juntaria à equipe de quiz do bar. Não ligaria para falhas pequenas e me recusaria a me condenar.
Quando posso praticar essas ações saudáveis?	Agendaria aulas de direção na segunda-feira. Falaria com meu chefe depois da reunião de funcionários na quarta-feira. Iria ao bar que costumo frequentar e me juntaria à equipe de quiz hoje à noite.

PRATIQUE Pegue uma folha do livro da Agatha e faça a Planilha 17-5.

Tente ser específico sobre os horários em que pode agir de acordo com as crenças que quer fortalecer. Fazer isso o ajudará a se mover da intenção para a ação.

PLANILHA 17-5 Minhas Ações "Como Se"

Nova crença central:	
Se eu realmente acreditasse nisso, como agiria/me comportaria?	
Quando posso praticar essas ações saudáveis?	

Agora saia e aja das maneiras que você identificou.

Você também pode usar a Planilha 17-5 para identificar maneiras de agir de acordo com crenças saudáveis sobre os outros e sobre o mundo. Por exemplo, você pode pensar em comportamentos que combinem com uma crença como "outras pessoas são, na maioria das vezes, decentes e confiáveis" ou "a vida inclui eventos bons e ruins".

Desenterrando e derrotando dúvidas

Ter algumas dúvidas ou reservas sobre a verdade de suas novas crenças centrais e comportamentos associados é natural. Quando você começa a agir de acordo com as novas maneiras de pensar, pode sentir como se estivesse nadando contra a corrente.

Você precisa realmente observar qualquer dúvida que possa ter sobre fazer mudanças. Dessa maneira, pode lidar com elas antes de estar em uma situação complicada e se suas velhas crenças forem acionadas. Encarar apreensões, receios ou preocupações irritantes sobre suas novas crenças o ajuda a fortalecê-las. A técnica Zig-Zag é uma maneira útil de desenterrar e derrotar dúvidas. Aqui estão os passos para usar esta técnica e preencher a Planilha 17-7.

1. **Registre a crença que quer fortalecer na caixa superior esquerda. Classifique o quão forte acredita que seja verdadeira de 0 a 100%.**

2. **Na próxima caixa, registre uma de suas dúvidas ou argumentos contra sua crença saudável.**

3. **Na terceira caixa, registre um argumento que desafie sua dúvida e defenda sua crença saudável.**

4. **Na quarta caixa, registre outra de suas dúvidas e ataque sua crença saudável novamente.**

5. **Na quinta caixa, registre novamente um argumento que desafie sua dúvida e defenda sua crença saudável.**

6. **Repita este processo de atacar e defender sua crença saudável até que tenha lidado com todas as suas dúvidas.**

   Certifique-se de parar em uma defesa da crença saudável, e não em um ataque.

7. **Reclassifique o quanto você acredita na nova crença central de 0 a 100%.**

   A força de sua convicção em sua nova crença provavelmente aumentará depois de usar esta técnica. Se não aumentou, você pode precisar repetir o processo ou defender sua crença com mais força. Se estiver indo a um terapeuta de TCC, você pode mostrar a ele seu Zig-Zag, e ele poderá ajudá-lo a ver onde você pode ter perdido boas defesas.

Agatha sabe que realmente *quer* começar a viver de acordo com sua nova crença central. Mas em seu coração ela tem alguns pensamentos residuais sobre se sua nova maneira de pensar sobre si mesma é realmente verdade ou não.

Agatha usou o formulário Zig-Zag para confrontar os pensamentos problemáticos na Planilha 17-6.

PLANILHA 17-6   Formulário Zig-Zag de Agatha

O FORMULÁRIO ZIG-ZAG

CRENÇA SAUDÁVEL

Eu prefiro não falhar, mas não há razão para não fazê-lo. Falhar nas coisas significa que eu sou uma pessoa normal, capaz de sucessos e fracassos.

Classificação de Convicção na Crença Central 30%

ATAQUE

Mas se eu falhar em muitas coisas ou em coisas muito importantes, como trabalho ou relacionamentos, então deve significar que eu sou um fracasso total.

DEFESA

Não, não significa! Pode ser mais inconveniente e decepcionante falhar em coisas importantes, mas isso ainda não me torna um fracasso total. Mesmo que eu falhe muitas vezes, ainda é possível que eu tenha sucesso em algumas das coisas que eu tente. Se eu fosse um fracasso total, então só seria capaz de falhar e isso não é o que acontece na realidade. Muitas pessoas falham em coisas que são importantes para elas — não só eu. Então, falhar realmente significa que eu sou um ser humano normal.

ATAQUE

Mas se eu tiver essa nova crença, vou parar de trabalhar arduamente para ter sucesso e ficarei preguiçosa e complacente.

DEFESA

Permitir-me falhar sem me colocar para baixo me ajudará a correr riscos e fazer novas coisas. Eu ainda ficarei motivada a trabalhar com afinco porque prefiro me sair bem. Em vez de ser guiada pelo medo do fracasso, eu me esforçarei a fazer coisas que são importantes para mim porque vale a pena fazê-las.

ATAQUE

Mas se eu tentar fazer alguma coisa e falhar, outras pessoas me acharão uma perdedora. Eu me farei de idiota. Se outras pessoas acham que eu sou um fracasso total, deve ser verdade.

DEFESA

Em primeiro lugar, eu não sei, com certeza, o que as outras pessoas pensam de mim. Mesmo que os outros pensem que sou idiota ao tentar algo ou que eu sou um fracasso — isso não significa que seja verdade. Eu não posso controlar o que as outras pessoas pensam sobre mim. Se eu me preocupar constantemente com a opinião das outras pessoas sobre mim, eu nunca tentarei nada. Se as outras pessoas me tratassem como se eu fosse um fracasso, seria difícil lidar com isso, mas eu posso escolher discordar delas. No fim das contas, eu posso sobreviver ao desconforto de ser ridicularizada ou criticada por outras pessoas.

Reclassificação de Convicção na Crença Central 80%

Agatha aumentou sua convicção em sua crença saudável para 80%, que é uma porcentagem sólida para continuar. Os tipos de dúvidas que ela registrou são muito comuns e muitas vezes impedem a mudança positiva.

PRATIQUE

Faça seu próprio Zig-Zag sobre uma de suas novas crenças centrais saudáveis sobre si mesmo, outras pessoas ou o mundo. Você pode usar o formulário na Planilha 17-7 repetidamente, então faça algumas cópias antes de começar.

PLANILHA 17-7   **Meu Formulário Zig-Zag**

CRENÇA SAUDÁVEL

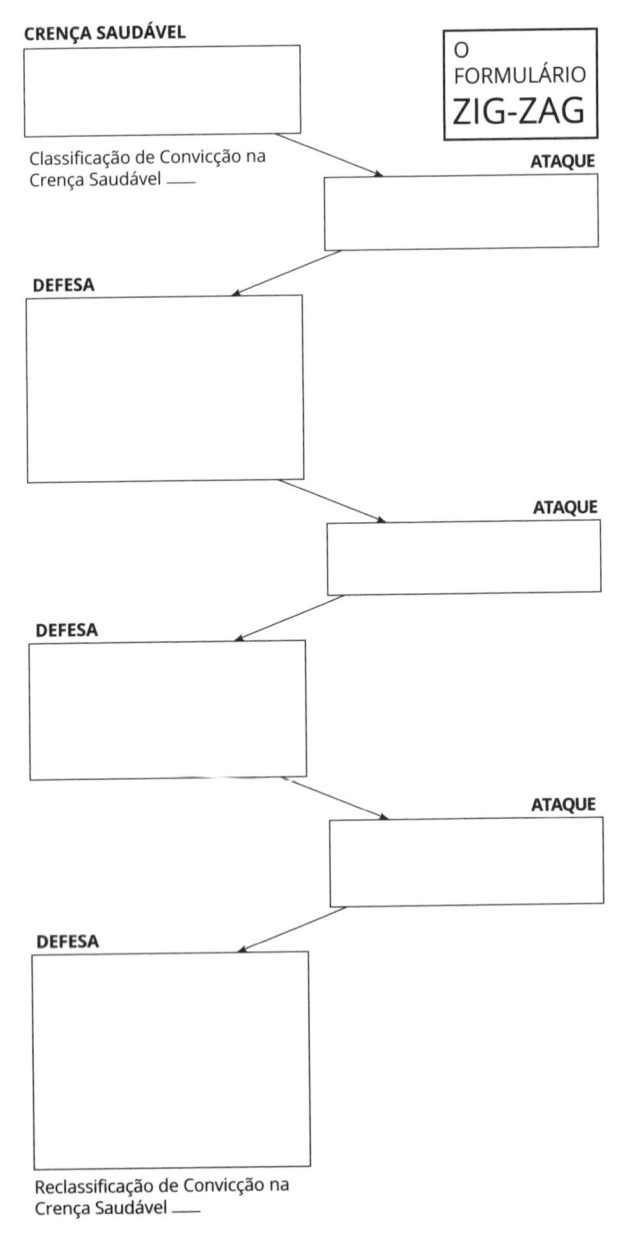

O FORMULÁRIO ZIG-ZAG

Classificação de Convicção na Crença Saudável ___

ATAQUE

DEFESA

ATAQUE

DEFESA

ATAQUE

DEFESA

Reclassificação de Convicção na Crença Saudável ___

Praticando o que você prega

Se você estiver tentando endossar uma nova crença sobre si mesmo, então faz sentido aplicar a mesma regra para outras pessoas, e vice-versa. Então, se, como Agatha, você está tentando dar permissão a si mesmo para falhar de vez em quando, dê aos outros a mesma permissão. Ou, se você está tentando acreditar que é basicamente capaz de ser amado (com verrugas e tudo!), então considere que as outras pessoas são basicamente aceitáveis e dignas, apesar de suas falhas e deficiências individuais. Se você é excessivamente duro consigo mesmo, pode descobrir que é excessivamente crítico com os outros de vez em quando. Ou o contrário — crenças sobre si mesmo e os outros podem, às vezes, ser uma faca de dois gumes.

PRATIQUE

Pense bem se tem dois pesos e duas medidas adicionando sugestões *específicas* que você pode colocar em prática imediatamente. Se os outros têm permissão para falhar e estragar algo, por que você não? Se tem permissão de se comportar sem pensar ocasionalmente, então por que seus amigos não recebem a mesma liberdade? Use a Planilha 17-8 para se comprometer com as formas com que pode praticar diariamente o que prega.

Pense em exemplos claros e definidos de quando você pode praticar o que prega. Também identifique claramente (e liste) outras pessoas a quem pode aplicar suas novas crenças e liste situações específicas em que poderá fazê-lo.

PLANILHA 17-8   Meu Plano de "Praticar o que Eu Prego"

Como posso me tratar de acordo com minha nova crença?
Quando?
Onde?
Como posso tratar os outros de acordo com a minha nova crença?
Quem?
Quando?
Onde?
Como posso viver no mundo de acordo com a minha nova crença?
Quando?
Onde?
Quem mais pode estar envolvido?

Considerando no que você quer que seu filho acredite

Outro método para aumentar sua crença em uma nova maneira saudável de pensar é perguntar-se no que quer que alguém que você realmente ama acredite. Você gostaria que seu filho, sobrinha, primo, melhor amigo ou parceiro tenha sua nova crença saudável ou a velha e não saudável? Com sorte, você recomendaria sua crença saudável a qualquer um com quem realmente se importa. Então pense no porquê. Essas razões provavelmente são bons argumentos que o ajudarão a aprofundar sua convicção na verdade e utilidade de sua nova maneira de pensar.

EXEMPLO

Agatha pensou sobre seu filho de três anos e qual atitude ela gostaria que ele tivesse em relação ao fracasso. Ela usou a Planilha 17-9 para destacar as razões de ela querer que seu filho tenha uma crença central saudável sobre falhar em coisas em sua vida.

PLANILHA 17-9   A Crença de Agatha para Seu Amado

Quem é alguém a quem eu realmente amo e com quem me preocupo?	Max, meu filho de três anos.
Qual é a minha crença central saudável?	Eu prefiro não falhar, mas não há razão para não fazê-lo. Falhar nas coisas significa que eu sou uma pessoa normal, capaz de sucessos e fracassos.
Quais são as razões de eu recomendar essa maneira de pensar?	Eu amo o Max, não importa se ele tiver sucesso ou se fracassar. Eu não quero que Max pense que é um fracasso total — mesmo que ele fracasse em todos os testes que tiver! Eu quero que ele considere o fracasso como uma parte normal da vida, e não um grande evento catastrófico. Eu também quero que Max seja feliz com quem ele é e não fique se julgando sempre de acordo com como ele se sai. Eu nunca penso em Max como um fracasso e certamente não quero que ele se torture com erros e deficiências no caminho, como eu me torturei. Eu acho que Max terá uma vida gratificante e satisfatória se tiver essa crença saudável.
Como essa crença ajudará meu ente querido?	Ela evitará que Max fique deprimido com fracassos. Ele também será capaz de tentar coisas novas e de se esforçar para dar seu melhor, em vez de ficar paralisado pelo medo do fracasso. Isso o salvará da ansiedade e das preocupações antes de exames, entrevistas de emprego, chamar pessoas para sair, e assim por diante! Essa crença ajudará Max a ter um sentido robusto de seu próprio valor intrínseco. Max também será menos afetado por julgamentos negativos dos outros se tiver essa crença saudável sobre si mesmo. Essa crença ajudará Max a buscar suas metas na vida.

LEMBRE-SE — Talvez a melhor maneira de transmitir uma autocrença saudável e visões de mundo equilibradas para seus filhos (e outras pessoas queridas) seja sendo um exemplo!

PRATIQUE — Você pode usar a Planilha 17-10 para criar seus próprios argumentos para transmitir uma crença saudável para os outros em sua vida. Se a crença faz sentido para eles, faz sentido para você.

PLANILHA 17-10   Minha Crença para Meu Ente Querido

Quem é alguém a quem eu realmente amo e com quem me preocupo?	
Qual é minha crença central saudável?	
Quais são as razões de eu recomendar essa maneira de pensar?	
Como essa crença ajudará meu ente querido?	

Alimentando Boas Crenças Novas

Depois de desenvolver novas crenças mais saudáveis e agir de acordo com elas, pode ser muito útil manter um registro dos benefícios que você e outras pessoas em sua vida colheram como resultado. Fazer isso não só consolida ainda mais sua convicção em suas novas maneiras de pensar, mas também lhe dá um ânimo caso seu entusiasmo diminua ou velhas crenças ressurjam dos mortos. Separe um tempo para registrar cuidadosamente os efeitos positivos de agir sobre novas crenças e reconhecer respostas positivas de outras pessoas.

A Planilha 17-11 fornece um formato para que você siga.

PLANILHA 17-11   Meu Registro de Dados Positivos

Minha crença central saudável:
Quais experiências recentes eu tive que apoiam essa crença?

(continua)

(continuação)

Que reações positivas eu tive de outras pessoas quando agi de acordo com essa nova crença?	
Que mudanças positivas na minha vida (não importa o tamanho) ocorreram como resultado de agir de acordo com essa nova crença?	
Que outras evidências eu tenho de que essa nova crença é útil para mim? (Inclua efeitos positivos sobre suas emoções e comportamentos.)	
Há alguma nova maneira pela qual ter essa nova crença foi útil para outras pessoas em minha vida?	

> **NESTE CAPÍTULO**
>
> » Antecipando contratempos e recaídas
>
> » Recuperando-se de uma recaída
>
> » Desenvolvendo a si mesmo
>
> » Olhando para o futuro

Capítulo 18
Mergulhando no Desenvolvimento Pessoal

V ocê precisa nutrir as mudanças positivas que está fazendo em seu pensamento, comportamento e emoções. Uma razão comum para problemas reaparecerem é a complacência.

Praticar constantemente suas novas maneiras de pensar e os comportamentos relacionados e não deixar de valorizar sua saúde mental melhorada pode ajudar a evitar a recaída. Por exemplo, se você faz mudanças em seu pensamento, mas então volta a suas velhas maneiras de se comportar, coloca seus ganhos em risco. Agir constantemente alinhado a suas novas crenças (veja o Capítulo 17 para dicas sobre como fazer isso) e se mover em direção a suas metas (dê uma olhada no Capítulo 8 para conselhos sobre se orientar pelas metas) o ajuda a ficar no caminho certo.

Infelizmente, apesar de seus melhores esforços, contratempos podem e ocorrem com frequência. Uma das melhores maneiras de lidar com recaídas é estar preparado para elas — melhor prevenir do que remediar! Neste capítulo nós lhe oferecemos orientações para fazer um plano de prevenção de recaídas e buscar o desenvolvimento pessoal, fazendo, assim, com que recaídas sérias sejam menos prováveis.

Sendo Realista sobre Recaídas

Seria bom se a estrada para a recuperação fosse um caminho reto e certo sem desvios. Na realidade, você pode esperar ter períodos de dificuldade e experienciar recaídas quando tentar superar seus problemas psicológicos. Até certo ponto, a recaída é uma parte normal da recuperação.

CUIDADO Entrar em pânico ou *catastrofizar* (pegar um evento relativamente pequeno e imaginar cenários de pesadelos resultando dele) sobre contratempos pode, muitas vezes, levar a um retorno de sintomas mais sérios. Tente ver contratempos como decepcionantes, mas não desastrosos. Você pode usá-los como uma oportunidade de consolidar ainda mais sua compreensão das técnicas centrais de TCC. Seja compassivo quando enfrentar uma recaída, em vez de brigar consigo mesmo. Dê uma olhada no Capítulo 23 para ter inspiração.

PRATIQUE Use a Planilha 18-1 para começar seu plano de prevenção de recaídas.

Ao completar as planilhas neste capítulo, você pode querer revisar o trabalho que fez em outros capítulos para refrescar a memória.

PLANILHA 18-1 Sua Revisão de Problemas/Metas

Quais eram meus problemas-alvo originais?
Problemas emocionais:
Problemas comportamentais:
Problemas práticos:
Quais são minhas metas em relação a esses problemas?
Metas emocionais:
Metas comportamentais:
Metas práticas:

Quais mudanças positivas/progresso eu fiz até agora?
Progresso emocional:
Progresso comportamental:
Progresso prático:

Quais são os benefícios das mudanças positivas que fiz até agora?
Benefícios emocionais:
Benefícios comportamentais:
Benefícios práticos:

Idealmente, este exercício o lembra sobre quão longe você chegou e renova sua motivação para continuar o bom trabalho.

É melhor prevenir

Este passo em seu pano de prevenção de recaídas é sobre, você adivinhou, *prevenção* — ou resolução de problemas. Primeiro se lembre das maneiras de pensar, sentir e agir que mantinham ou pioravam seus problemas-alvo. Agora tente imaginar cenários que possam surgir no futuro e disparar essas velhas maneiras não saudáveis de pensar, se comportar e sentir. Em seguida, imagine-se enfrentando com sucesso a sua situação gatilho ao pensar e agir de maneiras saudáveis construtivas. A seção "Remediando", a seguir, tem mais conselhos sobre resolver dificuldades em potencial.

PRATIQUE Você pode usar a Planilha 18-2 para estruturar sua resolução de problemas. A ideia é ajudá-lo a identificar contratempos em potencial antes que realmente fiquem no controle. Você pode querer rever os Capítulos 16 e 17 para ajudá-lo a usar melhor esta planilha. Esses capítulos discutem crenças centrais e como substituir velhas crenças destrutivas por novas e construtivas com profundidade.

PLANILHA 18-2 Meu Quadro de Resolução de Problemas

Que crenças centrais negativas eu tenho trabalhado para desgastar?

Si mesmo:

Outros:

Mundo:

Quais crenças centrais saudáveis alternativas eu tenho trabalhado para fortalecer?

Si mesmo:

Outros:

Mundo:

Que distorções cognitivas eu normalmente cometo?

Que tipos de situações ou condições normalmente disparam minhas crenças centrais/distorções cognitivas não saudáveis?

Gatilhos ambientais passados: (Incluem doenças, preocupação financeira, dificuldades no trabalho, mudanças sazonais, contas, mudanças de casa, e assim por diante.)

Gatilhos interpessoais passados: (Incluem conflitos de relacionamento com a família, amigos, colegas, e assim por diante.)

A quais possíveis gatilhos eu posso ficar atento no futuro?

Gatilhos ambientais:

Gatilhos interpessoais:

Que comportamentos destrutivos eu usei no passado para tentar lidar com meus problemas?

Que sinais de aviso iniciais eu posso procurar que podem sinalizar que meus problemas estão retornando?

Emoções negativas não saudáveis:

Mudanças negativas no meu pensamento:

Mudanças negativas no meu comportamento:

> **DICA**
> Se você esteve trabalhando com um terapeuta de TCC, é uma boa ideia envolvê-lo no esboço do seu plano de prevenção de recaídas. Seu terapeuta provavelmente fornecerá informações valiosas.

Remediando

Com frequência, ouvimos nossos pacientes dizendo coisas como "eu realmente espero não ficar deprimido novamente" ou "estou torcendo para ficar bem". Esses sentimentos são completamente normais e compreensíveis. Mas nosso conselho é "não deixe sua melhora ao acaso"! Não ignore sinais de aviso iniciais — arranque seu problema recorrente enquanto é um broto! Tenha confiança de que qualquer estratégia que tenha inicialmente usado para melhorar provavelmente funcionará de novo.

Por exemplo, se algumas das estratégias descritas no Capítulo 5 realmente o ajudaram a gerenciar seus pensamentos negativos, registre suas estratégias preferidas e se lembre de usá-las novamente se seus sintomas retornarem. Se manter um cronograma de atividades o ajudou a superar a depressão (veja o Capítulo 12), então anote isso e use novamente quando notar uma diminuição no seu humor. Ou, se os experimentos comportamentais encontrados no Capítulo 4 o ajudaram a confrontar suas ansiedades, anote-os também.

> **PRATIQUE**
> A Planilha 18-3 fornece um lembrete conveniente de estratégias úteis que você usou antes e pode reutilizar a qualquer hora em que precisar delas.

O Capítulo 21 oferece dicas para encontrar e trabalhar com profissionais.

PLANILHA 18-3   Meu Compêndio de Remédios

Em quais áreas eu mais preciso continuar trabalhando para manter meus ganhos?	
Que estratégias específicas de TCC mais me ajudam a superar meus problemas emocionais/comportamentais?	
Que crenças e atitudes úteis eu quero continuar praticando e fortalecendo?	
Quais são as técnicas comportamentais mais úteis que usei para superar meus problemas?	
Quem eu posso buscar para apoio adicional se começar a ter dificuldades?	
Profissionais:	

(continua)

(continuação)

Amigos:	
Familiares:	
Grupos de apoio:	

Se você recebeu prescrição de remédios antes e achou benéfico, fale com seu médico no caso de uma recaída. Às vezes o remédio certo na hora certa pode evitar um ressurgimento mais sério de sintomas.

CUIDADO — Nunca se automedique. Não recomece remédios que sobraram de prescrições anteriores. Sempre consulte seu médico sobre qualquer remédio.

Voltando a Seus Valores Pessoais e Hobbies

Outra maneira de se manter na linha é pensar sobre o que é importante para você. Às vezes os problemas emocionais prendem tanto a sua atenção que você perde de vista seus próprios valores pessoais. Agora que está no caminho da recuperação, pode focar sua atenção ao tipo de mundo em que quer viver. Talvez você valorize a conduta gentil, igualdade racial e cultural, ou iniciativas ambientais, para citar algumas possibilidades. Seus valores pessoais podem ser específicos de sua vida em casa ou se aplicar mais amplamente a sua comunidade, cidade e ao planeta.

As pessoas tendem a ficar mais contentes quando estão envolvidas em atividades interessantes e significativas. Como a TCC foca metas relacionadas a seus problemas, ela também reconhece os benefícios de trabalhar em direção a metas mais amplas baseadas no que é importante para você. Agir de acordo com seus valores pessoais e se envolver em atividades de que gosta ou considera dignas ajuda você a ficar psicologicamente saudável.

PRATIQUE — Reserve um tempo agora para anotar seus valores pessoais na Planilha 18-4.

PLANILHA 18-4   **Meus Valores Pessoais**

Que valores eu tenho para mim mesmo, minha família e meus amigos?
Que valores mais amplos eu tenho para minha comunidade, para a raça humana e para o planeta?

LEMBRE-SE: Preencher sua vida com atividades significativas consistentes com seus valores pode ajudar a manter seu humor estabilizado.

Agindo consistentemente

Depois de avaliar seus valores pessoais, você pode identificar maneiras de colocá-los em prática com mais frequência. Não estamos sugerindo que torne sua missão pessoal livrar o mundo do crime e parar o aquecimento global sozinho — não necessariamente. Mas sugerimos viver de maneira que reflita o que é importante para você. Fazer isso pode promover um senso de bem-estar e de envolvimento com o mundo a seu redor — uma boa notícia para sua saúde mental contínua.

PRATIQUE: Localize maneiras particulares (não importa o tamanho) nas quais você pode lutar para agir consistentemente com seus valores. Use a Planilha 18-5 para cada um de seus valores identificados. Inclua tarefas simples baseadas em valor, como ler para seus filhos, reciclar, doar para a caridade e comer alimentos do comércio local.

PLANILHA 18-5 Minhas Atividades Baseadas em Valores

Um de meus valores pessoais:	
Que ação específica posso executar para promover esse valor?	
Onde?	
Quando?	
Com quem?	
Com que frequência?	

Restabelecendo práticas pessoalmente significativas

Seus hobbies e interesses podem ter sido negligenciados devido a seus problemas psicológicos. Agora é hora de reintroduzir práticas de que você costumava gostar e que lhe davam uma sensação de realização. Atividades como jardinagem, estudo recreacional, prática religiosa/espiritual, leitura, visitar exposições de arte são todas maneiras válidas de preencher sua vida. Agora que tem mais tempo para aproveitar a vida, pode querer começar novos projetos ou ter novos hobbies.

Anote algumas ideias na Planilha 18-6.

PLANILHA 18-6   **Minhas Práticas Pessoalmente Significantes**

De quais atividades eu costumava gostar e gostaria de reintroduzir agora?	
Que atividades gostaria de começar?	

Observado Seu Estilo de Vida

Atingir um equilíbrio entre sua vida pessoal e sua vida profissional faz parte de se manter emocional e fisicamente bem. Manter aspectos diferentes de sua vida bem balanceados ajuda a garantir que você não faça demais algumas coisas e negligencie outras.

Use a Planilha 18-7 para fazer um balanço de seu estilo de vida atual. Baseie suas respostas em uma média semanal das últimas três ou quatro semanas.

PLANILHA 18-7   **Check-up do Meu Estilo de Vida Atual**

Pergunta	Resposta
Quantos dias (se algum) eu trabalhei mais tarde do que o normal ou levei trabalho para casa comigo?	
Quantas vezes eu saí socialmente?	
Quantas noites/finais de semana eu aloquei passando tempo com amigos e/ou família?	
Com que frequência eu fiz algum tipo de exercício?	
Quantas horas/dias eu passei em hobbies ou atividades que me interessam?	
Quanto tempo eu aloquei para cuidar de tarefas da casa?	
Como eu normalmente relaxo à noite?	

Quanto tempo eu passei com autoajuda ou prática contínua de TCC?	
Em que outras atividades eu usei meu tempo?	
Que atividades podem me beneficiar se eu dedicar mais tempo por semana a elas?	
Que atividades podem me beneficiar se eu dedicar menos tempo por semana a elas?	
Que horas/dias posso alocar na próxima semana para atividades negligenciadas?	

Veja suas respostas da Planilha 18-7. O seu tempo está dividido entre várias atividades (trabalho e diversão) ou está concentrado em uma ou duas áreas específicas, como trabalho e tarefas de casa? Você está dedicando tempo o suficiente para atividades que o ajudam a ficar emocional e mentalmente saudável, como socializar, relaxar e se exercitar? As circunstâncias de vida de todo mundo são diferentes e, portanto, não há regras rígidas sobre quanto tempo você deveria dedicar a qualquer atividade única. Entretanto, relaxar é muito importante, porque dá a seu corpo e mente uma chance de recarregar. Atividades relaxantes podem incluir praticamente tudo que o ajude a se acalmar ou descontrair. Caminhar, ler, meditar, sentar com uma xícara de chá e olhar pela janela, ouvir música ou conversar com um amigo são todos bons exemplos de atividades relaxantes. Você se beneficia passando, pelo menos, uma hora por dia fazendo algo relaxante.

Exercícios também são bons para sua saúde física e mental, mas a maioria de nós não faz o suficiente. Tente aumentar seus exercícios do jeito que puder. Ande até as lojas, em vez de pegar o ônibus ou dirigir, e use as escadas, em vez do elevador. Aumentar sua frequência cardíaca através de exercícios por 20 minutos, no mínimo, três vezes por semana é aceitável. Lembre-se, no entanto, de que quanto mais você se exercitar, melhor.

Tente passar pelo menos algumas horas no final de semana ou à noite com seus hobbies, como jardinagem, pintura, ciclismo ou o que quer que lhe interesse fazer. Passe o mínimo de uma noite ou dia por semana com sua família e/ou amigos.

Tente passar um mínimo de duas horas por semana revendo as estratégias de TCC que o ajudaram a superar seus problemas. A prática é a chave para ficar bem. Você pode planejar praticar técnicas de autoajuda em vários horários durante sua semana, em vez de fazer toda a sua prática em um bloco de duas horas.

Em geral, esforce-se para manter os deveres do trabalho no horário comercial. Nem todo mundo trabalha das 9h às 17h, mas o princípio é manter o trabalho durante as horas em que você foi contratado e é pago para fazê-lo.

LEMBRE-SE

Obviamente, algumas vezes você terá responsabilidades de trabalho ou da família, por exemplo, exigindo temporariamente a maioria da sua energia e atenção. Durante épocas de crise, você naturalmente precisa se concentrar na questão, e não em si mesmo. Apenas se lembre de voltar ao equilíbrio depois.

Se está pensando onde achará tempo para fazer mais exercícios, estudar ou socializar — na verdade, qualquer atividade que você não esteja fazendo o suficiente —, tente estabelecer horários para essas buscas quando normalmente está assistindo TV ou trabalhando até tarde.

Audaciosamente Indo Aonde Você Nunca Esteve Antes

Vamos supor que supere bem seus problemas e esteja atento a possíveis riscos de recaídas. Você assumiu alguns hobbies e atividades baseadas em valores e está conseguindo manter um estilo de vida bem equilibrado. Ótimo. Muito bem. Talvez possa querer pensar sobre suas metas para o futuro. Pense em metas de desenvolvimento pessoal de longo prazo, como promover sua carreira, mudar de carreira, mudar de casa, viajar, e assim por diante.

PRATIQUE

Preencha a Planilha 18-8 para ajudá-lo a esclarecer quaisquer metas que possa ter para o futuro e quais passos você precisa dar para realizá-las. (O Capítulo 8 mostra a você como estabelecer metas efetivas.)

PLANILHA 18-8 Minhas Metas Futuras

Minhas metas de desenvolvimento pessoal	Passos que preciso dar para alcançar minhas metas
Nos próximos 6–12 meses:	
Nos próximos 1–2 anos:	
Nos próximos 5 anos:	

> **NESTE CAPÍTULO**
>
> » Deixando para trás emoções que impedem a recuperação
>
> » Pedindo uma ajudinha
>
> » Mantendo as práticas positivas

Capítulo **19**

Rompendo Barreiras para a Recuperação

No seu caminho para superar problemas psicológicos, você provavelmente tropeçará uma, duas ou até três vezes — isso não é incomum. (O Capítulo 18 oferece dicas para recuperar sua base.) Pode chegar a um ponto em que atinge um beco sem saída, o que pode ser desencorajador.

Obstáculos a mudanças positivas surgem de várias formas: às vezes você pode bloquear involuntariamente seu progresso através do pensamento falho levando a emoções inúteis, como vergonha ou culpa. Outras vezes pode até estar ciente de praticar deliberadamente (ou quase) a autossabotagem. Por quê? Bem, qualquer mudança (até a mudança positiva) pode ser desencorajadora, arriscada, difícil e até assustadora. É possível que você coloque obstáculos em seu caminho porque permanecer como está parece temporariamente mais atraente do que passar por um grande esforço e desconforto para superar seus problemas.

Quaisquer que sejam as razões para ficar paralisado em seu progresso, este capítulo foca como romper barreiras em sua rota para uma recuperação potente.

Exorcizando Emoções que o Prendem

Uma barreira comum na recuperação são *problemas emocionais secundários*, um termo usado para descrever sentir-se mal sobre seu problema original, ou primário. Exemplos poderiam ser sentir-se culpado sobre estar deprimido ou sentir-se envergonhado por ter ataques de pânico. Culpa ou vergonha frequentemente significam que você está se colocando para baixo por ter dificuldades psicológicas. Culpa, vergonha e orgulho são três dos tipos mais comuns dos problemas emocionais secundários:

- A **culpa** frequentemente emerge como problema emocional secundário da depressão. A depressão pode levá-lo a se isolar dos outros e evitar contato social. Você pode acreditar que esteja negligenciando seus amados por causa da sua depressão, e isso o faz se sentir culpado. Quando está deprimido, até tarefas cotidianas podem parecer difíceis demais, e você pode não ser capaz de funcionar de maneira eficaz. Você pode se sentir culpado por deixar as tarefas acumularem ou deixar de cumprir obrigações. É comum que pessoas deprimidas se repreendam por não serem produtivas. A culpa secundária sobre os efeitos da sua depressão pode piorar o seu humor.

- A **vergonha** é, com frequência, um problema emocional secundário para pessoas com transtornos de ansiedade, como ataques de pânico ou TOC. Se você acha que seu problema de ansiedade significa que é fraco ou ridículo, provavelmente está se fazendo sentir envergonhado sobre experienciar ansiedade. Como o TOC normalmente envolve pensamentos intrusivos indesejados e imagens que você acha inaceitáveis, é muito possível que sinta vergonha de ter esses sintomas de TOC em primeiro lugar.

  A vergonha pode impedi-lo de falar com os outros sobre seus problemas ou buscar tratamento profissional.

- O **orgulho** acompanha muitos problemas emocionais. Com frequência as pessoas acham que devem ser capazes de superar seus problemas emocionais sem qualquer apoio externo. Especialmente se você se considera "alguém capaz de enfrentar seus problemas", valoriza sua independência e/ou vê problemas psicológicos como fraquezas inaceitáveis, pode ser orgulhoso demais para admitir para si mesmo ou para os outros que precisa de ajuda. O orgulho pode até impedir que aceite um curso de autoajuda, porque você acredita que deveria saber todas as respostas sozinho, sem precisar consultar livros.

Problemas secundários podem realmente paralisá-lo. Esses tipos de emoções não saudáveis podem impedir que você fale com outras pessoas sobre sua situação ou busque ajuda profissional valiosa. Elas também levam, frequentemente, a comportamentos inúteis, como evitação e negação, e realmente pioram os sintomas de seu problema primário.

EXEMPLO

Silas tem Transtorno Obsessivo-compulsivo (TOC). Ele experiencia pensamentos indesejados sobre machucar crianças e animais. (Veja o Capítulo 13 para mais sobre TOC.) Silas acha que ninguém entenderia seu problema e que esses pensamentos significam que ele é uma pessoa ruim. Ele se sente muito culpado por ter pensamentos intrusivos perturbadores.

Silas usou a Planilha 19-1 para iluminar seu problema emocional secundário.

PLANILHA 19-1   Folha de Emoções Secundárias de Silas

Meu problema primário:	Fui diagnosticado com TOC. Tenho vários pensamentos realmente desagradáveis sobre machucar crianças e pequenos animais.
Emoções negativas não saudáveis que eu tenho sobre esse problema: (meu problema emocional secundário)	Eu me sinto culpado pelos pensamentos que tenho, mas não consigo controlá-los. Eu me sinto como uma pessoa ruim e maldosa por ter pensamentos tão sombrios e inaceitáveis.

PRATIQUE

Veja o Capítulo 6 para esclarecer emoções negativas saudáveis e não saudáveis.

Você pode usar a Planilha 19-2 para identificar quaisquer problemas emocionais secundários que pode estar experienciando.

PLANILHA 19-2   Minha Folha de Emoções Secundárias

Meu problema primário:	
Emoções negativas não saudáveis que eu tenho sobre esse problema: (meu problema emocional secundário)	

Se, como Silas, você identificou culpa ou outra emoção negativa não saudável sobre seu problema primário, seu próximo passo é trabalhar para superar esses sentimentos obstrutivos.

Desistindo da culpa

Às vezes seu transtorno pode levá-lo a pensar de maneiras que conflitem com sua moral, como no caso de Silas na seção anterior. Seu TOC significa que ele pensa em machucar as mesmas criaturas que ele acredita que merecem proteção. Ou sua depressão pode impedir sua habilidade de fazer as coisas que você considera importantes, como cuidar da sua família ou ter um bom desempenho no trabalho. Sentir-se culpado sobre sua doença é muito fácil. Mas a culpa só serve para fazê-lo se sentir pior e atrasar sua melhora.

Em vez de manter o foco somente nos efeitos negativos da sua doença nos outros e no que você é incapaz de fazer como resultado de seus problemas, tente ser mais compreensivo e compassivo consigo mesmo. A pessoa que mais sofre de TOC, depressão, ansiedade ou outro problema é *você*. Lembre-se de que você é apenas humano e que, embora seus problemas psicológicos possam ter um impacto negativo na vida dos outros, fazer-se sentir culpa sobre essa realidade não consertará nada. Você não está negligenciando seus deveres ou família deliberadamente por maldade; esse é só um efeito colateral lamentável de muitos problemas psicológicos diferentes. No Capítulo 6 discutimos as diferenças entre emoções negativas saudáveis e não saudáveis, como a culpa.

O problema primário de Silas é ter pensamentos intrusivos de TOC sobre machucar crianças e pequenos animais, o que leva a sentimentos de culpa. Ele usou a Planilha 19-3 para ajudá-lo a deixar a culpa de lado e se mover em uma direção orientada por metas.

PLANILHA 19-3 **Guia para Abandonar a Culpa de Silas**

Pensamentos Criadores de Culpa	Argumentos Removedores de Culpa
Eu não deveria ter esses pensamentos.	Pensamentos indesejados são uma característica do TOC.
Esses pensamentos significam que sou ruim.	Pensamentos não são ações. Esses pensamentos significam que estou doente, mas não significam mais nada sobre mim.
Pessoas decentes não pensam assim.	Todo mundo tem pensamentos indesejáveis de vez em quando.
Meus pensamentos são perigosos.	Eu certamente não gosto de ter esses pensamentos e queria não tê-los. Mas a única pessoa que está sofrendo com meu TOC sou eu. Eu não estou incomodando, machucando ou prejudicando ninguém ao ter pensamentos desagradáveis e intrusivos.

Na Planilha 19-4, Silas registra maneiras em que abandonar a culpa o ajudará em sua recuperação do TOC. Use a Planilha 19-5 para destacar os benefícios de abandonar a sua própria culpa sobre seu problema emocional. Considere como o pensamento de culpa pode estar consumindo seu tempo e piorando seu humor. Como você agiria de maneira diferente se não tivesse culpa?

PLANILHA 19-4 **Benefícios de Ficar sem Culpa de Silas**

Como abandonar minha culpa ajudará a minha recuperação:
Eu ficarei mais capaz de focar a obtenção do tratamento para meu TOC. Estarei disposto a conversar com outros sofredores de TOC sobre suas experiências e compartilhar as minhas. Eu ainda não gosto dos pensamentos, mas não me sentirei tão devastado por tê-los. Eu não me julgarei como uma pessoa ruim por ter pensamentos que eu não quero. Eu acreditarei que mereço obter ajuda e melhorar.

Você pode achar necessário trabalhar com afinco para gerar argumentos convincentes e plausíveis, em oposição a seus sentimentos de culpa. Ter que fazer um grande esforço *não* é um sinal de que sua culpa é adequada. Ela é só um efeito colateral de pensar de maneira autopunitiva por muito tempo.

PRATIQUE

Agora use as Planilhas 19-5 e 19-6 para exorcizar seus pensamentos e sentimentos de culpa sobre seu problema primário.

PLANILHA 19-5   **Meu Guia para Abandonar a Culpa**

Meu Problema Primário:

Pensamentos Criadores de Culpa	Argumentos Removedores de Culpa

PLANILHA 19-6   **Meus Benefícios de Ficar sem Culpa**

Como abandonar a minha culpa ajudará a minha recuperação:

Recusando-se a jogar o jogo da vergonha

A vergonha é uma emoçãozinha pegajosa que pode fazer você ficar preso. Afaste a humilhação e a vergonha ao se permitir ser humano e falível. Em vez de ridicularizar, depreciar ou denegrir a si mesmo por ter problemas psicológicos, tente ser um pouco mais compassivo e compreensivo consigo mesmo. Lembre-se de que, como ser humano, você não espera jamais ficar doente fisicamente ou nunca se machucar de alguma forma. Então por que você deveria esperar sempre estar na melhor forma mental e emocional?

Faz sentido não gostar de ter dificuldades psicológicas, mas se você se envergonha por seus problemas, então está dizendo a si mesmo que não deveria tê-los. Isso não faz sentido.

Pense no máximo de razões que puder para contra-atacar sua vergonha. Tente se lembrar de que não importa o quanto seu problema seja desconfortável e indesejado, essa é uma parte normal de ser humano, e não há razão de você não experienciar dificuldades psicológicas.

Você pode ficar surpreso com o apoio e preocupação que recebe de outras pessoas em sua vida também. Você pode esperar ser rejeitado com base em seus problemas, quando, na realidade, as pessoas querem ajudar. Esteja preparado para ficar agradavelmente surpreso por algumas das reações que terá daqueles que se preocupam com você.

EXEMPLO

Neha tem ataques de pânico. Ela acha muito difícil ir a supermercados ou outras lojas movimentadas. Neha tem vergonha de seu problema e, portanto, tenta esconder sua ansiedade das pessoas. Ela não contou a ninguém sobre seu problema porque acha que isso a torna fraca e que as outras pessoas também a acharão fraca e patética se souberem. (Dê uma olhada no Capítulo 9 para saber mais sobre ansiedade e pânico e como tratá-los.)

Neha coloca seus pensamentos causadores de vergonha sobre seus ataques de pânico no papel na Planilha 19-7 e os desafia usando evidências contra eles.

PLANILHA 19-7   **Planilha para Afastar a Humilhação de Neha**

Meu problema primário: Ataques de pânico.

Pensamentos produtores de vergonha	Argumentos desafiadores da vergonha
Apenas pessoas fracas e covardes têm pânico por razão nenhuma.	Todos os livros que li e sites que vi mostram que todos os tipos de pessoas de todos os tipos de vida têm distúrbios de ansiedade. Ataques de pânico são realmente muito comuns.
As pessoas não me respeitarão tanto se descobrirem que sofro de ataques de pânico.	Alguns de meus amigos ou colegas podem também ter um problema similar. Pessoas gostam de mim por muitas razões, e meu pânico é só uma pequena parte de quem eu sou.
Eu deveria ser capaz de parar meu pânico.	Com o tempo eu posso aprender a superar meus ataques de pânico. Se eu disser a mim mesma que não devo entrar em pânico e brigar comigo quando o fizer, eu só pioro o problema. Obviamente, eu preferiria muito não entrar em pânico, mas não há razão alguma para eu não ter ataques de pânico, em absoluto. Eu sou humana, não um robô.

Neha usou, então, a Planilha 19-8 para listar como dizer adeus a sua vergonha poderia ajudá-la a superar seus ataques de pânico.

PLANILHA 19-8   Planilha de Benefícios de Afastar a Humilhação de Neha

Como afastar a humilhação e a vergonha ajudará em minha recuperação:
A vergonha me leva a tentar esconder/parar meus sintomas de ansiedade, o que me deixa ainda mais ansiosa e propensa a entrar em pânico.
A humilhação me impede de sair e socializar, o que significa que me sinto isolada e sozinha.
Se eu parar de me envergonhar por ter ataques de pânico, farei exercícios de exposição e conseguirei algum apoio.

PRATIQUE Agora você pode dar adeus à vergonha e humilhação que seu problema primário produz trabalhando com a Planilha 19-9.

PLANILHA 19-9   Minha Planilha para Afastar a Humilhação

Meu problema primário:

Pensamentos causadores de vergonha	Argumentos desafiadores da vergonha

Use a Planilha 19-10 para listar como mandar a vergonha embora em sua recuperação.

PLANILHA 19-10   Minha Planilha de Benefícios de Afastar a Humilhação

Como afastar a humilhação e a vergonha ajudará em minha recuperação:

Paralisando o orgulho problemático

Você pode ficar surpreso ao perceber que seu orgulho pode realmente arruinar seu progresso. Se disser a si mesmo que deveria ser capaz de melhorar sozinho ou saber todas as respostas para seus problemas, você pode ser orgulhoso demais para buscar ajuda profissional. Seu orgulho também pode impedir que você confie seus problemas aos outros, por medo de parecer fraco ou defeituoso. Você pode até ser relutante em admitir seus problemas para si mesmo e se exaurir tentando mascará-los ou insistir em "se controlar".

EXEMPLO

Pablo tem um problema de orgulho. Na verdade, ele está deprimido há vários meses, mas continua dizendo a si mesmo para "se controlar" e "superar". Infelizmente, Pablo se sente pior sobre si mesmo quando não consegue superar sua depressão sozinho. Simultaneamente, ele também acha que técnicas de autoajuda não funcionarão com ele e que ele deveria saber como superar sua depressão instintivamente. Pablo usou a Planilha 19-11 para identificar seus problemas paralisantes de orgulho conectados a sua depressão.

PLANILHA 19-11 — **Página de Prevalecer sobre o Orgulho de Pablo**

Meu problema primário: Depressão.

Pensamentos Baseados em Orgulho	Pensamentos Equilibrados
Eu sou inteligente e deveria ser capaz de trabalhar esse problema sozinho!	Mesmo as pessoas mais inteligentes precisam de ajuda e orientação com coisas fora de sua base de conhecimento ocasionalmente. A depressão pode acontecer com qualquer um, não importa o quanto seja inteligente.
Eu sou uma pessoa forte e posso lutar contra isso sozinho.	A depressão não é um sinal de fraqueza. No fim, eu serei aquele que luta contra a minha própria depressão, mas isso não significa que não possa buscar ajuda ou orientação para fazê-lo.
Se eu pensasse que técnicas de autoajuda funcionariam, eu as teria usado há muito tempo!	Na verdade, eu não posso ajudar a mim mesmo sem realmente saber como. Talvez uma orientação profissional me coloque no caminho certo.

Pablo, então, considerou como superar seu orgulho poderia ajudá-lo a derrotar sua depressão na Planilha 19-12.

PLANILHA 19-12 — **Benefícios de Pablo ao Colocar o Orgulho de Lado**

Como colocar meu orgulho de lado ajudará em minha recuperação:
Eu posso realmente analisar minha depressão mais completamente e ver o que há em termos de tratamento.
Eu posso ficar mais disposto a falar com meu médico sobre minha situação e, talvez, até tomar remédios por um tempo.
Eu direi às pessoas mais próximas de mim como estou me sentindo, em vez de ignorá-las e evitá-las. Elas podem me entender e me dar apoio extra.

PRATIQUE — O orgulho está atrapalhando você a admitir seu problema primário ou buscar ajuda para superá-lo? Se acha que sim, coloque a caneta no papel e preencha a Planilha 19-13.

PLANILHA 19-13   **Minha Página para Superar o Orgulho**

Meu problema primário:

Pensamentos Baseados em Orgulho	Pensamentos Equilibrados

Agora use a Planilha 19-14 para registrar como deixar seu orgulho de lado pode trazer grandes benefícios.

PLANILHA 19-14   **Meus Benefícios de Colocar o Orgulho de Lado**

Como colocar meu orgulho de lado ajudará a minha recuperação:

_____
_____
_____

Deixando que os Outros Ajudem a Carregar o Fardo

Tudo é possível com uma ajudinha dos amigos, não é mesmo? Depois de lidar com algumas de suas emoções secundárias problemáticas, você é capaz de buscar um pouco de apoio dos outros? Esperamos que sim, porque entender seus problemas sozinho é uma coisa muito solitária.

Um grande obstáculo (e não tão raro) para a recuperação é esconder seus problemas e se recusar a deixar que os outros saibam como você está se sentindo. Pode esconder seu problema como resultado da vergonha, culpa, orgulho ou medo de ser um fardo para os outros. Pedimos que você corra o risco de abordar os outros. Mesmo que seus amigos ou familiares não entendam totalmente seu problema específico, eles podem muito bem estar dispostos a tentar.

LEMBRE-SE Outras pessoas podem ser muito mais compreensivas, compassivas e empáticas do que você pensa quando está se sentindo para baixo.

Pensar que todos em sua vida estarão prontos e dispostos a lhe dar um pouco de apoio ou cuidado quando você precisa é bom, mas esse nem sempre é o caso. Se você já está em um estado ruim, falar com alguém que provavelmente não lhe dará o tipo de atenção de que precisa agora não faz muito sentido. Então, se sua melhor amiga é ótima para sair para dançar, mas tem pouca paciência ou não entende sobre problemas de ansiedade, então ela pode não ser a candidata ideal com quem falar sobre seus ataques de pânico. Buscar apoio de fontes inadequadas pode lhe dar uma experiência ruim quanto a se abrir e pode fazê-lo desistir totalmente da ideia. Então pense um pouco em quem você acha que seja adequado para pedir apoio.

Faça uma lista das pessoas em sua vida com quem seria capaz de falar aberta e honestamente sobre seu problema emocional e/ou comportamental. A Planilha 19-15 guia você pela identificação de familiares e amigos solidários para contatar e registrar o tipo de apoio que pode esperar de cada um. Não se esqueça de pessoas profissionais e grupos de apoio bem estabelecidos.

Um médico ou psiquiatra pode prescrever remédios adequados e indicá-lo para a terapia. Um amigo pode ser capaz de se solidarizar com seus problemas porque passou por uma experiência similar. Outro amigo pode ser mais capaz de dar conselhos financeiros a você e ajudá-lo a desenvolver estratégias para resolver problemas práticos. Sua mãe pode lhe dar chá e compaixão, mas não entender o problema realmente. Seus irmãos podem ser capazes de dar a você a ajuda tão necessária com as crianças e com a casa. As possibilidades dependem inteiramente de suas próprias circunstâncias e das pessoas em sua vida. O ponto é que você pense sobre os diferentes tipos de apoio de que precisa e quem em sua vida é mais propenso de ser capaz de fornecer tal apoio.

Se tem medo da reação dessas pessoas, pergunte-se como você reagiria se elas viessem até você com o mesmo problema. Há chances de que esteja muito disposto em ajudá-las. Então mergulhe e dependa um pouco dos outros.

PLANILHA 19-15 **Minha Página de Fontes Adequadas de Apoio**

Quem em minha vida é mais propenso a entender meu problema atual?	
De que formas específicas de apoio eu mais preciso agora?	
Quais amigos ou familiares específicos eu posso buscar por apoio? (Liste nomes)	

Que tipo de apoio eu tenho mais propensão a obter de cada uma das pessoas listadas?	
Quem posso abordar por ajuda profissional?	
A quais grupos de apoio posso me juntar ou pesquisar?	

Busque as pessoas em sua vida para lhe darem o tipo de apoio que acha mais provável que consigam oferecer.

Persistindo com a Prática

A prática pode ser entediante, mas é absolutamente essencial. Se você realmente quer passar pelos bloqueios, precisa ter perseverança. A maioria das pessoas acha complicado manter tarefas difíceis e desconfortáveis — mesmo quando sabem que é para seu benefício em longo prazo. Mas você *pode* superar seu esforço e intolerância desconfortável em curto prazo se considerar seriamente por que fazer isso vale tanto a pena. Com frequência, *fazer* algo sobre seu problema é realmente mais fácil do que *pensar* sobre isso.

A Planilha 19-7 ajuda a manter sua ação direcionada a metas (o Capítulo 8 trata de metas). Ela também lhe dá uma chance de rever técnicas que ajudaram você a melhorar. O Capítulo 3 descreve o Formulário A–B–C que Mortimer achou útil. O Capítulo 12 lhe dá conselhos sobre derrotar a depressão, e o Capítulo 9 aborda a ansiedade. Você pode também ter usado estratégias oferecidas no Capítulo 13 para superar seus problemas obsessivos. Use a planilha para continuar seu plano e persistir com sua recuperação.

EXEMPLO

Mortimer tem ansiedade social. Ele ensaia o que diz antes de falar, deixando pouco espaço para a espontaneidade. Ele repassa eventos sociais em sua cabeça assim que acabam e procura por gafes que possa ter feito. Mortimer também presta muita atenção em como os outros estão respondendo a ele durante uma interação social. Se ele acha que deixou uma má impressão, Mortimer briga consigo mesmo duramente e se xinga de coisas horríveis por ser socialmente estranho. Ele bebe demais com frequência para acalmar os nervos, e então se arrepende no dia seguinte, porque se preocupa em ter se comportado mal quando estava bêbado. Mortimer tem trabalhado com afinco para superar sua ansiedade social, mas recentemente deu de cara com um muro quando pensou ter feito o suficiente e não queria se esforçar mais.

PRATIQUE

Mortimer usou a Planilha 19-16 para ajudá-lo a voltar à estrada da recuperação e para se convencer a persistir com as práticas direcionadas a metas.

PLANILHA 19-16   Política de Persistência de Mortimer

Qual é o meu problema primário?	Ansiedade social.
Quais são minhas metas para meus problemas primários?	Sentir-me preocupado, mas não ansioso, com meu desempenho social.
Quais técnicas me ajudaram até agora?	Manter o foco da minha atenção em outras pessoas e em meu ambiente. Ouvir o que os outros estão dizendo e responder sem preparar um discurso. Sentar ou ficar em pé em uma posição central durante uma saída social. Usar um Formulário A–B–C.
Qual é a minha atitude/crença útil sobre meu problema primário?	Eu preferiria não cometer erros sociais, mas não há razão para não cometê-los. Se eu cometer uma gafe, só significa que eu cometi um erro social, como qualquer um pode fazer. Eu ainda posso pensar em mim mesmo como uma pessoa digna e simpática em face da inquietação social.
De que maneiras eu preciso me esforçar para aumentar meu progresso?	Eu deveria ir à festa de Natal do trabalho e ficar no meio da sala. Preciso conversar sem planejar quando saio com meus amigos. Eu devo tentar conversar com pessoas que eu acho superiores a mim ou que não gostariam de mim quando saio e ver o que acontece. Mesmo se me rejeitarem, eu sobreviverei.
Por que vale a pena o esforço de superar meu problema? (Seja específico.)	Eu me livrarei dessa ansiedade social e me sentirei adequadamente nervoso ou preocupado com saídas sociais em longo prazo. Eu serei mais capaz de fazer amigos e socializar, em vez de me sentar sozinho em casa. Ironicamente, eu provavelmente parecerei mais interessante e atraente aos outros quando estou socialmente relaxado do que quando estou surtando sobre o que eles podem pensar sobre mim. Eu posso criar coragem para chamar aquela garota de que eu gosto muito no trabalho para sair. E se eu realmente chamar essa garota em questão para sair, serei capaz de falar com ela normalmente, sem ter que ir ao banheiro a cada cinco minutos porque estou muito ansioso!

Como posso ser compassivo comigo mesmo sobre os contratempos e minha relutância em continuar?	Como qualquer um que tem ansiedade social sabe, sair deliberadamente para situações sociais que você evitaria é assustador. Estou fazendo bem em continuar tentando. Mesmo se fizer besteira em uma ocasião, posso aprender com isso. Eu sou humano e nasci para cometer erros. Todo mundo tem contratempos, e eu não sou diferente. Sou um indivíduo inteiro, complexo e em mudança, e minha inquietação social é apenas uma pequena parte de quem eu sou no geral. E de qualquer forma, eu não sou a única pessoa no mundo com ansiedade social! Várias pessoas têm isso. Então eu não preciso me culpar por causa disso.
A quais comportamentos eu mais preciso resistir para superar meu problema?	Monitorar a mim mesmo por sinais de ansiedade como tremores, vermelhidão e suor. Planejar o que dizer antes de abrir a minha boca. Ficar em áreas seguras, como os lados da sala, o bar ou no meu lugar. Só falar com pessoas que conheço e com quem me sinto razoavelmente confortável. Beber muito e rápido demais em uma tentativa de acalmar meus nervos. Repassar o evento social e me censurar por qualquer pequena gafe social.
Quais comportamentos eu mais preciso nutrir para superar meu problema?	Sair com mais frequência. Convidar-me para ir junto tomar drinques depois do trabalho. Manter minha atenção treinada para outras pessoas e para o meu ambiente. Falar sem preparar com antecedência. Jogar conversa fora com pessoas que não conheço bem. Finalizar qualquer saída social assim que ela termina e resistir ao desejo de rever e julgar meu desempenho. Monitorar meu consumo de álcool de perto durante um evento social e não me permitir beber somente pelo propósito de aliviar minha ansiedade.
Quando posso alocar tempo para praticar TCC, tanto baseado em comportamento quanto em pensamento?	Eu posso pensar de uma maneira saudável sobre a inquietação social e erros sociais todos os dias — especialmente antes de entrar no escritório e durante qualquer brincadeira social ao longo do dia de trabalho. Eu posso sair toda sexta-feira à noite com o pessoal do trabalho. Posso me juntar a um clube que me interesse e me force a conhecer novas pessoas (um que se reúna semanalmente). Eu posso praticar dizer oi para as pessoas na rua, para o motorista do ônibus, e para os atendentes de lojas diariamente e me lembrar de que, embora eu realmente gostaria que eles respondessem, eles não precisam! Eu sou simpático mesmo se receber uma resposta ruim dos outros de vez em quando.

PRATIQUE

Agora que você viu como Mortimer renovou seu comprometimento com suas metas e ressuscitou a velha máxima "levanta e vai", veja se você pode usar a Planilha 19-7 com o mesmo efeito para seus próprios problemas.

Você pode querer rever alguns dos capítulos anteriores para ajudá-lo a chegar ao centro de seu problema. Dê uma olhada no índice e busque os capítulos que acha que podem ser mais relevantes para você agora.

PLANILHA 19-17   Minha Política de Persistência

Qual é o meu problema primário?	
Quais são minhas metas para meus problemas primários?	
Quais técnicas me ajudaram até agora?	
Qual é minha atitude/crença útil sobre meu problema primário?	
De que maneiras eu preciso me esforçar para aumentar meu progresso?	
Por que vale a pena o esforço de superar meu problema? (Seja específico.)	
Como posso ser compassivo comigo mesmo sobre os contratempos e minha relutância em continuar?	
A quais comportamentos eu mais preciso resistir para superar meu problema?	
Quais comportamentos eu mais preciso nutrir para superar meu problema?	
Quando posso alocar tempo para praticar TCC, tanto baseado em comportamento quanto em pensamento?	

> **NESTE CAPÍTULO**
>
> » **Assumindo responsabilidade adequada e correndo riscos recompensadores**
>
> » **Envolvendo-se com a vida por meio de atitudes saudáveis**

Capítulo 20
Colocando em Prática os Princípios da Vida Positiva

A vida é mais do que superar problemas psicológicos. Uma vez que você sustenta a recuperação de suas dificuldades por um tempo, pode ser hora de analisar como vive sua vida e ver se pode ser mais positivo. Neste capítulo esboçamos brevemente os tipos de princípios e atitudes pessoais que podem ajudá-lo a obter o máximo possível da vida. Incluímos buscar experiências positivas e também lidar eficazmente com as negativas.

Aceitando Sua Parte da Responsabilidade

Obviamente, coisas ruins acontecem, e muitas vezes você não pode fazer muito para mudá-las. Mas pode tentar identificar onde pode ter alguma responsabilidade pelo que aconteceu ou por como você respondeu ao evento. Assumir responsabilidade não é culpar a si mesmo ou os outros por um evento ou situação negativa. Você não tem culpa em achar isso. Assumir responsabilidade é se empoderar a mudar uma situação negativa através da resolução de problemas (se possível) ou, alternativamente, se adaptando e se ajustando às condições.

EXEMPLO

Patrick é muito sensível à rejeição das mulheres. Ele não é muito confiante sobre sua atratividade ao sexo oposto. Patrick acha difícil imaginar que qualquer garota ficaria interessada nele. Uma barwoman chamada Susan do pub local de Patrick chamou sua atenção há alguns meses. Embora ele vá ao bar para ficar próximo de Susan, Patrick congela sempre que ela tenta conversar com ele. Como resultado, Patrick parece distante e desinteressado. Um amigo de Patrick chamado Jack também gosta de Susan. Patrick se compara negativamente a Jack e o considera mais atraente e charmoso do que ele. No final de semana passado, Jack chamou Susan para jantar, e ela concordou. Patrick está furioso com Jack por ter cruelmente dado em cima de sua paquera. Ele também está muito magoado por Susan ter aceitado sair com Jack e vê isso como uma grande rejeição pessoal e como mais uma prova de sua falta de atratividade. Patrick usou a Planilha 20-1 para ver se poderia assumir alguma responsabilidade pelo que aconteceu com Jack e Susan. Usar a planilha também o ajudou a ver como suas reações ao evento negativo estavam piorando as coisas para si mesmo.

PLANILHA 20-1 **Registro de Porcentagem de Responsabilidade de Patrick**

Evento ou situação negativa identificada:	Jack chamou Susan para sair, e ela aceitou. Eles jantaram juntos no último final de semana.
Que pessoas ou condições contribuíram para o evento/a situação negativa ocorrer?	Jack, Susan, o ambiente do pub local e meu fracasso em fazer algo antes de Jack.
Posso assumir um grau de responsabilidade pessoal pelo que ocorreu?	Eu suponho que meu medo de que Susan me rejeitasse se eu expressasse meu interesse nela me levou a parecer distante. Eu não a chamei para sair, mesmo embora tivesse várias chances, e nem falei muito com ela quando ela tentou falar comigo. Eu não falei para o Jack o quanto eu gosto de Susan, então ele não sabia que eu ficaria chateado se ele a chamasse para sair.

Como posso assumir responsabilidade pessoal por minhas respostas emocionais e comportamentais ao evento/à situação negativa?	Estou ficando com raiva de Jack por algo que ele não sabe que fez para me ofender. Não falar com ele ou ir ao pub com ele como punição é um pouco demais. Eu, basicamente, estou emburrado, mas sem dizer ao Jack o porquê. Estou me deixando magoado e ferido por Susan ter saído com Jack, mas ela não me traiu. Ela nem sabe que eu gosto dela. Comparar-me negativamente a Jack e decidir que sou um nerd e que ele é totalmente descolado só está me fazendo sentir realmente deprimido e desesperado. Jack é um cara bonito e legal, mas ele não é o super-homem.
Como assumir responsabilidade pessoal adequada pode me ajudar a resolver o evento/a situação ou me ajustar saudavelmente a isso?	Isso me ajudará a parar de levar a coisa toda para o lado pessoal e parar de me deixar com raiva, magoado e deprimido.
	Eu serei mais capaz de falar com Jack e contar a ele o que sinto por Susan. Ficarei mais capaz de reconhecer que talvez tenha perdido minha chance com Susan e aceitar que ela e Jack agora estão saindo.
	Pode me ajudar a parar de me comparar a Jack e aceitar que somos duas pessoas diferentes, com traços e personalidades diferentes.
	Eu serei mais capaz de seguir em frente e buscar outra pessoa de quem eu goste e tentar superar minha inquietação social para chamá-la para sair.

Agora que Patrick lhe mostrou o caminho, tente completar a Planilha 20-2.

PLANILHA 20-2 **Meu Registro de Porcentagem de Responsabilidade**

Evento ou situação negativa identificada:	
Que pessoas ou condições contribuíram para o evento/a situação negativa ocorrer?	
Posso assumir um grau de responsabilidade pessoal pelo que ocorreu?	
Como posso assumir responsabilidade pessoal por minhas respostas emocionais e comportamentais ao evento/à situação negativa?	
Como assumir responsabilidade pessoal adequada pode me ajudar a resolver o evento/a situação ou me ajustar saudavelmente a isso?	

LEMBRE-SE Se alguém violou seus direitos humanos ou você ficou traumatizado por um acidente ou evento de vida trágico, você *não* é responsável pelo que aconteceu. Entretanto, ainda pode assumir responsabilidade pessoal pelo resto de sua vida e por como você a vive. Até certo grau, você pode escolher como responder emocionalmente a eventos de vida muito negativos.

Descobrindo que a Flexibilidade Alimenta a Diversão

Com frequência, "não querer mudar" indica maneiras de pensar rígidas e inflexíveis sobre a vida. Quanto mais rígidas são suas regras pessoais sobre si mesmo, os outros e o mundo, mais vulnerável fica a experienciar perturbação emocional e problemas de vida. O pensamento rígido limita sua habilidade de se adaptar criativamente às mudanças nas circunstâncias de vida. Essa atitude também o leva a evitar correr qualquer tipo de risco.

Se quer mudar do pensamento rígido ao flexível, precisa reconhecer que "querer" não é o mesmo que "ter que conseguir". Então, se você *quer* ter sucesso em uma tarefa, mas não insiste que *tem que* ter sucesso, está pensando de modo flexível e deixando espaço para o erro.

LEMBRE-SE Se quer se divertir, precisa ser flexível! Caso contrário, nunca tentará nada novo ou um pouco arriscado, mesmo quando vale a pena. Considere Patrick e sua adoração não expressada por Susan na seção anterior. Observe como Patrick compreendeu seu pensamento rígido na Planilha 20-3.

DICA Veja o Capítulo 2 para mais sobre distorções cognitivas e exigências. Também confira os Capítulos 16 e 17 para saber mais sobre crenças centrais sobre si mesmo, os outros e o mundo. Vá ao Capítulo 6 para explicações sobre emoções negativas saudáveis e não saudáveis.

PLANILHA 20-3 **Formulário para Encontrar Flexibilidade de Patrick**

Sobre qual situação/evento (passado, presente ou futuro) tenho o pensamento rígido?	Jack e Susan saindo juntos para jantar. Eu não ter chamado Susan primeiro ou ter dito a Jack que gostava dela.
Que exigências rígidas específicas estou fazendo?	Próprias: Eu devo ser atraente para o sexo oposto. Não devo ser rejeitado por Susan. Outros: Jack não deve chamar Susan para sair. Susan não deve me rejeitar por causa de Jack. Mundo: A situação Jack–Susan é totalmente injusta e não deveria estar acontecendo!

Como meu pensamento rígido está impactando negativamente minhas emoções? (Liste quaisquer emoções negativas não saudáveis.)	Raiva, depressão e mágoa.
Como meu pensamento rígido está impactando negativamente meu comportamento? (Liste quaisquer comportamentos destrutivos ou autodestrutivos.)	Ficar emburrado com Jack e me recusar a passar um tempo com ele. Comparar-me negativamente a Jack e me considerar desinteressante. Ficar triste com Susan e ignorá-la.
Quais são as atitudes mais flexíveis que posso adotar sobre a situação/o evento que podem me ajudar a ficar menos perturbado e agir de maneira mais construtiva?	Próprias: Eu preferiria ser atraente ao sexo oposto, mas não preciso ser! Eu não quero ser rejeitado por Susan, mas não há razão para ela não me rejeitar. Se sou rejeitado por Susan, ou por qualquer outra garota, significa que elas não gostaram de mim. Não significa que sou completamente desinteressante ou desagradável. Outros: Seria melhor se Jack não chamasse Susan para sair, mas não há razão para ele não fazê-lo. Eu preferiria que Susan me escolhesse, em vez de Jack, mas ela não precisa! Nem Jack nem Susan precisam fazer o que eu quero que eles façam. Mundo: A situação Jack-Susan é infeliz e decepcionante, mas não tão injusta. É do jeito que é, e eu posso lidar com isso se escolher fazê-lo.

O pensamento flexível geralmente leva a emoções negativas saudáveis em face a eventos negativos e à resolução eficaz de problemas.

PRATIQUE

Eis sua chance de passar de rígido para flexível em uma planilha simples — a Planilha 20-4!

PLANILHA 20-4   **Meu Formulário para Encontrar Flexibilidade**

Sobre qual situação/evento (passado, presente ou futuro) tenho o pensamento rígido?	
Que exigências rígidas específicas estou fazendo?	Próprias: Outros: Mundo:
Como meu pensamento rígido está impactando negativamente minhas emoções? (Liste quaisquer emoções negativas não saudáveis.)	

(continua)

(continuação)

Como meu pensamento rígido está impactando negativamente meu comportamento? (Liste quaisquer comportamentos destrutivos ou autodestrutivos.)	
Quais são atitudes mais flexíveis que posso adotar sobre a situação/o evento que podem me ajudar a ficar menos perturbado e agir de maneira mais construtiva?	Próprias: Outros: Mundo:

Entendendo que a Incerteza e a Falta de Controle São Inevitáveis

Tentar controlar eventos que não estão dentro de seu controle e ter certeza sobre coisas das quais não pode é muito debilitante. A verdade é que você, junto ao resto da raça humana, vive com incerteza e controle limitado sobre eventos de vida todos os dias, escolhendo reconhecer isso ou não. Ninguém, nem mesmo você, é onisciente e todo-poderoso. Então pode tentar o quanto quiser obter certeza sobre eventos futuros ou controlar eventos aleatórios e outras pessoas, e você não conseguirá. Aceitar a incerteza e o controle pessoal limitado pode ajudá-lo a superar a ansiedade e aproveitar a vida completamente.

EXEMPLO

Patrick confronta suas exigências por certeza e controle usando a Planilha 20-5.

PLANILHA 20-5 Registro Incerto, Incontrolável e Inevitável de Patrick

Situação/evento negativo (passado, presente ou futuro):	Jack e Susan saindo.
Que aspectos da situação estou tentando controlar?	Susan estar atraída por Jack, e vice-versa. Jack chamar Susan para sair.
Sobre quais aspectos da situação estou tentando ter certeza?	Eu estava insistindo em ter certeza sobre como Susan se sentia sobre mim antes de chamá-la para sair. Eu tentei ter certeza de que Susan não me rejeitaria. Eu insisto em ter certeza de que pessoas (como Susan) pensam em mim assim como pensam nos outros (como Jack).

Esses aspectos da situação estão dentro do meu âmbito de controle?	Não. Eu não posso controlar como as outras pessoas se sentem, pensam e o que fazem. Jack e Susan podem agir como quiserem, não importa o quanto eu insista para que façam o que eu quero.
É possível ter certeza sobre esses aspectos da situação?	Não. Mesmo que Susan me assegurasse de que gostava de mim tanto quanto de Jack, ela pode sempre mudar de ideia no futuro. Eu não posso ter certeza de que Susan não me rejeitará, e se eu nunca chamá-la para sair, nunca saberei. Susan também pode não me rejeitar hoje, mas não posso ter certeza de que não serei rejeitado em algum ponto no futuro. A rejeição é um risco, não importa com quem eu saia. Eu passo muito tempo procurando pistas sobre como as outras pessoas se sentem sobre mim e me perguntando o que estão pensando de mim. Mas mesmo um palpite bem fundamentado não é uma garantia.
Como minhas tentativas de obter controle e certeza estão afetando minha habilidade de me ajustar à situação/ao evento?	Em geral, eu me sinto muito ansioso em situações sociais. Eu fico muito autoconsciente em situações que não consigo controlar ou não consigo ter certeza de que estou causando uma boa impressão. Minhas exigências por certeza e controle me impediram de chamar Susan para sair. Minhas exigências por certeza e controle também me levaram a ficar com raiva e magoado com Jack e Susan saindo.

PRATIQUE Use as mesmas perguntas na Planilha 20-6 em relação a sua própria situação para ver onde pode estar exigindo (em vão) ter certeza e controle.

PLANILHA 20-6   **Meu Registro Incerto, Incontrolável e Inevitável**

Situação/evento negativo (passado, presente ou futuro):	
Que aspectos da situação estou tentando controlar?	
Sobre quais aspectos da situação estou tentando ter certeza?	
Esses aspectos da situação estão dentro do meu âmbito de controle?	

(continua)

(continuação)

É possível ter certeza sobre esses aspectos da situação?	
Como minhas tentativas de obter controle e certeza estão afetando minha habilidade de me ajustar à situação/ao evento?	

Deixando a Vida Ser Injusta

A vida é uma mistura de eventos positivos, negativos e neutros. Além disso, a vida nem sempre é justa. Às vezes acontecem coisas que não merecemos. A vida não parece parar e considerar quem merece que uma coisa boa ou ruim aconteça em um dado momento. Em vez disso, os eventos de vida parecem ocorrer de maneira bem aleatória.

Imagine que você experiencie um evento negativo e conclua que a vida é injusta e que foi vitimizado. Pensar dessa maneira pode ser compreensível, mas insistir na injustiça pode prendê-lo em emoções não saudáveis e impedi-lo de fazer coisas melhores para si mesmo. Às vezes considerar por um segundo se o que você está experienciando é realmente "injusto" ou mais precisamente "ruim", ou até mesmo "trágico", vale a pena. Não estamos dizendo que coisas injustas não aconteçam, porque realmente acontecem. Entretanto, a vida é injusta para todo mundo de vez em quando, não só para você.

Patrick desafiou sua mentalidade de vítima ao se fazer as perguntas na Planilha 20-7 sobre a situação Jack e Susan.

PLANILHA 20-7 **Lista para Deixar a Vida Ser Injusta de Patrick**

Evento/situação negativa:	Susan e Jack saindo.
Aspectos da situação/ eventos que acho injustos:	Jack chamando a garota de que eu gosto para sair.
	Susan concordando em sair com Jack antes de eu ter uma chance de chamá-la para sair.
	Jack sempre ganha a garota.
	Todo mundo sempre gosta mais de Jack do que de mim, porque ele é charmoso.
	É injusto que eu não seja tão sociável quando Jack. Não é justo eu ser introvertido!

Eu estou errando em chamar qualquer aspecto da situação de "injusto" quando vê-lo como "ruim", "lamentável" ou "trágico" é mais preciso?	É lamentável que eu tenha ficado ansioso demais para chamar Susan para sair antes de Jack.

É ruim que ela tenha concordado em sair com ele quando eu queria sair com ela.

Não é injusto Jack ter mais habilidades sociais e eu ficar ansioso em situações sociais. Nós somos diferentes, só isso.

Se Jack soubesse que eu gostava de Susan e ainda assim a chamasse para sair, ele poderia estar agindo injustamente.

Eu ainda acho que é injusto o Jack sempre conseguir a garota! |
| Que argumentos posso usar para me convencer de que aceitar o potencial da vida de ser injusto é do meu interesse? | Se eu continuar pensando que a vida é injusta somente comigo, eu desistirei.

Eu posso fazer algo para melhorar minhas habilidades sociais e superar minha ansiedade social. Mas se eu pensar nos meus problemas como "injustos", então sou menos propenso a segurar as pontas e fazer algumas mudanças.

Pode ser injusto o Jack sempre conseguir as garotas e eu não. Mas a vida é assim, e se eu começar a correr alguns riscos falando com garotas, então eu posso nivelar o jogo um pouco mais.

Vários caras têm problemas em abordar mulheres, não só eu. Então se a ansiedade social é um exemplo da injustiça da vida, eu não sou o único afetado!

Ao aceitar que a vida pode e será injusta de vez em quando, eu serei mais capaz de resolver o problema, porque passarei menos tempo magoado, ressentido e reclamando. |

PRATIQUE Pense em um evento de vida negativo e/ou injusto recente que experienciou. Veja se pode usar a Planilha 20-8 para ajudá-lo a ter uma posição mais proativa para resolvê-lo, se possível, ou, pelo menos, ajustar-se a ele.

PLANILHA 20-8   **Minha Lista para Deixar a Vida Ser Injusta**

Evento/situação negativa:

Aspectos da situação/do evento que acho injustos:

(continua)

(continuação)

Eu estou errando em chamar qualquer aspecto da situação de "injusto" quando vê-lo como "ruim", "lamentável" ou "trágico" é mais preciso?	
Que argumentos posso usar para me convencer de que aceitar o potencial da vida de ser injusto é do meu interesse?	

Arriscando e Cometendo Erros

Às vezes vale a pena cometer erros e correr riscos. O truque é ser capaz de "meter a cara" quando você achar que fazer isso é de seu interesse e acreditar que é capaz de lidar com as consequências de quaisquer erros, resultados ou decisões ruins. Se acredita que cometer erros é inaceitável, então você não será propenso a correr qualquer tipo de risco por medo de fracassar. Aceitar-se como ser humano falível, capaz de sucessos e fracassos, pode ajudá-lo a correr riscos que valem a pena.

EXEMPLO

Patrick reconheceu alguns riscos pessoais que esteve evitando por medo da rejeição. Para Patrick, a rejeição significa que ele é uma pessoa desinteressante e desagradável no geral. Ele usou a Planilha 20-9 para ajudá-lo a pesar os riscos pessoais e ser mais compassivo consigo mesmo.

PLANILHA 20-9 Avaliação de Riscos de Patrick

Riscos que gostaria de correr, mas estou evitando:	Chamar uma garota para sair.
Por que estou evitando agir?	Tenho medo de ser rejeitado. Isso provaria que não sou atraente.
Realisticamente, qual é a pior coisa que poderia acontecer se eu corresse esse risco?	Eu poderia ser rejeitado de maneira desagradável. Eu ficaria deprimido.
Posso imaginar sobreviver ao pior cenário possível?	Eu suponho que ser rejeitado seria ruim, mas não tão terrível quanto tenho dito a mim mesmo. Eu poderia decidir levar um tapa na cara e resistir a me colocar para baixo como um perdedor não atraente. Você ganha umas e perde outras. Eu posso escolher me sentir triste por ser rejeitado, mas não deprimido. A rejeição significa que alguém não quer sair comigo; ela não me torna um perdedor desinteressante.

Vale a pena correr esse risco mesmo que eu não consiga meu resultado desejado? Se sim, por quê?	Sim. Mesmo que uma garota recuse meu convite para sair, pelo menos eu tentei. É uma boa prática para mim falar com as garotas e correr o risco de chamá-las para sair. Eu também tenho uma chance de ficar mais forte contra a rejeição. Isso me ajudaria a acreditar que posso sobreviver à rejeição.

PRATIQUE Escreva sua própria avaliação de riscos usando a Planilha 20-10.

PLANILHA 20-10   Minha Avaliação de Riscos

Riscos que gostaria de correr, mas estou evitando:	
Por que estou evitando agir?	
Realisticamente, qual é a pior coisa que poderia acontecer se eu corresse esse risco?	
Posso imaginar sobreviver ao pior cenário possível?	
Vale a pena correr esse risco mesmo que eu não consiga meu resultado desejado? Se sim, por quê?	

Escolhendo a Autoaceitação, em vez da Aprovação Alheia

É bom que outras pessoas pensem bem de você. Ser aprovado pelos outros é uma coisa boa, na maior parte do tempo. Também está tudo bem querer que gostem de você. No entanto, *ninguém* pode ser um sucesso com *todo mundo*.

Se acredita que *precisa* ser aprovado por todos que conhece, então terá problemas emocionais. Provavelmente passará muito tempo se preocupando com o que os outros pensam de você, tentará tanto agradar aos outros que desistirá de suas próprias necessidades e opiniões, será um saco de nervos em situações sociais, perderá sua espontaneidade ou agirá de maneiras que acha que impressionarão aos outros.

Você tem uma chance muito melhor de aproveitar interações sociais, ter relacionamentos significativos e expressar sua própria personalidade única se levar a aprovação dos outros como um bônus, em vez de uma necessidade extrema. Aceitar a si mesmo não significa ser vaidoso ou arrogante e desconsiderar completamente as opiniões dos outros. A autoaceitação significa ver a si mesmo como igual aos outros e estar confortável em sua própria pele. Tratamos do conceito de autoaceitação com detalhes no Capítulo 14.

EXEMPLO

Dê uma olhada em como Patrick descobriu algumas de suas atitudes buscadoras de aprovação na Planilha 20-11.

PLANILHA 20-11 **Registro de Aprovação dos Outros de Patrick**

Descrição ampla da situação/do evento: (Pense em um evento específico recente ou comum no qual você buscou a aprovação de outras pessoas.)	Recentemente eu queria chamar Susan para sair e contar para ela que gostava dela.
A aprovação de quem estou buscando nesta situação?	A de Susan.
Que tipo específico de aprovação estou buscando dessa(s) pessoa(s)?	Eu queria que ela me achasse atraente e pensasse em mim como descolado e intrigante.
Eu estou me colocando para baixo por qualquer aspecto específico de mim mesmo quando sinto que não estou conseguindo aprovação?	Sim. Eu decido que sou feio, sem graça e um perdedor total com garotas.
Quais argumentos posso usar para me convencer de que aceitar a mim mesmo é uma boa ideia, mesmo com a ausência de aprovação dessa(s) pessoa(s)?	Se eu aceitar a mim mesmo, então serei capaz de chamar garotas como Susan para sair. Mesmo que eu seja rejeitado, não me colocarei para baixo com tanta brutalidade. Aceitar a mim mesmo como uma pessoa basicamente digna (com a Susan gostando ou não de mim) provavelmente me ajudará a relaxar perto dela e me comportar mais como eu mesmo. Aceitar a mim mesmo me ajudará a alcançar minha meta de ser capaz de socializar com garotas que acho atraentes. Aceitar a mim mesmo parece muito melhor, porque não estou me deixando deprimido ou me colocando para baixo.

Quais argumentos posso usar para me convencer de que, embora eu queira a aprovação dessa pessoa, eu não preciso tê-la?	Não faz sentido que, porque eu realmente quero que Susan goste de mim, ela tenha que gostar. Só porque eu quero muito alguma coisa, não significa que eu tenha que tê-la.
	Se Susan prefere Jack a mim, isso é decepcionante, mas não me matará. Eu posso sobreviver a não conseguir o que quero.
	Eu realmente gosto de Susan e realmente quero que ela também goste de mim. Mas se ela não gosta, ainda posso continuar vivendo uma vida feliz e satisfatória. Não preciso da aprovação de Susan para seguir com a minha vida.
	Se Susan tivesse que gostar de mim, ela seria privada de seu próprio livre-arbítrio. Na verdade, ela tem a habilidade de gostar ou não de mim. Ela tem sua própria mente e decidirá sozinha como se sente sobre mim.

PRATIQUE Agora complete a Planilha 20-12 para lidar com como você busca a aprovação dos outros.

PLANILHA 20-12   Meu Registro de Aprovação dos Outros

Descrição ampla da situação/do evento: (Pense em um evento específico recente ou comum no qual você buscou a aprovação de outras pessoas.)	
A aprovação de quem estou buscando nessa situação?	
Que tipo específico de aprovação estou buscando dessa(s) pessoa(s)?	
Eu estou me colocando para baixo por qualquer aspecto específico de mim mesmo quando sinto que não estou conseguindo aprovação?	

(continua)

(continuação)

Quais argumentos posso usar para me convencer de que aceitar a mim mesmo é uma boa ideia, mesmo com a ausência de aprovação dessa(s) pessoa(s)?	
Quais argumentos posso usar para me convencer de que, embora eu queira a aprovação dessa pessoa, eu não preciso tê-la?	

Colocar os princípios esboçados neste capítulo em prática regularmente o ajudará a se tornar emocionalmente saudável e permanecer assim.

5
A Parte dos Dez

NESTA PARTE...

Não seria um livro *Para Leigos* sem uma Parte dos Dez, seria? Esta parte contém as dez principais dicas para trabalhar com profissionais, dormir melhor e renovar sua motivação para melhor.

NESTE CAPÍTULO

» Onde buscar ajuda profissional

» Tirando o melhor do tratamento profissional

Capítulo **21**

Dez Dicas para Trabalhar com Profissionais

A pesar de seus melhores esforços em melhorar usando métodos de autoajuda como este livro, você pode achar que precisa buscar alguma ajuda profissional. Possivelmente seus problemas estão interferindo com sua habilidade de colocar a autoajuda em prática ou pode sentir que ir a um terapeuta lhe dará um ânimo a mais. Quaisquer que sejam suas razões para buscar ajuda profissional, este capítulo oferece conselhos úteis para escolher a melhor estratégia de tratamento para você e dicas úteis para aproveitar ao máximo sua terapia.

Escolhendo a Terapia Certa para Você

Psiquiatras e médicos estão recomendando cada vez mais o tratamento com TCC, porque pesquisas científicas provam sua eficácia. Sua abordagem de resolução de problemas e ênfase em ajudá-lo a se tornar seu próprio terapeuta também reduzem as recaídas.

Entretanto, você pode encontrar muitos outros tipos de terapia. Pode querer tentar um tipo diferente de terapia mesmo que tenha achado a TCC benéfica. Talvez queira focar mais suas experiências passadas ou em seus relacionamentos, por exemplo. Alguns dos tipos mais comuns de terapia incluem: psicanalítica, psicodinâmica, centrada na pessoa, sistêmica e terapia interpessoal. Não podemos descrever completamente esses tipos diferentes de tratamento neste capítulo, mas oferecemos alguns tópicos breves sobre cada um:

» A **terapia psicanalítica** foi desenvolvida por Sigmund Freud. Ela envolve a associação livre e coloca ênfase em seus relacionamentos da infância, particularmente as dinâmicas familiares. Provavelmente será pedido a você que se comprometa com sessões de terapia mais de uma vez por semana por, pelo menos, um ano.

» A **terapia psicodinâmica** observa como suas experiências e relacionamentos passados influenciaram seu desenvolvimento. Essa terapia dá muita ênfase ao passado. Ela também tende a exigir tratamento de longo prazo.

» A **terapia centrada na pessoa** foi desenvolvida por Carl Rogers e foca muito o relacionamento ou *aliança* entre um cliente e o terapeuta. Um terapeuta centrado na pessoa não direciona as sessões, mas espera que ela seja levada por você.

» A **terapia sistêmica** é frequentemente usada para trabalhar com casais e famílias. Ela foca os sistemas familiares e os papéis que os indivíduos têm em seus relacionamentos com os outros.

» A **terapia interpessoal** é uma terapia de curto prazo usada frequentemente para tratar a depressão. O tratamento mantém o foco em como você se relaciona com os outros e em maneiras de aumentar e melhorar seus relacionamentos e atividades sociais.

E há muitas outras escolas de terapia por aí.

CUIDADO Recomendamos que você pesquise minuciosamente qualquer tipo de terapia que escolha e garanta que seja um protocolo genuíno de tratamento reconhecido por um órgão profissional. Você pode pedir conselhos de seu médico, psiquiatra ou órgãos reguladores de psicoterapias, como a Associação Brasileira de Psicoterapia (ABRAP). Visite o site em `www.abrap.org`.

Sabendo Quem É Quem no Mundo da Psicologia

Muitos tipos diferentes de profissionais de saúde mental são capazes de oferecer aconselhamento geral. O aconselhamento geral pode ser útil, mas se você tem um transtorno específico, como depressão, TOC ou transtorno pós-traumático, é melhor ir a um terapeuta totalmente qualificado com experiência em lidar com seu tipo de problema. Alguns conselheiros são especificamente treinados em orientação terapêutica como a TCC, mas ainda vale a pena pedir claramente sobre qualificações especialistas.

DICA Qualquer terapeuta de TCC que você decida ver deve ter um diploma ou, idealmente, um mestrado em TCC por uma universidade ou instituto de treinamento reconhecido.

A seguir está uma breve descrição de diferentes profissionais e o tipo de ajuda que oferecem:

» **Psicólogos clínicos e conselheiros** normalmente estudaram uma ampla gama de terapias e têm um conhecimento básico de aplicação para problemas específicos. Com frequência, têm treinamento de aconselhamento. Muitos podem ter conhecimento de TCC, mas nem todos têm treinamento avançado.

» **Conselheiros** geralmente são treinados com capacidades de ouvir e auxílio. Podem ter um certificado em aconselhamento básico ou são treinados para lidar com certos tipos de problemas, como luto ou comportamentos aditivos. Nem todos os conselheiros têm um diploma de psicologia ou conhecimento específico de problemas psicológicos.

» **Enfermeiros psiquiátricos e enfermeiros terapeutas** têm um conhecimento mais profundo de psicologia e problemas psicológicos do que enfermeiros gerais. Cada vez mais enfermeiros estão treinando para se especializarem em TCC no Reino Unido.

» **Psiquiatras** são médicos treinados que se especializam em transtornos psicológicos. Alguns são treinados em TCC ou outro tipo de psicoterapia, mas, com mais frequência, eles conduzem avaliações e então o encaminham para um terapeuta adequado. Podem prescrever medicação e sabem mais sobre os remédios usados para tratar problemas psiquiátricos do que os clínicos gerais.

» **Psicoterapeutas** normalmente se especializam em uma escola de psicoterapia como TCC. Muitos têm um diploma de psicologia e conhecimento/experiência profunda de problemas psicológicos. No entanto, o nível de treinamento e experiência pode variar muito.

Fazendo as Perguntas Certas

Se fizer as perguntas certas para si mesmo, como as que listamos aqui, pode ficar claro o que você quer perguntar a seu terapeuta em potencial.

- Eu quero ajuda com o quê? Quais são meus problemas?
- Com que frequência eu quero sessões? Semanalmente? Quinzenalmente?
- Eu prefiro um terapeuta homem ou mulher?
- Quanto posso pagar?
- Até onde estou preparado para viajar?
- Quantas sessões estou preparado para ter?

Não fique preocupado em perguntar a um terapeuta em potencial quantas perguntas você quiser, seja durante sua primeira sessão ou durante o contato telefônico inicial. Garantir que consiga respostas para suas perguntas antes de concordar a começar o tratamento é melhor. Às vezes um terapeuta pode achar difícil de responder certas perguntas conclusivamente antes da avaliação, como de quantas sessões você provavelmente precisa, mas a maioria será capaz de dar uma ideia geral, pelo menos.

Procurando por um Terapeuta nos Melhores Lugares

Recomendações de médicos e psiquiatras provavelmente são as fontes mais confiáveis para encontrar um terapeuta. A maioria dos profissionais médicos só indica terapeutas que conhece e já indicou antes. Recomendações de amigos podem ser boas também, mas verifique se eles têm o mesmo problema que você ou se está procurando em um terapeuta as mesmas coisas que eles.

Você também pode procurar em sites por terapeutas credenciados ou licenciados. Você pode encontrar terapeutas treinados e credenciados pelo Conselho Federal de Psicologia no site http://cadastro.cfp.org.br/cfp/.

Examinando Seu Terapeuta TCC (ou Outro)

CUIDADO Infelizmente, algumas pessoas se dizem conselheiras ou psicoterapeutas sem qualquer treinamento ou qualificação profissional.

Qualquer terapeuta digno não ficará ofendido com perguntas sobre sua experiência ou treinamento. Na verdade, a maioria dos psicoterapeutas espera que você as faça. Pergunte a seu terapeuta em potencial, de TCC ou outra, a quais órgãos profissionais ele está associado ou registrado, onde estudou e há quanto tempo está clinicando. Terapeutas novos podem ser muito competentes, mas podem não ter muita experiência em lidar com seu tipo de problema, então vale a pena perguntar sobre isso. Se está considerando um terapeuta de TCC, pergunte especificamente sobre a extensão e natureza de seu treinamento em TCC.

Todos os psicoterapeutas profissionais no Reino Unido precisam passar por uma supervisão clínica regular de um terapeuta com experiência igual ou mais avançada. Pergunte a seu terapeuta sobre as supervisões. A supervisão procura garantir que todos os terapeutas profissionais credenciados estejam praticando de acordo com sua orientação terapêutica.

LEMBRE-SE Se você tem informações sobre seu terapeuta e conferiu se ele é licenciado ou credenciado, você está em uma posição melhor para apresentar uma reclamação se tiver preocupações sobre seu tratamento.

Permanecendo de Mente Aberta sobre a Medicação

Você pode não ser super fã da ideia de tomar remédios para ajudá-lo a superar seus problemas psicológicos ou emocionais. Muitas pessoas não gostam de tomar remédios e preferem tentar superar seus problemas somente pela terapia. Com frequência, essa abordagem pode funcionar e, com muita frequência, só a TCC é o suficiente para ajudá-lo a vencer a depressão ou a ansiedade, por exemplo. Mas às vezes mesmo seus melhores esforços não são suficientes para resolver seus problemas.

A medicação pode ajudar a aliviar alguns de seus sintomas e permitir que você se envolva mais completamente e se beneficie com a terapia. Mesmo uma baixa dose do tipo certo de medicação pode ajudá-lo a aliviar os sintomas que podem estar bloqueando seu progresso com a TCC.

LEMBRE-SE: Se você não conseguiu acabar com uma infecção, provavelmente irá ao médico para tomar antibióticos. Sua saúde mental não é tão diferente da sua saúde física nesse ponto. Então não subestime o poder da pílula.

DICA: Seu médico pode ser capaz de prescrever o tipo de medicação mais adequada para a descrição de seu problema. Se não tem certeza de qual medicação precisa, peça para ser indicado a um psiquiatra, já que esses médicos têm conhecimento especializado nesse tipo de medicação.

Trabalhando nas Coisas entre as Sessões

Seu terapeuta TCC provavelmente trabalhará com você para inventar tarefas específicas entre as sessões para ajudá-lo a aumentar sua compreensão de conceitos centrais. Essas tarefas também podem ajudá-lo a enfrentar seus medos, superar seus comportamentos problemáticos e fortalecer maneiras saudáveis de pensar. Executar o trabalho entre as sessões e relatar quaisquer problemas com eles (ou resultados positivos) para seu terapeuta é de seu interesse.

LEMBRE-SE: Sessões de terapia têm, normalmente, apenas uma hora ou até 50 minutos de duração. Você pode aproveitar o tratamento ao máximo ao trabalhar entre as sessões e preparar seus pensamentos antes das sessões.

DICA: Registre os resultados de seu trabalho entre as sessões. Pense em qualquer dúvida, reserva ou confusão que possa ter sobre a terapia em si ou seu trabalho entre sessões e as discuta na próxima sessão.

Discutindo Problemas durante as Sessões

A terapia só pode ser realmente benéfica se você estiver preparado para falar aberta e honestamente com seu terapeuta. Embora treinado e experiente em todos os tipos de problemas psicológicos, terapeutas não leem mentes. Nós confiamos que você nos forneça as informações de que precisamos para entender suas dificuldades.

Você pode se sentir um pouco envergonhado ou preocupado em falar com seu terapeuta sobre alguns de seus pensamentos ou comportamentos. Tente lembrar que seu terapeuta não está lá para julgá-lo, mas para tentar entender e oferecer a você técnicas reconhecidas para lidar com seus problemas. Os terapeutas mais experientes não ficam chocados facilmente. Lembre-se de que seu terapeuta treina há anos e conheceu muitas pessoas com problemas muito similares ao seu.

Acima de tudo, seu terapeuta é um ser humano, primeiro, e um trabalhador profissional de saúde mental, em segundo lugar. Muitos dos pensamentos e comportamentos que você pode querer discutir são experiências humanas comuns. Fazer uma lista de problemas que acha que precisa abordar antes de sua primeira sessão pode ajudar. Então, caso se esqueça das palavras na hora, pode simplesmente ler sua lista ou entregá-la para que seu terapeuta a leia.

PRATIQUE

Use a Planilha 21-1 para escrever os problemas que estão levando você a buscar a terapia.

PLANILHA 21-1   Minha Lista de Problemas

Quais são os principais problemas em minha vida que quero discutir na terapia?	

Preparando-se Antes das Sessões

Além de trabalhar em tarefas terapêuticas entre as sessões e estar aberto a discutir seus problemas durante as sessões, você pode se preparar ainda mais antes das sessões. Embora provavelmente defina seus problemas e metas com seu terapeuta nas primeiras sessões, a vida pode jogar algumas coisas inesperadas em seu caminho, e você pode achar que suas circunstâncias mudaram desde sua primeira sessão. Prepare-se para as sessões fazendo breves anotações sobre qualquer mudança em suas circunstâncias, problemas ou metas que seu terapeuta pode querer ficar sabendo. Manter todas as suas anotações da terapia em um arquivo ou pasta para que possa levar facilmente para as sessões e rever seu trabalho com seu terapeuta também pode ser útil.

Dando Metas a Si Mesmo

A TCC é uma terapia direcionada a metas. Espere que seu terapeuta escute sua descrição de seus problemas nas sessões iniciais e pergunte a você quais são suas metas relacionadas a eles. Pensar não só sobre suas emoções e comportamentos problemáticos específicos, mas também sobre como quer mudá-los, é uma boa ideia. Então você pode decidir, por exemplo, que quer ser mais confiante sobre sua aparência, mais assertivo com seu parceiro, triste, mas não deprimido com a perda de seu emprego, ou nervoso, mas não ansioso em situações sociais. Veja o Capítulo 8 para mais orientações sobre estabelecimento de metas.

PRATIQUE

Use a Planilha 21-2 para registrar uma lista de metas em relação a seus problemas. Leve a lista preenchida com você para sua primeira sessão de terapia.

LEMBRE-SE

Seu terapeuta pode ajudá-lo a estabelecer metas adequadas, realistas e alcançáveis.

PLANILHA 21-2   Minha Página de Metas

Quais são meus problemas?	
Quais são minhas metas para esses problemas? Como quero me sentir ou agir de forma diferente?	

> **NESTE CAPÍTULO**
> » Estabelecendo padrões de sono úteis
> » Criando o cenário do repouso

Capítulo **22**

Dez Dicas para Ter uma Boa Noite de Sono

Muitos problemas psicológicos comuns podem levar a distúrbios do sono de um ou outro tipo. Você pode achar difícil pegar no sono ou talvez acorde muitas vezes no meio da noite e é incapaz de voltar a dormir. O distúrbio do sono de qualquer tipo é desagradável. Neste capítulo incluímos algumas dicas para ajudar a aumentar suas chances de ter uma boa noite de sono.

Esgote-se com Exercícios

Talvez você seja uma exceção à regra, mas a maioria de nós não se exercita o suficiente diariamente. Exercícios são importantes não só porque mantêm você fisicamente em forma, mas estudos mostram que também têm um impacto positivo real na boa forma mental. Quando você se exercita (especialmente muito vigorosamente), seu cérebro libera substâncias químicas de "bem-estar" chamadas *endorfinas*. Elas são uma boa notícia para seu humor em geral e podem ajudá-lo a promover o relaxamento.

Talvez você tenha tido a experiência de passar um dia fazendo jardinagem, no litoral ou escalando e se sentiu muito cansado fisicamente depois. Você provavelmente dormiu muito bem nessa noite. A combinação de ar fresco e esforço físico é uma ótima receita para um sono tranquilo.

Tente aumentar a quantidade de exercícios que você faz todos os dias. Até pequenas mudanças como caminhar até o ponto, em vez de dirigir, ou usar as escadas, em vez do elevador, podem fazer uma diferença. Idealmente, você quer aumentar sua frequência cardíaca (e realmente chegar a suar) através do exercício cardiovascular, como correr, nadar ou pedalar, pelo menos três vezes por semana.

DICA Praticar exercícios mais vigorosos no começo do dia é uma boa ideia, ou você pode se frustrar ao fazer exercícios muito próximo da hora de dormir e ficar fisicamente "ligado", em vez de relaxado. Exercícios suaves adequados para a noite incluem ioga, pilates e caminhadas.

Estabeleça um Cronograma

Se você não está dormindo bem à noite, pode ficar tentado a "por seu sono em dia" ou ao levantar mais tarde ou tirando cochilos durante o dia. Mas, no fim, fazer isso pode cimentar maus hábitos de sono, em vez de ajudá-lo a consertar seu sono.

DICA Se está tentando restaurar um padrão regular para seu sono, tente levantar e sair da cama no mesmo horário todos os dias por, *pelo menos*, duas semanas, até mesmo nos finais de semana! Essa rotina significa *não* apertar o botão soneca do despertador. Também resista firmemente a tirar cochilos durante o dia, não importa o quão mal você dormiu na noite anterior. A ideia é a de que seu corpo comece a sentir sono em um horário regular todas as noites, porque você está levantando em um horário regular e ficando acordado o dia todo. Provavelmente também descobrirá que (no fim) dormirá mais rápido quando sua cabeça encostar no travesseiro. Você pode se sentir desconfortavelmente cansado nos primeiros dias depois que começar a manter um cronograma de sono. Em longo prazo, no entanto, você se beneficiará ao estabelecer um padrão de sono melhor.

Se sabe que tem tendência a se sentir cansado e tem vontade de cochilar em um certo horário do dia, planeje fazer algo ativo nessa hora.

PRATIQUE Use a Planilha 22-1 para agendar sua hora de acordar e estratégias para evitar cochilos.

PLANILHA 22-1	Meu Cronograma de Sono
Meu horário regular para acordar e sair da cama todos os dias:	
Horas em que eu mais sinto vontade de cochilar:	
Coisas que posso fazer em vez de cochilar:	

Não Fique Se Revirando na Cama

Se acha difícil dormir ou acorda à noite e não consegue voltar a dormir, terá poucos benefícios ao ficar na cama lamentando o fato. Dê a si mesmo de 10 a 15 minutos para dormir e, se não conseguir, se levante.

Tente fazer algo que não seja superestimulante (na verdade, fazer algo tedioso ou monótono é recomendado). Separar as roupas para lavar, passar roupas, ler um livro chato ou fazer algo repetitivo, como tricotar, são algumas ideias. Evite bebidas alcoólicas ou cafeinadas. Tome uma xícara de chá de ervas ou leite morno. Tente não voltar para a cama até que esteja realmente com sono e suas pálpebras estejam ficando pesadas.

CUIDADO Você pode se sentir mais cansado no dia seguinte se ficar muito tempo acordado à noite ou for dormir tarde. Entretanto, com o tempo, seu padrão de sono será estabilizado. Deitar-se e ficar se revirando na cama pode criar associações inúteis de falta de sono enquanto você está na cama.

Monitore Seu Consumo de Cafeína e Estimulantes

Algumas pessoas são mais sensíveis à cafeína do que outras. A cafeína pode ficar no seu sistema por muito tempo. Então, mesmo que não ache que seja sensível a ela, evitar a cafeína e outros estimulantes pode ser uma boa ideia. Muitas bebidas energéticas contêm substâncias como mate e guaraná, que também são estimulantes. Tente cortar todos esses tipos de bebida do meio da tarde para frente.

A Cama em uma Rotina de Dormir

Se estivesse tentando acalmar uma criança para dormir, provavelmente tiraria dela seus brinquedos barulhentos, daria um banho morno, a vestiria com pijamas confortáveis, leria uma história ou cantaria uma canção de ninar à luz suave de um abajur, então a colocaria na cama e diria "bons sonhos". Não? Tente dar a si mesmo uma rotina de dormir calmante similar. Muitos adultos cometem o erro de pular na cama sem dar a si mesmos uma chance de se acalmar.

Particularmente, se estiver tendo problemas para dormir, usar sua cama *apenas* para dormir é importante. Trabalhar em um laptop, assistir TV ou até ler são atividades que fará melhor em outro lugar. A única exceção óbvia para esta regra é o sexo. Você pode continuar fazendo isso na cama. A ideia aqui é criar associações de ir para a cama e dormir (seja antes ou depois do oba-oba), em vez de associações de fazer suas declarações fiscais (uma atividade nada relaxante para a maioria das pessoas!).

DICA Tente ler ou ouvir música suave ou um programa de rádio sereno em uma cadeira confortável perto de sua cama. Mas só vá para a cama quando se sentir pronto para dormir.

PRATIQUE Coloque a caneta no papel e planeje adequadamente seu procedimento calmante antes de ir para a cama na Planilha 22-2. Entrar em uma rotina calmante para dormir pode ajudar seu corpo e mente a reconhecer que o dia acabou e está na hora de desligar.

PLANILHA 22-2   Minha Rotina de Dormir

Horário regular para começar minha rotina de dormir:	
Atividades relaxantes que posso fazer antes da hora de dormir:	

Deixe Sua Área de Dormir Aconchegante

Seu quarto é um lugar que induz ao sono? Caso não seja, deixe-o aconchegante. Idealmente, seu quarto deveria ter associações fortes para você com (surpresa, surpresa) dormir! Remova o excesso de coisas amontoadas do seu quarto, mantenha sua roupa de cama limpa, invista em pijamas confortáveis (e até luxuosos), mantenha a temperatura confortável e tire os telefones do quarto. Pense em como organizaria uma área de dormir para crianças. Aplique os mesmos princípios básicos para seu próprio quarto — e pegue seu ursinho favorito.

Aplique Alguns Óleos

É fato comprovado que os odores carregam associações fortes. Alguns estudos mostram que lembranças olfativas são as mais poderosas. Então pense no tipo de odor que lhe dá uma sensação de bem-estar e paz.

Algumas pessoas preferem odores amadeirados ou de especiarias, e outras preferem aromas frutados ou florais. Pesquise diferentes óleos online e então visite uma loja para que possa realmente sentir os óleos e decidir de quais você gosta mais. Alguns óleos mais populares com reputação por seus efeitos relaxantes incluem lavanda, sálvia, gerânio, camomila e patchouli.

Você pode adicionar óleos a seu banho, perfumar salas com eles ao queimá-los em infusores especiais para óleos ou colocá-los em formato de sprays para borrifar suas roupas e roupas de cama.

CUIDADO: Sempre obtenha conselho profissional sobre como usar adequadamente os óleos essenciais. Eles são muito potentes e não devem ser usados sem diluição. Consulte também um médico antes de usar óleos se você estiver usando medicação, sofre de alergias ou está grávida.

DICA: Dê de presente a si mesmo uma massagem com aromaterapia com a frequência que puder. Massagens podem ser muito terapêuticas, antiestresse e promovem uma sensação de bem-estar. Novamente, sempre procure uma pessoa treinada e qualificada para fazer a massagem.

Coloque um Pouco de Luz no Assunto

A luz pode ter um efeito significativo no seu humor. Luzes suaves tendem a promover relaxamento, então usar luz suave na sua rotina antes de dormir pode ajudar a incentivar seu corpo e mente a desacelerarem. Lâmpadas de baixa potência proporcionam uma luz mais suave do que as tradicionais, então tente usá-las no banheiro e no quarto. Luzes que vêm de baixo, em vez das que vêm de cima, também tendem a oferecer uma atmosfera mais "relaxada" ao quarto. Então, algumas horas antes de ir dormir, tente usar abajures para iluminar seus cômodos. Você também pode querer usar velas no banheiro ou no quarto. Só tenha certeza de usar castiçais adequados e lembre-se dos perigos de incêndio.

Estabeleça Expectativas Sensatas sobre Dormir

Apesar de seus esforços de estabelecer um cenário para a hora de dormir, seus pensamentos podem trabalhar contra você. Este tópico é muito importante, porque a pressão que pode estar colocando em si mesmo para dormir bem ou as expectativas que pode ter sobre dormir mal podem realmente afetar o resultado do seu sono. Se seu sono está perturbado há algum tempo, é compreensível que você possa ter pensamentos como "eu *preciso* dormir um pouco esta noite", "vou ficar a noite inteira acordado de novo" ou "eu não consigo mais lidar com tão pouco sono". Infelizmente, esses tipos de pensamentos podem se tornar profecias autorrealizáveis.

Muitas das dicas neste capítulo foram criadas para ajudá-lo a estabelecer condições ótimas para induzir o relaxamento e o sono, mas o próprio sono é algo que é melhor não forçar. Não importa o quão desconfortável seja, muitas pessoas lidam com pouco sono ou sono ruim sem desastres. Então tente desafiar suas expectativas negativas de sono ao dizer a si mesmo algo como "eu não sei como dormirei esta noite, então vamos ver o que acontece" ou "se eu não dormir bem esta noite, ficarei cansado amanhã, mas lidarei com isso".

Na realidade, o sono é a resposta natural do seu corpo à fadiga. Na verdade, o sono é como um processo natural e automático de que você não precisa *tentar* dormir, é melhor deixar que aconteça espontaneamente.

PRATIQUE Registrar suas expectativas negativas ou exigências sobre dormir pode ser útil. Então você pode gerar algumas expectativas mais sensatas de sono para diminuir a pressão e permitir que o sono venha por sua própria vontade. Tente usar a Planilha 22-3 para substituir pensamentos inúteis com alguns mais úteis.

PLANILHA 22-3 Minha Página de Expectativas Sensatas de Sono

Quais são minhas expectativas/exigências de sono negativas?	
Quais são algumas maneiras mais realistas e construtivas de pensar sobre meus problemas de sono atuais?	
Quais são minhas expectativas de sono sensatas?	

Deixe Suas Preocupações Fora do Quarto

Ao longo da história, pouquíssimas pessoas colocaram o mundo nos eixos enquanto estavam na cama. A hora de dormir não é a melhor hora para embarcar em resoluções de problemas. Várias pessoas com distúrbios do sono usam involuntariamente a hora de dormir como a "hora de se preocupar". Como se preocupar não é uma atividade relaxante, ela tende a impedir seriamente o sono. Colocar seus pensamentos de lado durante a noite pode ser muito difícil, mas, com a prática, você pode se treinar para fazer isso.

Tente reservar meia hora (ou menos) antes de ir dormir para se preparar para o dia seguinte ou para lidar com quaisquer preocupações residuais do dia atual. Então diga a si mesmo para encerrar suas preocupações até o dia seguinte. Se as preocupações voltarem durante a hora de dormir, lembre-se de que agora não é a hora de lidar com elas e que verá o que fazer durante o dia. Você pode até usar um pequeno exercício de imaginação, se tiver vontade: fique de pé em frente à porta de seu quarto e chacoalhe-se brevemente — imagine que você está chacoalhando suas preocupações do dia de trabalho antes de ir para a cama e se aconchegar.

> **NESTE CAPÍTULO**
>
> » Mantendo sua motivação para seguir em frente
>
> » Preservando uma perspectiva otimista

Capítulo 23
Dez Razões para Nunca Desistir

Escrevemos este livro para equipá-lo com habilidades e técnicas centrais para ajudá-lo a superar seus problemas pessoais. Esperamos que você se beneficie ao usar as planilhas deste livro. Tendo dito isso, há vezes em que todos os seus esforços parecem não ser o bastante. Não se desespere! É completamente normal e humano se sentir desmotivado e desanimado de vez em quando. Muitos problemas psicológicos causam desordem, são desgastantes e oponentes muito teimosos. Este capítulo contém conselhos e encorajamento para mantê-lo na estrada da recuperação.

Contratempos Não São Incomuns

Contratempos, recaídas e reaparecimento de sintomas são *normais*. Na verdade, se você se recuperasse da ansiedade, depressão, distúrbio alimentar, comportamento aditivo, TOC ou praticamente qualquer distúrbio psicológico *sem* um contratempo, *isso* seria incomum.

É importante lembrar que a mudança não é linear. Com isso queremos dizer que a recuperação de um problema emocional, comportamental ou psicológico raramente (se alguma vez) segue firmemente para cima em uma linha reta. Claro que seria bom se você só melhorasse cada vez mais todos os dias até alcançar a recuperação completa, mas não é assim que as coisas funcionam normalmente. E, na verdade, está tudo bem. Você também pode esperar o soluço ocasional — melhor prevenir do que remediar!

DICA

Dado que contratempos são normais e que a mudança não é linear, é uma boa ideia aceitar a possibilidade de contratempos, em vez de viver com medo deles. Tente ter a seguinte atitude em relação a possíveis contratempos: "Eu realmente preferiria não ter um contratempo, *mas não* há razão para não ter um, e *se* eu tiver, *conseguirei* passar por ele e voltar ao caminho certo."

Tente usar a Planilha 23-1 para ajudá-lo a vencer contratempos.

PLANILHA 23-1 Minha Folha de Vencer Contratempos

Liste as técnicas que usou para superar seu problema. (As mesmas técnicas que funcionaram da primeira vez funcionarão com contratempos!)
Liste o progresso que fez até aqui. Inclua mudanças a suas atividades cotidianas e mudanças em seu pensamento e humor. (É fácil esquecer o quanto já progredimos!)
Reserve um momento para dar crédito a si mesmo por seus esforços até aqui. Quando você encara um contratempo é quando mais precisa de um apoio de si mesmo. Liste pelo menos três das coisas mais difíceis que fez para se ajudar a melhorar.
Liste um mínimo de três pessoas que pode procurar para pedir apoio. Tente incluir pelo menos um profissional, como um médico ou terapeuta.
Classifique a severidade do seu problema atual em uma escala de 1 a 10. Em seguida, classifique a severidade do seu problema *antes* de começar a trabalhar para superá-lo. Compare as duas classificações. (Mesmo que seu problema esteja apenas alguns pontos menos severo do que quando começou, você melhorou!) Classificação atual:

Classificação no início do tratamento:
Diferença de pontos:
Reveja seu plano de prevenção de recaídas no Capítulo 18. Liste três coisas do seu plano que você pode colocar em prática. Por exemplo, considere recomeçar ou aumentar sua medicação, se isso o ajudou antes (com o conselho do seu médico, é claro!).

LEMBRE-SE Contratempos não significam voltar ao início. O que frequentemente determina o tempo que um contratempo dura é com que rapidez você age para interrompê-lo. Uma atitude realisticamente otimista em relação a superar contratempos também faz uma grande diferença. É por isso que a folha acima e um plano de prevenção de recaídas são ferramentas úteis para se ter à mão.

A Recuperação Requer Prática, Paciência e Persistência

Estamos há muito tempo nesse jogo da terapia e nunca vimos ninguém melhorar da noite para o dia. Roma não foi construída em um dia, e estamos preparados para apostar que demorou muito mais do que alguns meses para ser construída. Ainda assim, está lá, uma cidade maravilhosa e enorme. Então siga os 3 Ps (prática, paciência e persistência) e você chegará lá. Afinal de contas, Roma conseguiu.

Pequenas Realizações Se Somam

Cada pequeno progresso que você faz conta muito! Observe as pequenas mudanças positivas na sua vida. Dê outra olhada no passo 2 da Folha de Vencer Contratempos. Quando você está se sentindo desanimado, é muito fácil desconsiderar suas realizações. Então tente fazer uma avaliação justa e precisa de seu progresso até agora. Pequenas mudanças podem ser muito significativas.

Você Tem Valor no Mundo

Seja qual for a forma que pensa sobre si mesmo durante tempos ruins, o mundo precisa de você! Cada vez que age de maneira socialmente responsável, você está melhorando seu ambiente. Seja sorrindo para o lojista, reciclando seu lixo ou algo mais grandioso, sua ação positiva adiciona ao mundo em que você vive. Não subestime seu valor individual e contribuição para o mundo. Lembre-se também de que, quando se sente deprimido ou culpado ou perturbado emocionalmente de outra forma, você provavelmente não é a melhor pessoa para julgar seu valor. Reserve seu julgamento para outro dia, quando pode ter uma visão mais equilibrada e realista de si mesmo. Dê uma olhada no Capítulo 14 para mais informações sobre como se aceitar do jeito que você é.

Ninguém É Perfeito

E não é verdade? Ninguém é perfeitamente feliz, saudável ou perfeito de maneira alguma. Como seres humanos, somos fundamentalmente criados para sermos falíveis. Isso significa que humanos estão propensos a cometer erros, se comportar autodestrutivamente de vez em quando e a fazer coisas ruins ocasionalmente. Em vez de se condenar com base na sua imperfeição humana, tente se tratar com certa compaixão e compreensão, como faria com um amigo. A perfeição é uma meta inalcançável. Mantenha o foco em selecionar aspectos específicos e realistas de si mesmo para melhorar. Faça isso *enquanto* aceita a si mesmo como perfeitamente *imperfeito*. Assim com todo mundo.

Você Pode Se Sentir Diferente Amanhã

Lembre-se de que a maneira como se *sente* influencia a maneira que você *pensa*. Se hoje está se sentindo deprimido, ansioso ou com raiva, por exemplo, é altamente provável que você esteja tendo pensamentos negativos, ameaçadores ou causadores de raiva. Seus sentimentos negativos podem estragar temporariamente sua visão de vida. Amanhã você pode se sentir diferente e pode ver o mundo sob uma luz muito mais favorável.

DICA: Se você está tentado a tomar uma decisão hoje (especialmente uma grande decisão!) com base em seus sentimentos negativos atuais, tente esperar um pouco. Você pode se sentir melhor amanhã, ou na semana que vem, e ser mais capaz de tomar uma decisão equilibrada e informada com base em fatos, em vez de sentimentos.

Você Sempre Pode Tentar Outras Opções

Mesmo que tenha tentado muito superar seus problemas e ainda os resultados pareçam pouco, pode tentar outras coisas. Pode ser que a autoajuda não seja o suficiente para você agora. Experimente algumas das seguintes opções:

» **Medicação:** Pode ajudar. Fale com seu médico ou psiquiatra e veja o que ele tem a dizer sobre o assunto. Com frequência, a medicação pode diminuir seus sintomas e permitir que você se envolva mais completamente na autoajuda ou nas sessões de terapia.

» **Grupos de apoio:** Há muitos tipos diferentes de grupos de apoio disponíveis na comunidade para vários tipos diferentes de problemas. Há também fóruns online e sites que podem ser capazes de lhe dar apoio adicional.

» **Terapia individual:** Ir a um terapeuta para sessões regulares pode lhe dar o impulso extra de que você precisa. A autoajuda muitas vezes funciona, mas frequentemente as pessoas acham que buscar um terapeuta também faz uma grande diferença.

» **Outras terapias:** Às vezes outros tipos de terapia além da TCC podem ser úteis. Achamos que a TCC é altamente eficaz, mas isso não significa que outras escolas de terapia não têm valor. Investigue suas opções ao procurar coisas na internet, falar com profissionais e pedir recomendações de amigos.

CUIDADO: Qualquer terapeuta que você decida procurar deve ser capaz de lhe falar sobre suas qualificações e ser credenciado por um órgão profissional. Não aceite nada menos que isso.

» **Terapias holísticas:** Massagem, reflexologia, acupuntura e osteopatia estão crescendo em reconhecimento e podem ser usadas como assistentes à TCC. Massagem e reflexologia podem promover relaxamento. A acupuntura é frequentemente usada para ajudar a minimizar desejos em tratamentos de comportamentos aditivos. A osteopatia é um tratamento muscular e esquelético sofisticado que pode ajudar a resolver a dor crônica e pode promover bem-estar geral. Novamente, sempre se certifique de procurar alguém com qualificação profissional.

Falar com os Outros Normalmente Ajuda

Se está se sentindo desencorajado com seu progresso, a tentação pode muitas vezes ser se fechar e não dizer a ninguém. Mas falar com os outros sobre isso pode ajudar das seguintes maneiras:

» Amigos ou familiares podem ser capazes de oferecer o encorajamento tão necessário.

» Outros podem ser capazes de oferecer ajuda prática.

» Falar com os outros pode lhe dar uma perspectiva diferente da sua situação.

» Amigos ou familiares podem ajudá-lo a normalizar seus sentimentos e experiências ao compartilhar suas próprias.

Use a Planilha 23-2 para listar pessoas com quem você pode contar por apoio (você pode listar mais do que três!).

PLANILHA 23-2   **Pessoas que Posso Procurar se as Coisas Ficarem Difíceis**

1. _____
2. _____
3. _____

Você Não Está Sozinho

Não. Você não é o único. Você está nessa vida com todo mundo. Não importa como pode estar sentindo a sua carga, outras pessoas também se sentem assim. Podemos garantir isso. Todo mundo enfrenta dificuldades de vez em quando, até mesmo médicos, terapeutas e psiquiatras. Isso porque somos pessoas, em primeiro lugar, e profissionais, em segundo (ou terceiro, quarto ou quinto...). Se você fosse realmente o único com problemas psicológicos, esses livros que escrevemos não estariam vendendo tão bem e, na verdade, nenhum de nós teria um emprego. Então, em vez de se colocar em uma ilha, volte à terra firme e reúna-se à raça humana.

A Mudança É um Processo Contínuo

A recuperação é um processo, não um evento único. Você ficará muito melhor considerando seus esforços para triunfar sobre suas dificuldades como uma mudança de estilo de vida, em vez de um empreendimento finito. Nós, humanos, todos temos que fazer um esforço conjunto e contínuo para nos manter emocionalmente bem. Então, ao mesmo tempo em que é uma boa coisa estabelecer metas claras e colocar uma estrutura de horário para alcançá-las, esteja preparado para ser flexível. Ajuda fazer uma distinção entre metas de longo, médio e curto prazo. Você pode dar uma olhada no Capítulo 8 para mais sobre estabelecimento de metas. Mas a mensagem principal aqui é a de que você é uma criatura vibrante, complexa e em eterna mudança. Sempre haverá mais coisas divertidas e animadoras para trabalhar. Aproveite a jornada!

PARTE 5 **A Parte dos Dez**

Índice

A
adivinhação, 26
agindo
  diferente, 121
álcool, 158
  depressivo, 158
Alcoólicos Anônimos (AA), 170
ansiedade, 133
  afastar o medo, 134
  ataques de pânico, 134
  desafiando a si mesmo, 143
  exposição, 143
    plano, 146
    registro, 147
  fobias, 134
  preocupação, 109
  sensações corporais, 135
  sensações mentais, 135
  Transtorno de ansiedade generalizada (TAG), 134
  Transtorno de estresse pós-traumático (TEPT), 134
  Transtorno obsessivo-compulsivo (TOC), 134
apoio, 295
atenção
  focando, 62
autoaceitação, 214
  agindo, 221
  autoaperfeiçoamento, 226
  evidências, 221
  falibilidade, 223
  razões, 229
  responsabilidade pessoal, 227
    adequada, 228
  técnica do melhor amigo, 225
autodepreciação, 13
autoestima, 213
  rótulos repulsivos, 216
automedicação, 111

B
baixa tolerância à frustração (LTF), 32

C
catastrofização, 24
catastrofizar, 278
classificação, 29
cognição, 10
comportamento
  analisando, 17
  autodestrutivo, 17
  compulsivo, 201
  conectando com emoção e pensamento, 19
  definição, 10, 21
  de segurança, 148
  evitação, 18
  ficando ciente, 86
  obsessivo
    avaliando e agindo contra, 202
    hipocondria, 200
    transtorno dismórfico corporal (TDC), 199
  que diminui o humor, 17
  real, 78
  viciante, 153
    atividades alternativas, 162
    dependência, 154
concentração
  encontrando o foco, 70
  meditação da atenção plena, 71
    ignorar a si mesmo, 73
    suspendendo o julgamento, 72
    vivendo no presente, 72
  treinando em tarefas, 66
conforto
  pedindo, 113
consequência, 11
consequências emocionais, 17

crença
  central, 246
    alimentando boas novas, 275
    construtiva, 258
    convicções, 263
    desenterrando, 253
    fortalecer, 264
      agindo como se, 268
      argumentos persuasivos, 265
    interação, 251
    pensamentos automáticos, 246
    regras pessoais, 246
    três tipos de, 246
      sobre a vida em geral, 247
      sobre outras pessoas, 247
      sobre si mesmo, 247
  definição, 11
culpa
  desistindo, 289

D

depressão, 189
  atacando, 194
  comportamento
    evitação, 190
  ruminação, 193
desistir
  contratempos, 333
  razões para nunca, 333
desqualificar o positivo, 31
dever de casa, 51
distúrbio, 12
  definição, 11
dormir, 325
droga de escolha (DE), 153
  divórcio, 164
    benefícios, 165
  reduzir recaídas, 167
    apoio, 170
dúvidas
  derrotando, 270

E

Ellis, Albert (psicólogo), 25
emoção
  afirmação, 237
  anatomia, 81
  calma
    aumentando o pavio, 236
    custo de perder, 234
  definição, 21
  encontrando o foco, 89
  expandindo vocabulário, 78
  fúria, 231
  não saudável, 11, 77
  perturbação, 92
  problemática
    mapeando, 94
  raiva, 231
    não saudável, 233
    saudável, 232
  rótulo emocional, 78
  saudável, 11, 77
  sofrimento, 92
  suposição emocional, 78
erro parcial/total, 29
estratégia
  audodestrutiva
    exigindo controle, 101
  autodestrutiva, 99
    insistindo na certeza, 101
estresse pós-traumático, 101
evento
  dando significado a, 12
  definição, 21
  novo significado, 260
  ruim
    perspectiva, 141
    probabilidade, 139
experiências
  passadas, 249
experimento
  definição, 11
experimentos, 53
  agindo como observador, 59
  anotando resultados, 60

conduzindo pesquisas de autoajuda, 57
executando, 54
teoria, 56
testando as previsões, 54
exposição
definição, 11

F

flor viciosa, 114
formulação
formando, 257
Formulários A-B-C, 45
consequências, 46
crença, 46
efeito, 48
eventos ativadores, 46
novo pensamento funcional, 48

G

gatilho
identificando, 95
gatilhos, 34, 41, 158
atividades compulsivas, 159
drogas ilícitas, 158
visando, 158

I

imagem corporal, 172
adotando atitudes precisas, 176
anorexia nervosa, 174
bulimia nervosa, 174
determinando, 173
distúrbios alimentares, 174
gratidão, 184
implementando melhorias, 186
negativa, 172
lidando, 175
promovendo práticas positivas, 178
transtorno dismórfico corporal (TDC), 174
valorizando, 184
visão holística, 180

L

lendo mentes, 27

M

metas
benefício
curto prazo, 128
longo prazo, 128
custo-benefício, 127
declarando, 122
futuras, 286
motivação, 126
SPORT, 120
cronometrado, 120
específico, 120
observável, 120
positivo, 120
realista, 120
trabalhando com profissionais, 323

O

orgulho
paralisando, 293

P

pedindo
segurança, 113
pensamento
alternativo, 50
definição, 21
erros no, 24
flexível/baseado em preferências, 84
ligando à emoção e comportamento, 19
ligando a sentimento, 11
ou tudo ou nada, 25
rígido, 84
tomando nota, 84
pensamentos automáticos negativos (PANs), 39
sendo cético sobre, 42
personalizar, 32

planilha
  Ações 'Como Se', 269
  Alternativas Saudáveis aos Rótulos, 218
  Análise de Atenção, 65
  Análise de Efeito do Comportamento, 20
  Análise Detalhada de Crença Central, 248
  Áreas Específicas de Autoaperfeiçoamento, 227
  Arquivo de Fatos de Sentimentos, 80
  Arquivo de Fatos para Esfolar a Flor, 118
  Atividades Baseadas em Valores, 283
  Aumentando sua Tolerância à Frustração, 32
  Avaliação de Evitação e Bloqueio, 192
  Avaliação de Redução de Recaída, 169
  Avaliação de Riscos, 311
  Benefícios de Colocar o Orgulho de Lado, 295
  Benefícios de Ficar sem Culpa, 291
  Carta de Evidências, 222
  Checklist de Aspectos da Raiva Não Saudável, 233
  Checklist de Aspectos da Raiva Saudável, 232
  Checklist de Busca por Tranquilidade e Segurança, 114
  Checklist de Comportamentos Ruins, 17
  Checklist de Compulsões, 201
  Checklist de Condições Externas, 215
  Checklist de Determinação de Dependência, 155
  Checklist de Esclarecimento de Problemas, 14
  Checklist de Experimentos, 54
  Checklist de Gatilhos Típicos, 159
  Checklist de Hipocondria, 200
  Checklist de Obsessões, 198
  Checklist de Sintomas de Depressão, 190
  Checklist de Sintomas de TDC, 200
  Check-up do meu Estilo de Vida Atual, 284
  Cinco Principais Comportamentos Ruins, 19
  Compêndio de Remédios, 281
  Comportamentos Alternativos, 108
  Comportamentos de Evitação e Bloqueio, 191
  Comportamentos de Segurança, 149
  Comportamentos Inúteis, 106
  Confusão de Automedicação de Humor, 112
  Crença para Meu Ente Querido, 275
  Crenças Centrais Construtivas, 259
  Cronograma de atividades, 195
  Cronograma de Sono, 327
  Declaração de Meta, 123
  Declaração de Problema, 96
  Dedução de Preocupação, 110
  Descatastrofizando Seus Pensamentos, 24
  Descobrindo a Função do meu Uso de DE, 157
  Desenraizando o Meu Formato de Flor Viciosa, 117
  Documento de Data de Divórcio de DE, 165
  Emoção de Quatro Dimensões, 83
  Emoções-Problema, 94
  Eu tenho um Problema de Imagem Corporal?, 173
  Favorecendo Fatos em vez de Sentimentos, 28
  Flecha para Baixo, 255
  Flor Viciosa, 116
  Folha de Emoções Secundárias, 289
  Folha de Previsão, 56
  Folha de Registro de Experimento Comportamental, 60
  Folha de Significado sobre Mim Mesmo, 261
  Folha de Significado sobre o Mundo/a Vida, 262
  Folha de Significado sobre os Outros, 262
  Folha de Vencer Contratempos, 334
  Fontes de Inspiração, 127
  Fórmula de Aumento de Pavio, 237
  Formulário A-B-C I, 48

Formulário A-B-C II, 49
Formulário ACB, 128
Formulário da Fanfarra de Função Física, 186
Formulário de Ação sobre Pensamentos Alternativos, 51
Formulário de Formulação, 257
Formulário do Seu Melhor Amigo, 225
Formulário para Encontrar Flexibilidade, 305
Formulário para Sentir-me Bem com a Falibilidade, 223
Formulário Zig-Zag, 272
Gráfico de Pizza, 71
Gráfico de Pizza de Responsabilidade Realista, 206
Guia para Abandonar a Culpa, 291
Hierarquia Graduada, 145
Lista de Deveres Diários, 74
Lista de Evitação, 105
Lista de Mudanças Positivas, 268
Lista de Rótulos Repulsivos e Alternativos, 220
Lista para Deixar a Vida ser Injusta, 309
Metas Comportamentais, 122
Metas Futuras, 286
Meu Formulário NAT, 42
Meus Pensamentos Tóxicos Temáticos, 74
Meus Principais Erros de Pensamento, 34
Minha Meta Emocional, 121
Minha Planilha de Correção de Pensamentos, 37
Minhas Percepções, 83
Minha Visão Geral Holística Saudável, 183
Página de Expectativas Sensatas de Sono, 330
Página de Fontes Adequadas de Apoio, 296
Página de Metas, 324
Página de Perspectiva, 142
Página de Probabilidade, 140
Página de Significado Pessoal, 14
Página para Colocar-se em Pé de Igualdade, 242
Página para Superar o Orgulho, 295
Página SPORT, 125
Pensamento Específico, 29
Pensamentos Tóxicos Típicos sobre Aparência, 175
Pensando entre Extremos, 25
Pensando Flexivelmente, 26
Pensando Mais Objetivamente, 33
Pensando Positivamente, 31
Pensando sem Filtros, 31
Pensando sem seu Terceiro Olho, 27
Planilha A-B-C Simples, 22
Planilha da Sinopse Específica, 225
Planilha de Assumir o Controle, 208
Planilha de Atribuição de Responsabilidade, 205
Planilha de Balanço de Perdas e Ganhos, 166
Planilha de Básicos para Melhorar Meu Corpo Generoso, 188
Planilha de Bater em Preocupações, 152
Planilha de Benefícios de Afastar a Humilhação, 293
Planilha de Classificação de Problemas, 16
Planilha de Construção de Teoria Trabalhável, 204
Planilha de Contagem de Custo por Perder a Cabeça, 235
Planilha de Experiências Iniciais, 250
Planilha de Interação de Crenças, 252
Planilha de Mudança de Critério, 210
Planilha de Ondas de Sensações Corporais, 139
Planilha de Preocupação, 150
Planilha para Afastar a Humilhação, 293
Plano de Ação de Asserção, 238
Plano de Ação de Atividades Alternativas, 163
Plano de Exposição, 147
Plano de 'Praticar o que Eu Prego', 273
Política de Persistência, 300

Portfólio de Argumentos Persuasivos, 267
Práticas Pessoalmente Significantes, 284
Práticas Problemáticas de Imagem Corporal Negativa, 177
Quadro de Resolução de Problemas, 280
Questionário de Correção de Cognição, 45
Rastreador de Tema e Gatilho, 96
Razões Boas e Não Tão Boas para Encerrar Comportamentos Compulsivos, 209
Razões para a Aceitação de Si Mesmo e dos Outros, 229
Razões para Não Me Classificar, 216
Registro de Aprovação dos Outros, 313
Registro de Concentração em Tarefa, 69
Registro de Dados Positivos, 275
Registro de Exposição de Ansiedade, 148
Registro de Porcentagem de Responsabilidade, 303
Registro de Reconhecimento de Responsabilidade Pessoal, 228
Registro de Reconhecimento de Ruminação, 194
Registro de Ritual, 211
Registro dos Três Campos de Crença, 251
Registro Incerto, Incontrolável e Inevitável, 307
Relatório de Progresso, 129
Relatório de Progresso de Três Semanas, 220
Resistindo à Leitura de Mentes, 27
Revisão de Problemas/Metas, 278
Seu Registro de Pensamentos, 35
Sinopse de Sintoma de Perturbação, 93
Sinopse de Sintoma de Sofrimento, 94
Situações, 68
Sua Lista de Desafios, 144
Tarefa de Casa, 52
Temas de Pensamento, 256
Teste de Comportamento, 88
Teste de Foco de Atenção, 91
Teste de Pensamento, 86
Valores Pessoais, 282
Verificação de Controle e Certeza, 103
prática
  autoaceitação, 311
  erros
    arriscando e cometendo, 310
  flexibilidade, 304
  incerteza e controle
    inevitáveis, 306
  vida injusta, 308
problema
  classificando, 15
  declarando, 96
  efeitos, 17
  emocional secundário, 15, 288
    culpa, 288
    orgulho, 288
    vergonha, 288
  imaginando, 21
  metaemocional, 15
profissionais, 317
  medicação, 321
  metas, 323
  perguntas, 320
  terapia, 318
progresso
  acompanhando, 129

R

recaída
  estilo de vida, 284
  prevenir, 279
  remediar, 281
  restabelecendo práticas, 283
  sendo realista, 278
recuperação, 287
  exorcizando emoções, 288
responsabilidade, 302
  avaliando, 204
rotulagem, 29

S

sentimento
  físicos, 92
  ligando ao pensamento, 11
  saudável ou não saudável, 83
  sentindo-se melhor, 110
sintomas, 92
situação
  ameaçadora, 66
  não ameaçadora, 66
sofrimento, 12
  definição, 11

T

TCC
  como pode funcionar para você, 14
  sobre, 9

temas
  anotando, 256
tendências de ação, 78, 86
terapia, 10
  definição, 10
  ligando ao pensamento, 11
TOC, 101, 134, 197
  rituais, 208
    registrando e resistindo, 210

V

vergonha
  desistindo, 291
vício, 154
vícios, 156
  precursores dos, 156

CONHEÇA OUTROS LIVROS DA PARA LEIGOS!

Negócios - Nacionais - Comunicação - Guias de Viagem - Interesse Geral - Informática - Idiomas

Todas as imagens são meramente ilustrativas.

SEJA AUTOR DA ALTA BOOKS!

Envie a sua proposta para: autoria@altabooks.com.br

Visite também nosso site e nossas redes sociais para conhecer lançamentos e futuras publicações!
www.altabooks.com.br

f /altabooks ▪ 🅞 /altabooks ▪ 🅧 /alta_books

ALTA BOOKS
EDITORA

ROTAPLAN
GRÁFICA E EDITORA LTDA

Rua Álvaro Seixas, 165
Engenho Novo - Rio de Janeiro
Tels.: (21) 2201-2089 / 8898
E-mail: rotaplanrio@gmail.com